Tracce

ALESSANDRO FULLONI

Il terzino e il Duce

Eraldo Monzeglio, il romanzo di una vita
Dai Mondiali del 1934 ai misteri di Salò

SOLFERINO

La ricostruzione biografica qui proposta, basata su fatti realmente accaduti, è un'opera narrativa: personaggi, luoghi e avvenimenti sono rielaborati ai fini della narrazione.

SOLFERINO

www.solferinolibri.it

ISBN 978-88-282-1483-0
Prima edizione: settembre 2024

*Foto di gruppo della famiglia Mussolini a Villa Feltrinelli (marzo 1944): Eraldo Monzeglio è il primo alla sinistra del Duce.**

I misteri del lago

A Como, e anche nei paesi nelle vicinanze, in quei mesi ogni due o tre giorni qualcuno veniva ucciso. Alcuni cadaveri affioravano dal lago oppure erano segnalati in campagna, di solito lungo le poderali. Sui corpi c'erano i buchi delle raffiche di mitra o dei colpi di pistola. Talvolta comparivano segni di sevizie, anche sulle donne.

I quotidiani, quasi con fastidio, liquidavano perlopiù le storie di quegli omicidi in brevi trafiletti di nera stretti in una misera colonna. Solo all'apparenza erano vicende di cronaca nera e criminalità. In realtà, in quei fatti cruenti si mescolava anche altro e i titoli, nelle succinte righe in fondo alla pagina, in qualche modo provavano a spiegarlo: «Lo ammazza con un colpo di pistola: era un collaborazionista», «Rapina finisce nel sangue, vittime compromesse con il regime», «Sconosciuto crivellato da una raffica. Forse è stata la giustizia del popolo».

I nomi dei morti venivano citati con fatica, quasi fosse secondario.

Quella notte, una nella prima metà del marzo 1947, una forte tramontana spazzava le strade della città, gelando la neve caduta copiosa qualche giorno prima. Tre figure intabarrate scesero da una Topolino lasciata nel piazzale davanti alla funicolare e si diressero verso viale Geno, risalendo il lungolago. Si muovevano a passo svelto e ad aprire la strada, deciso e sapendo dove andare, era un giornalista ventenne, Nino Oppio, che scriveva di sport su mille giornali, tra cui la «Gazzetta».

A vedere le sagome avanzare al buio c'era da impaurirsi. Così furtive, non parevano diverse da quelle di certi bravacci che imperversavano da quelle parti nelle bande del «Lince», del «Nicola» o del «Nado». Talvolta in collegamento con la «Volante rossa» di Milano, erano quelle che stavano seminando il terrore accoppando i fascisti nella zona tra Brianza e Valtellina diventata, dopo la fuga del Duce stoppata a Dongo, il camposanto del Ventennio e della sua appendice di Salò.

Percorsi tre o quattrocento metri, il terzetto raggiunse una villetta con le finestre liberty e con l'ingresso che dava direttamente sulla strada.

Eraldo Monzeglio viveva lì.

Oppio agitò il battente, con forza. «Eraldo, sono io, Nino! Nino, il giornalista. Apri!»

Insistette a lungo, ma senza risposta. «Non aver

paura, sono con degli amici, ti dobbiamo parlare!» Qualcuno di loro poi avrebbe raccontato che rimasero ad aspettare mezz'ora, forse di più. Oltre a Oppio, gli altri lì al gelo in strada erano il sindaco di Sesto San Giovanni Abramo Oldrini, figura di spicco nella Resistenza comunista, e Benvenuto Cossutta, presidente della Pro Sesto Calcio e papà di Armando, un diciannovenne ex partigiano destinato a diventare uno dei leader del Pci.

Monzeglio, ex terzino della Nazionale di Vittorio Pozzo, s'era asserragliato in casa, terrorizzato da quell'improvviso vociare all'esterno. Allenava il Como da poco meno di un anno. L'esordio ufficiale fu il 5 maggio 1946, in casa al Sinigaglia, contro il Genoa, in Coppa Italia. Finì 2-2. Poi, in campionato, le cose per la squadra finirono con il mettersi, tutto sommato, abbastanza bene. I lariani si ritrovarono a rincorrere un'insperata salvezza in Serie B: merito indiscusso del mister, una leggenda del pallone, coi due titoli mondiali vinti nel 1934 e nel 1938.

Monzeglio, però, era anche un fascista. E non un fascista qualunque: tutti sapevano della sua consuetudine con Villa Torlonia, la residenza romana di Mussolini. Così vicino al Duce, dicevano, da avergli persino insegnato a giocare a tennis, a lui e ai suoi figli Vittorio, Bruno e Romano. Per chi voleva fare giustizia e vendicarsi delle angherie subìte, quell'ex calciatore era un bersaglio eccellente. Monzeglio lo sapeva e, per questo, quando usciva di casa si manteneva sempre prudente, accorto, guardandosi attorno.

Figurarsi quando si vide comparire dinanzi quei tre. Che da Sesto, la «Stalingrado d'Italia», erano venuti a cercarlo sin lì, in piena notte. Che intenzioni avevano? E, soprattutto, chi erano?

Il sindaco Oldrini, sui trentacinque anni, figlio di un novarese che a lungo aveva lavorato in Francia come minatore, era un tornitore alla Breda, l'industria che dai tempi della Grande Guerra costruiva aerei, treni e armi. Di notte studiava per il diploma e di giorno giocava al pallone con gli amici del Caffè Carducci, accanto allo stadio Ernesto Breda, lo stesso dove nel maggio del 1945 la Pro Sesto rinacque con un'ora di discussione del Comitato di liberazione nazionale (Cln) cittadino. Dopo l'8 settembre, già nel Pci, divenne un garibaldino della 108ma brigata. In fabbrica organizzava sabotaggi alla produzione, scioperi e distribuiva volantini.

La notte del 21 gennaio 1945 i fascisti lo arrestarono con altri tre capi comunisti della Breda. Torturati per giorni senza che nessuno parlasse, furono trasferiti in un campo di concentramento a Bolzano dal quale uscirono a guerra finita. Tornarono a Sesto sulle jeep americane e sui carri dei contadini, a piedi e dormendo dove capitava.

Come Oldrini, anche Benvenuto Cossutta, di origini triestine, era stato operaio alla Breda, prima di lasciarla per aprire una sua officina meccanica, che permise alla famiglia di raggiungere una discreta agiatezza, almeno per quei tempi. Elegante, di bell'aspetto e di idee mazziniane, gli piaceva parlare di politica e, dopo l'ingresso in guerra dell'Italia, si era detto scettico, anzi «molto scettico», sulla possibilità dell'Asse di vincere. Al figlio era solito ripetere che la sua non era «un'opposizione totale e ideologica al conflitto», si trattava piuttosto «di una preoccupazione dettata da sfiducia e scetticismo» e dalla consapevolezza che gli Alleati, «ricchi e potenti», alla lunga avrebbero avuto ragione della macchina bellica tedesca, «pur efficientissima».

Pazzo per il pallone, era diventato l'animatore della Pro Sesto con un ruolo dirigenziale e con il sogno di portarla in Serie B.

Se Benvenuto Cossutta si limitava a essere scettico, il figlio Armando, interista sfegatato come suo padre e in quei primi mesi del 1946 segretario in erba della sezione del Partito comunista di Sesto, era convintissimo antifascista.

Lo era diventato sui banchi di un liceo classico di Ravenna, dove il padre aveva trasferito la famiglia per proteggerla dai bombardamenti. Sedicenne, era rimasto ammirato da un suo compagno di banco, tale Claudio Gaudenzi, che sotto al titolo del tema proposto dal professore – *Dio, Patria, Famiglia* – si era limitato a scrivere una parola sola: «Smettetela». Il resto lo fece la lettura di un testo crociano, che in appendice conteneva il *Manifesto* di Marx ed Engels.

Rientrato a Sesto alla fine del 1943, con un amico, dalla caserma di Monza cominciò a far uscire armi consegnate poi alla rete del Fronte della Gioventù, l'organizzazione clandestina del Partito comunista. Finché, il 3 gennaio 1944, non fu arrestato dai fascisti, su delazione dello stesso contatto dentro la caserma.

«I fascisti erano davvero malmessi» avrebbe ricordato successivamente il futuro parlamentare Pci.

Da Sesto lo portarono in caserma col tram, attendendo la prima corsa all'alba. Fu picchiato e poi trasferito al carcere di Monza, dove la mattina del 23 febbraio 1944 i tedeschi prelevarono dalle celle una dozzina di detenuti politici, tra cui Armando. Il plotone d'esecuzione, sotto la neve, sparò. Ma la salva fu diretta verso l'alto. Una finta fucilazione. Forse per intimidire qualcuno, forse per divertimento.

Tutte storie che Nino Oppio conosceva a menadito, perché frequentava da sempre tanto Oldrini quanto i Cossutta. Anche lui sestese, sin da ragazzino aveva condiviso con loro interminabili sfide a pallone. Il rito era sempre il solito: appuntamento al Caffè Carducci e poi partite ovunque, in strada, in campagna, nei vasti spazi vuoti dietro gli impianti della Falck, della Marelli, della Breda.

Nino si occupava di mille cose, dall'organizzazione di riunioni pugilistiche all'attività di direttore sportivo della Pro Sesto, con il compito di coordinare le trasferte e di inviare i comunicati ai quotidiani. La passione del giornalismo gli bruciava dentro e, neanche ventenne, aveva cominciato a scrivere di sport prima sulla «Gazzetta», poi sul «Corriere della Sera» e su un'infinità di settimanali e riviste. Nel periodo della Rsi girava Milano e provincia in bici. Ma le notizie che raccoglieva non erano solo le confidenze di corridori, boxeur e calciatori: riguardavano anche e soprattutto le posizioni dei reparti militari tedeschi e repubblichini, i loro spostamenti, gli armamenti di cui disponevano. Poi riferiva ogni dettaglio ai contatti della Resistenza e allo stesso Oldrini.

E Monzeglio? Chi era davvero il difensore? Gianni Brera lo descrisse come «un probo tennista littorio, un signorino distinto che i figli del ducione prediligono quale compagno di tennis, al punto da convincere il padre che vada bene anche a lui. Ha una battuta lunga e pulita, un bel tempo, begli incontri, un considerevole stacco».

Parole da incorniciare in una carriera calcistica quasi unica. Con il Bologna, con lo «squadrone che tremare il mondo fa», questo elegantissimo ma grintoso ex terzino destro, capace di giostrare bene anche a sinistra, si era aggiudicato lo scudetto 1928-'29. Doveva però la propria celebrità soprattutto alla maglia azzurra con cui aveva vinto ciò che più conta nel football, e per ben due volte: i Campionati del mondo. Entrambi allori inevitabilmente legati al fascismo, sulla scia delle altre vittorie che in quel periodo cementarono l'immagine trionfante di Mussolini in

Italia e all'estero: quelle di Bottecchia e Bartali nel ciclismo, quelle di Carnera nella boxe, quelle di Nuvolari e Varzi nei motori.

Fino a che arrivò la guerra.

E poi ancora la guerra civile.

Alleati contro Asse, la Liberazione che dal Sud risaliva verso il Nord, Resistenza contro nazifascismo.

Quasi nessuno sapeva che, dopo il collasso dell'8 settembre, Monzeglio aveva seguito il Duce a Salò. Non era solo il segno dell'adesione ideologica che lo aveva portato ad arruolarsi volontario nella campagna di Russia. Parliamo piuttosto di un sentimento complesso che mescolava totale devozione, sconfinata ammirazione, cameratismo. Forse amicizia.

Negli anni Trenta, dopo essersi trasferito da Bologna a Roma (sponda giallorossa), Monzeglio era stato l'insegnante di tennis del dittatore. Set dopo set, partita dopo partita, con Mussolini e coi suoi figli – il più piccolo, Romano, era solo un bimbo – giocava regolarmente, rivestendo pure il ruolo di «istruttore ginnico ufficiale». Con il tempo, come lui stesso racconterà, divenne una sorta di «uomo di fiducia» del capo del fascismo. Di Vittorio e Bruno finì con l'essere un fratello maggiore se non un punto di riferimento addirittura paterno.

La vicinanza si mantenne anche a Gargnano, sul Garda, dove Mussolini si stabilì vivendo la sua drammatica parabola finale. Eraldo diventò «addetto alla segreteria particolare del Duce con incarichi speciali». Una definizione tanto vaga quanto ampia. All'occorrenza era usciere, valletto, maggiordomo, confidente e consigliere, agente segreto. E, ovviamente, compagno nelle partite sul campo in terra rossa a Villa Feltrinelli, preparato non appena il capo del fascismo mise piede nella residenza sul lungolago pagando un regolare affitto ai proprietari, la famiglia di ricchissimi industriali milanesi.

Sul Garda, l'ex terzino fu a tu per tu con i capi della Repubblica sociale, dal comandante generale delle Brigate nere Alessandro Pavolini al ministro della Cultura popolare Fernando Mezzasoma, sempre assieme al suo fido portavoce Giorgio Almirante. Incontrò celebri generali tedeschi, tra cui il leggendario Erwin Rommel, Albert Kesselring, dopo l'8 settembre alla guida delle forze armate germaniche in Italia, e Karl Wolff, il capo delle SS sempre in Italia. Assistette all'epocale lite tra donna Rachele, consorte di Mussolini, e Clara Petacci, la favorita delle amanti, la donna a cui il capo del fascismo consegnò il cuore.

A guerra finita, Monzeglio divenne un apprezzato allenatore su panchine importanti, Napoli, Samp, Juve, e fu a un passo da quella azzurra. Ma di ciò che fece nella Rsi si seppe pochissimo, qualche spiffero, nient'altro.

Sia per la paura di finire al muro, o di essere trovato cadavere in un fosso, sia perché custode di pesantissimi segreti scòmodi per tutti, Monzeglio fu da subito sempre attento e metodico nel cancellare le tracce del suo passato, ma senza mai rinnegarlo quando affiorava qua e là.

Chi lo conosceva bene ne era però sicuro: Monzeglio era «un fascista sentimentale e onesto»; forse talmente sentimentale e onesto che addirittura quel «fascista» era di «troppo, perché Eraldo di politica non si era mai occupato». Un giudizio a sorpresa che arrivò anni dopo dal napoletano Antonio Ghirelli, partigiano, favoloso giornalista, ex direttore del «Corriere dello Sport», del Tg2, di «Avanti!», portavoce al Colle di Sandro Pertini e, all'epoca, giovane cronista sportivo. Per Ghirelli, l'ex terzino era «l'allievo di Vittorio Pozzo più vicino all'austera temperatura morale e all'ingenuo nazionalismo del vecchio tecnico azzurro»,[1] anche lui piemontese, che guidò la Nazionale alle duplici vittorie mondiali.

Del Commendator Pozzo, Monzeglio «non aveva la preparazione culturale», ma possedeva la stessa «attitudine al comando, serietà, deontologia professionale impeccabile» e il medesimo senso del gruppo: lo stesso che avrebbe caratterizzato, nel 1982, l'Italia di Bearzot.

Poco più alto della media, un metro e settantatré, fisico asciutto e scolpito, sempre elegantissimo nei suoi abiti di sartoria, perenne scapolo e una bellezza ruvida con quei capelli folti neri tirati all'indietro con un tocco di brillantina e gli occhi azzurri taglienti, aveva un piglio sabaudo evidente, era un uomo brusco ma limpido, rigoroso con sé stesso e con gli altri.

Eppure, a pensarci, lo caratterizzavano tratti umani più da partenopeo verace che non da piemontese del Monferrato. Per questo si calò benissimo a Napoli, innamorandosene nei suoi sette anni di permanenza, dal 1949 al 1956: record imbattuto per la bollente panchina sul Golfo.

Scaramantico fino all'inverosimile, portava sempre lo stesso anello al dito, una banalissima fede in ferro, e non si sedeva a tavola se c'erano tredici commensali.

Era devoto, anzi devotissimo. Ogni mattina si svegliava presto per andare a pregare, in genere nella chiesa più vicina a casa, fosse a Como, dove visse il grosso della sua vita, a Roma, Bologna, Napoli, Genova o Torino. Il resto delle ventiquattr'ore era scandito da ritmi e vita da caserma, abitudini spartane mantenute rigorosamente sino all'ultimo, sino a quando, per un tumore alle ossa, si spense a settantacinque anni, il 3 novembre 1981. Ogni giorno era più o meno contraddistinto dalla stessa severa routine: esercizio fisico, footing alle sei del mattino, pasti frugali e a letto tra le ventuno e le ventidue.

Il tempo libero era riservato alla sola passione travolgente che gli fosse riconosciuta oltre a quella per il calcio: proprio il tennis, giocato due o tre volte a settimana. Grazie alla terra rossa coltivò amicizie solide e mantenne contatti importanti. Tra le prime, quella con il fuoriclasse del giornalismo Gianni Clerici e con il ct della Nazionale vicecampione del mondo a Mexico '70, Ferruccio Valcareggi. Tra i secondi, quelli con i generali nazisti che gli chiedevano di giocare all'alba sul campo di Villa Feltrinelli e quelli con certi ospiti autorevoli a Villa Torlonia, ambasciatori e diplomatici in visita a Mussolini, potenti industriali, influenti gerarchi.

Da allenatore che attraversò da protagonista la storia del pallone rimase sempre in confidenza con i grandi cantori dello sport e con alcuni giornalisti e scrittori come Giovanni Arpino, Gino Palumbo, Gianni Brera, Mario Fossati, Vladimiro Caminiti, Enzo Tortora. Ma apprezzava anche il piacere di parlare di calcio con promettenti giovani cronisti che poi sarebbero divenuti firme famose raccontando mondiali, Olimpiadi, campionati e altre storie. Per elencarne solo alcuni: Maurizio Barendson, Roberto Beccantini, Alfio Caruso, Rosario Pastore. Quando veniva intervistato, e capitava frequentemente, i titoli in pagina così suonavano: *Ecco «don Eraldo»*, *Parla il «mister perbene»*, «*l'allievo di Pozzo*», «*il galantuomo*» e anche, all'inglese, «*il gentleman*». Personalità *naïf*, era capace di spiazzare i giornalisti con richieste che provocavano ilarità e incredulità nelle redazioni. «Basta con le critiche riportate sui giornali, che fanno male all'ambiente» intimava ai cronisti «e se avete qualche osservazione, venite a dirmela di persona.»

Adesso, al gelo e al buio, Oppio e gli altri continuavano a bussare con forza. Eraldo, svegliatosi di soprassalto per i rumori e le grida in strada, si avvicinò alla porta badando a non fare rumore.

Impugnò la sua Beretta 34, un pezzo raro con cromature, incisioni e intarsi a mano che avevano trasformato quella pistola in un gioiello. La teneva sul comodino, sempre pronta all'uso: un'arma che non era soltanto un'eccellente semiautomatica, ma soprattutto il simbolo del potere repubblichino, cesellata nella primavera del 1944 in un lussuosissimo lotto di soli venti esemplari. Oltre al Duce, la possedevano unicamente i fascisti che contavano di più, tra questi il capo delle forze armate della Rsi Rodolfo Graziani, il comandante della X MAS Junio Valerio Borghese, il federale di Milano Vincenzo Costa.

E Monzeglio. Che ora, davanti all'uscio di casa sua presa d'assalto, tremava. Da quelle parti, la giustizia del popolo continuava ad ammazzare, come stava accadendo anche in Emilia, nel Bolognese, nel Reggiano, a Modena, Parma e Piacenza. Qualcuno aveva detto, parlando di «cadaveri su cui s'inciampava», che nel Comasco i fascisti uccisi dopo la Liberazione fossero già quattrocento. Altri sostenevano che quel numero fosse molto, molto più alto.

Gli stessi luoghi dove prima del 25 aprile gli sgherri delle Brigate nere avevano trucidato i partigiani arrestati erano adesso diventati il teatro di un'altra mattanza: stavolta però erano i partigiani a vendicarsi sui fascisti.

Molte di quelle storie erano arrivate alle orecchie di Monzeglio. Storie truci che coinvolgevano sia neri sia rossi.

Se Como era avvolta nel terrore, infatti, era anche per le misteriose morti di quei partigiani a conoscenza dei segreti dell'oro di Dongo, lingotti, valuta, gioielli, documenti e segreti che il Duce e i gerarchi avevano portato con sé, nella loro fuga. Poi, però, oro, contante, orecchini, anelli e carte trovati addosso ai fascisti vennero presi dai garibaldini. Ma in diversi tra coloro a conoscenza dei risvolti della destinazione e della spartizione sparirono nel nulla o furono trovati nei campi, con un buco alla tempia quando non crivellati di colpi. Un elenco di venti o trenta nomi che partiva dal primo e più celebre morto ammazzato: Luigi Canali, valoroso ufficiale nella campagna di Russia, decorato in grigioverde e poi partigiano con la 52ma, la brigata comasca della Garibaldi che aveva contribuito a organizzare e che fermò il Duce a Dongo.

Dicevano che il «Neri», nome di battaglia di Luigi, si fosse opposto alla consegna del tesoro al Partito comunista ritenendo che dovesse essere lo Stato, ovvero gli italiani, a stabilire cosa farne. Altri avevano sussurrato con paura, sempre sulla base di voci, che avesse cercato di evitare l'esecuzione di due partigiani accusati di tradimento con prove incerte. Ma sempre per tradimento e sulla base di indizi inconsistenti, un tribunale del popolo aveva emesso nei suoi confronti una condanna a morte rimasta nell'incertezza. Forse, inoltre, sapeva troppo sulla morte del Duce. Forse voleva smetterla con la mattanza dei fascisti. O forse tutto questo assieme. Segreti tremendi, granitiche e scomode impuntature su questioni di giustizia. Meglio farlo fuori.[2]

«Non aver paura, Eraldo! Sono con gente perbene, vogliamo solo parlarti» gridò ancora Nino.

«Ma cosa volete?» ribatté sempre più spaventato l'ex calciatore, che intanto aveva tolto la sicura alla pistola.

Benvenuto urlò: «Vuoi allenare la Pro Sesto?».

«Siete matti! Se vengo a Sesto, mi fucilano!»[3]

Fu Oldrini a sbloccare lo stallo. «Monzeglio, sono il sindaco! Non devi temere nulla, hai la mia parola. Nino mi ha parlato a lungo di te. So che sei una persona onesta e non hai fatto del male a nessuno, del tuo passato non mi interessa. Mi interessa solo evitare che la Pro Sesto retroceda e per questo voglio un bravo allenatore.»

Dopo un lungo silenzio riflessivo, Eraldo parve convincersi. Disse di aspettare il tempo di cambiarsi il pigiama. Aggiunse anche che era armato. Dieci minuti dopo, accolse in casa il terzetto, tenendo sempre in mano la Beretta.

La trattativa iniziò subito. Oldrini chiarì che il presidente della Pro Sesto, Gigino Merati, imprenditore che aveva una grossa cartiera ed ex vicepresidente del Milan, era disposto a tirare fuori i soldi.

Semmai l'ostacolo poteva essere l'opposizione del Como. La squadra era scarsa, ma veleggiava bene a metà classifica e i tifosi concordavano nell'attribuirne il merito al famoso mister che sapeva come schierare i giocatori.

Va detto che il motivo per il quale l'ex terzino della Nazionale di Pozzo, composta da calciatori leggendari, fortissimi e in gran parte fascisti, fosse stato chiamato ad allenare proprio in riva al lago restava per tutti, anche per quei tre, un mistero. Oppio aveva ottime fonti e aveva chiesto in giro: ma a Como nessuno aveva voglia di aprire bocca. Di sicuro era stato il Cln a dare il via libera, su questo non poteva esserci alcun dubbio: come ovunque, ogni scelta nel corso di quei tempi, persino quella banale di un mister, arrivava solo con il benestare dei rappresentanti della Resistenza.

Tra chi spadroneggiava da quelle parti c'era inoltre un ex garibaldino, anche lui della 52ma, un certo Michele Moretti che negli anni Trenta aveva giocato nella Comense (così si chiamava il Como Calcio prima della guerra). Pure Moretti era finito nell'indagine aperta sulla sorte del tesoro del Duce e a un certo punto era sparito rifugiandosi, dicevano, nei Paesi dell'Est. Ma di certo conosceva Eraldo per averlo incrociato qualche volta in campo. E non era escluso che fosse stato lui a portarlo in panchina.

Sul lago, a bassa voce e con terrore, qualcuno aveva sussurrato a Oppio che fosse stato proprio Moretti a dare la sventagliata finale di mitra con cui, a Giulino di Mezzegra, erano stati giustiziati Mussolini e la sua amante, Clara Petacci.

L'allenatore era stato visto a Como già nei giorni immediatamente successivi alla Liberazione. Circostanza che suonava strana, tanto. Qualcuno l'aveva spiegata dicendo che si fosse infilato nella colonna in fuga del Duce. Ipotesi però da scartare, secondo Oppio. Se davvero avesse viaggiato in mezzo ai gerarchi e alle loro famiglie, assai probabilmente l'avrebbero fucilato da qualche parte sulle sponde del lago, forse proprio a Dongo. Magari sarebbe finito appeso a testa in giù, senza colpe particolari, tra i diciotto cadaveri di piazzale Loreto. Non fu proprio ciò che accadde all'aviatore Pietro Calistri, lo sfortunato asso della Regia Aeronautica che in Nordafrica e in Sicilia aveva abbattuto diversi caccia inglesi e che non aveva niente a che spartire con i gerarchi della Rsi?

A Nino quella storia l'avevano raccontata nei dettagli. Il 26 aprile 1945, messo in libertà dal suo comando all'aeroporto di Ghedi, il pilota si aggregò, chiedendo un semplice passaggio, a un reparto contraereo della Luftwaffe diretto in Valtellina, quello che incrociò per caso il lungo corteo di auto con a bordo Mussolini e tutti gli altri. Dopo che i partigiani fermarono tedeschi e repubblichini, Calistri fu interrogato. Quelli della Garibaldi erano sicuri che il soldato in divisa azzurra fosse il pilota personale del Duce, un certo Virgilio Pallottelli. Pure questi, figlio di una delle tante amanti di Mussolini, venne fermato da quelle parti a Dongo, ma riuscì miracolosamente a salvarsi, chissà se proprio per alcuni suoi precedenti contatti con gli inglesi.

Fatto sta che Calistri risultò convincente: disse che non c'entrava niente con quei gerarchi, era lì per circostanze fortuite e voleva solo raggiungere i suoi al più presto. Per quel che lo riguardava, la guerra era finita. E i suoi nemici erano stati i piloti americani e britannici, non certo i partigiani italiani.

Sembrava a un passo dal rilascio quando all'ultimo qualcuno tra i garibaldini – forse proprio il capo, Walter Audisio – cambiò idea. Andava fucilato pure quell'ufficiale. Quando lo avvertirono, Calistri, sigaretta in bocca, rispose solo con queste parole: «E va bene, allora fate come volete».

Oppio ne era convinto: per sopravvivere alla giustizia popolare un fascista come Monzeglio doveva essersi giocato delle briscole pesantissime. Assi, di sicuro. Ma chissà come e dove li aveva pescati. Tra Eraldo e Nino la simpatia fu comunque immediata e istintiva. Quando andava allo stadio Sinigaglia a vedere le partite, Oppio lo tartassava di domande chiedendogli di Pozzo e delle vittorie a Roma e a Parigi e lui si fermava volentieri a rispondere.

Un giorno, sul finire del 1946, il giornalista gli raccontò anche di quando, sette anni prima, a Sesto fu chiamato a far numero sugli spalti del Breda per una partita di beneficenza. Era ancora uno studentello e l'incasso della partita sarebbe stato devoluto ai familiari delle vittime di guerra: l'aveva organizzata lo stesso Monzeglio, con i due figli di Mussolini.

Dopo averlo ascoltato, Eraldo si limitò a dire: «Bruno era un bravissimo aviatore. Quando morì schiantandosi in un atterraggio, il padre fu devastato dal dolore».

Nino allora provò a insistere: «Dicono che Vittorio, il secondo figlio del Duce, si sia nascosto qui a Como: è vero?».

Monzeglio si irrigidì e se ne andò via senza salutare.

Oppio aveva raccontato tutto ciò al sindaco Oldrini e ai Cossutta. Loro lo avevano ascoltato, di sicuro proseguendo con altre verifiche. E poi lo avevano chiamato per chiedergli di accompagnare la piccola delegazione al lago per la proposta all'ex campione del mondo.

La trattativa andò avanti per tutta la notte e solo dopo aver raggiunto l'accordo economico – una somma decisamente maggiore di quella che Monzeglio prendeva al Como, oltre al pagamento dell'affitto di una casa non lontana dalla stazione ferroviaria –, Nino e gli altri tornarono a Sesto, attraversando la Brianza su cui intanto cominciava ad albeggiare.

Nei giorni successivi fu il giornalista ad annunciare, sulla «Provincia di Como» dove inviava regolarmente le sue corrispondenze, il «congedo» a sorpresa dell'allenatore, che però, «per nulla turbato», nell'articolo titolato *Il caso Monzeglio*, chiarì ai lettori di non aver alcun «motivo di rammarico verso la società» abbandonata «lasciando un augurio sincero ai giocatori». Insomma, un addio concordato dopo il quale Eraldo cominciò un'avventura sulle panchine di tutta Italia. In ordine cronologico: Pro Sesto, Napoli, Samp, Simmenthal Monza, Juventus, Chiasso, Lecco. Se non gli fu affidata la Nazionale, fu perché qualcuno gli rinfacciò il suo passato di fascista.

Un pallone fatto di stracci

«*Stai attento*. Il mio nome esatto è Eraldo Camillo e mio padre, Massimo, era commerciante di vini. Mamma si chiamava Malvina, Malvina Bigotti. Sono nato a Vignale Monferrato un mattino presto, alle 6 e 20. Ma venti giorni dopo i miei si trasferirono a Casale Monferrato... Io sono casalasco!»

Al giornalista-poeta Vladimiro Caminiti, che lo intervistò su «Tuttosport» nell'ottobre del 1978, Monzeglio raccontò subito della passione per il calcio esplosa da bambino, in un prato dietro piazza Dante, a Casale. «Dovevo avere sei o sette anni», il pallone era un accrocco di stracci e carta messi insieme alla meglio e legati con un robusto spago. Quel gruppetto di mocciosi si diede un nome pomposo, lo Sparta di Praga, una grande squadra cecoslovacca e chissà chi, come e dove lo avesse ascoltato e raccolto la prima volta. Il campo era sconfinato e a un tratto comparivano giacche, berretti e libri che delimitavano le porte. Come per tutti gli altri – il Roletto, il Montiglio, il Patrucco e il Pitto – l'unico problema era quello del ritorno a casa, rischiando botte a non finire «per aver rovinato scarpe che certamente non erano da football».

Quella di Monzeglio era una famiglia di sportivi, forse un filo più agiata rispetto alla media. Il papà e lo zio, così come suo fratello maggiore, erano appassionati di pallapugno, più noto come pallone elastico o calcio a braccia tese. A cavallo della Grande Guerra, da quelle parti tra basso Piemonte, Riviera di Ponente e Provenza, più che uno sport era una specie di religione assai praticata, che tra i seguaci annoverava Edmondo De Amicis, Cesare Pavese, Beppe Fenoglio, Giovanni Arpino. Nel primo dopoguerra «La Gazzetta dello Sport» raccontava la pallapugno in prima pagina, spesso sopra ai titoli dedicati al ciclismo, al pugilato e al calcio.

Si giocava in quattro contro quattro, le cosiddette quadrette, con «colpi» tra tennis, calcio e pallavolo. Con la mano protetta da bende, cuoio e strisce di gomma, si batteva una pallina il più lontano possibile lungo gli sferisteri, i campi di una novantina di metri ancora oggi visibili in certe città. Ma andavano benissimo anche piazze e strade. Insomma, si giocava con niente, appena fuori l'uscio di casa, e per questo i ragazzini ne erano così appassionati.

In qualche modo, il pallone elastico incise nella vita del terzino. Conclusa la Grande Guerra, Eraldo andò a giocare prima con la Vigor, la squadra di uno dei rioni di Casale, e poi con l'Aurora. Il ruolo era sempre quello di «half-destro», come una volta si chiamavano i difensori prendendo a prestito il vocabolo dagli inglesi, inventori del football.

Come in una favola, un «bel giorno» Umberto Caligaris – difensore tra i più forti del calcio italiano e che allora giocava nel Casale – vide il ragazzino mentre teneva per aria una pallina da pallapugno colpendola con il destro e poi con il sinistro.

Il «Caliga» ne rimase impressionato. «Ehi tu!» gridò al quindicenne che stava giocando con il Roletto e gli altri.

Tutti riconobbero il campione, che ripeté: «Sì, tu. Come ti chiami?».

«Eraldo.»

«E poi?»

«Monzeglio.»

«Bene, Eraldo Monzeglio. Se vuoi giocare nei Boys del Casale presentati giovedì in piazza d'Armi, al campo.»

Dopo che «Berto», altro soprannome di Caligaris, se ne fu andato, Roletto e gli altri guardarono increduli l'amico. Alcuni, entusiasti, lo abbracciarono mentre altri, un po' invidiosi, rimasero in disparte.

Quella notte il ragazzino non dormì, mai si sarebbe immaginato di diventare protagonista di un sogno calcistico che lo avrebbe portato a entrare nel ristrettissimo club dei giocatori con in tasca almeno due Mondiali. Solo quattro italiani, tutti arrivati alla ribalta con Pozzo: Meazza, Ferrari, Masetti e il casalasco.

Eraldo, timidissimo, si presentò senza neanche saper rispondere a una semplice domanda: «In che ruolo giochi?». Così gli fu ordinato di «stare in mezzo al campo, visto che tu non sai cosa dire».

Battezzato dunque come mediano, ricevette pure le prime scarpe bullonate e la favolosa maglia nerostellata del Casale, la squadra vincitrice dello scudetto del 1913-'14 e all'epoca una delle formazioni del granitico «quadrilatero piemontese» che, con Alessandria, Novara e Pro Vercelli, tra il 1908 e il 1928 spadroneggiò nel nostro calcio.

Sotto la guida del «Berto», un convinto fascista di cui divenne amico inseparabile, Monzeglio si fece apprezzare nelle giovanili, dove presero a chiamarlo il «Monza», e iniziò anche a militare tra gli avanguardisti della città, tesserandosi al partito non appena ci fu la possibilità. Una domenica, il terzino titolare non giocò e il promettente giovanotto dal centrocampo indietreggiò in difesa. Per Berto l'esperimento funzionò. «Ruolo nuovo e altra tattica! Se seguirai i miei consigli» fu la previsione «diventerai un campione.»

Il ragazzino esordì finalmente in prima squadra il 13 aprile 1924. Di quel giorno memorabile c'è il ricordo affidato a Caminiti: «*Stai attento*. Io ero nei Boys del Casale, capitano. Finisco di giocare la partita avanspettacolo Casale Riserve-Genio Zappatori, andiamo negli spogliatoi, la porta si apre lentamente, e chiude me di dietro. Si è sporta una faccia che era la faccia di Caligaris: *"Andù a l'è Eraldo?"*. *"Lì darera."* Lui tira la porta. Compaio io, già spogliato. "Rivestiti perché giochi con la prima squadra. Giochi al posto di Greppi." Greppi, che diventerà poi farmacista, veniva a Casale in bicicletta, trentasei chilometri all'andata e trentasei al ritorno. Aveva bucato una gomma e non era arrivato in tempo. *Porca miseria*, poi mi ritrovai davanti Cevenini III, *Zizì*, quel giocatore formidabile».

L'avventura di Eraldo era appena all'inizio.

A destra Eraldo Monzeglio, giovanissimo, con la maglia nerostellata del Casale Monferrato. Accanto a lui un calciatore sconosciuto. Dopo la trafila nei Boys, il casalasco esordì in prima squadra il 13 aprile 1924 (archivio privato Giancarlo Ramezzana)

Lo squadrone che tremare il mondo fa

La gioia inebriante dello scudetto arrivò con il Bologna.

Cominciò tutto con la chiamata del servizio militare, nel 1926. Se le società erano interessate, all'epoca potevano richiedere i calciatori inseriti nelle «liste di trasferimento» favorendone l'aggregazione nei reparti prescelti grazie a un accordo con la Federcalcio. A Monzeglio, che con il Casale stava facendo molto bene, arrivarono domande da Modena, Spal e Bologna. Il terzino, con la divisa grigioverde del Genio telegrafisti, scelse i rossoblù vincitori dello scudetto 1924-'25 e allenati da Hermann Felsner, austriaco che sarebbe presto diventato – con un totale di quattro campionati vinti – una leggenda petroniana, inventando «lo squadrone che tremare il mondo fa».

I tifosi felsinei lo chiamavano «l'*umazz*», l'omone, per via della sua mole imponente. Laureato in Giurisprudenza e istruttore di ginnastica, era arrivato a Bologna dopo aver risposto a un piccolo annuncio visto su un giornale viennese. L'aveva fatto pubblicare il presidente rossoblù Cesare Modica, che cercava un allenatore danubiano, in quel periodo la scuola calcistica di riferimento.

Felsner era un personaggio. Al suo arrivo in città spiazzò tutti: nessuno della società era ad attenderlo in stazione e se lo videro comparire nella sede del Caffè del Corso in bombetta, palamidone e calzoni alla zuava, squadrando tutti con il monocolo.

Il mister – che parlava bene diverse lingue, barcamenandosi con l'italiano un po' alla maniera di Liedholm, di cui aveva lo stesso surreale gusto per l'humour – ordinò da subito allenamenti massacranti, badando alla maniacale cura dei fondamentali e facendo ripetere gli schemi in modo ossessivo. Con questi metodi severi rese però fortissimo il suo Bologna.

Eraldo gli piacque da subito. Il casalasco era ligio al dovere, non sgarrava negli esercizi e ben presto Felsner lo inserì nell'undici titolare al posto di Giovanni Borgato, beniamino dei tifosi ma oramai scricchiolante a causa dell'età. Così, al termine della leva, la dirigenza felsinea chiese definitivamente il terzino al Casale, che lo lasciò andare via per settantamila lire, cifra tra le più alte viste a quei tempi. Monzeglio, va detto, pare fosse stato piuttosto drastico: «O mi cedete ai rossoblù o lascio il calcio».

Una domenica i nerostellati incrociarono i petroniani in campionato e Berto avvicinò il «Monza» battendogli una mano sulla spalla: «Fatti onore». Poi, al novantesimo, lo raggiunse nuovamente. Avevano perso, ma lo abbracciò: «Sei stato magnifico».

Il campionato 1928-'29 per il difensore fu semplicemente indimenticabile, rendendo difficile persino una preferenza in quella fitta serie di emozioni vincenti. Il torneo fu un testa a testa tra i rossoblù e i granata del Torino, che si sfidarono in uno spareggio al cardiopalma a Roma. «Partita drammatica», così la ricordò il difensore, giocata davanti a Mussolini, in tribuna. Finì 1-0 con goal di Peppino Muzzioli, un corpulento attaccante dallo scatto sbalorditivo, imbeccato da un lancio sontuoso di un magistrale Angelo Schiavio.

La giornata si concluse con quello che Monzeglio considerò il premio migliore: la visita della squadra, accompagnata da Leandro Arpinati, ras di Bologna e presidente della Federcalcio, al Duce, a Villa Torlonia. C'è anche «l'istantanea» di quel momento. «Siamo lì, arriva subito lui, lo salutiamo tutti alzando il braccio destro. Stringe la mano a tutti» furono poi le parole affidate a Vladimiro Caminiti nel libro *Il romanzo del calcio italiano* «e quando arriva da me sorride. "Parliamo sempre di te a tavola" mi dice "con i miei tecnici." I suoi tecnici erano i figli Bruno e Vittorio. E mi ha fatto così, un buffetto... Così ho conosciuto il Duce.»

I regali di quel campionato mica erano finiti: il Commendatore da un pezzo teneva d'occhio Eraldo e lo convocò per una trasferta ad Atene contro la Grecia. Sì, certo: era la Nazionale B, quella che poi sarebbe stata definita «sperimentale». Ma che importa, andava già bene così: Monzeglio finalmente poteva indossare l'agognata maglia azzurra, che sognava sin da quando in piazza Dante dava i calci al pallone di stracci.

Sempre in quell'autunno 1929 ci fu pure il tempo per una lunga tournée del Bologna in Sud America. A San Paolo del Brasile l'accoglienza allo squadrone felsineo degli emigrati italiani fu travolgente. Chi chiedeva una foto, chi un autografo, chi una stretta di mano. E chi, di nascosto, anche il portafogli: nella calca, qualcuno lo rubò proprio a Eraldo.

Giunti poi in Argentina, sul campo del Boca Juniors scoppiò una rissa colossale: i bonaerensi provocarono, i petroniani risposero. Gasperi spaccò la faccia a un avversario grosso il doppio di lui, Schienoni prese per il bavero un paio di tifosi inferociti. Anche il ruvido e pugnace Monzeglio non si tirò certo indietro. Assestò calci e botte agli energumeni che sciamavano dagli spalti. Il rientro in albergo fu per tutti pieno di lividi e ammaccature. Quando salparono per rientrare in Italia, i ragazzi di Felsner avevano messo all'incasso anche una clamorosa vittoria per 1-0 contro l'Uruguay, oro olimpico ad Amsterdam l'anno prima. Sì, quell'undici rossoblù era davvero diventato «lo squadrone che tremare il mondo fa».

Per Eraldo quegli anni a Bologna furono semplicemente favolosi. Emozionanti vittorie calcistiche e inossidabili amicizie, prima tra tutte quella con *Anzlein* Schiavio, attaccante tra i più forti mai visti, decisivo con i suoi goal, i suoi dribbling e i suoi assist nella vittoria mondiale del 1934. Poi certi uomini visti da vicino, il ras Leandro Arpinati, gli allenatori Felsner e Árpád Weisz, il vulcanico presidente rossoblù Renato Dall'Ara.

Difficile non restare sedotti e affascinati dalla personalità di Arpinati, il padrone della città. Monzeglio finì per dargli del tu e chiamarlo Leandro: con questo gerarca forlivese, spiccio e alla mano, era normale.

Quando Eraldo indossò nel 1926 la casacca petroniana, Arpinati era già una potenza, sia in politica sia nello sport. Da presidente della Federcalcio, poi del Coni e della Federazione atletica, era stato l'uomo che, ricorrendo pure a una fantasiosa e apprezzata sottoscrizione aperta ai tifosi petroniani, aveva promosso la costruzione del Littoriale, il primo grande stadio moderno dell'Italia del pallone. Aveva inoltre fortissimamente voluto Vittorio Pozzo – tempestandolo di telefonate, scrivendogli, supplicandolo – alla guida della Nazionale e, per questo, il Commendatore stravedeva per lui. «Era un uomo politico, un uomo di sport moralmente dritto» scrisse poi l'allenatore nelle sue memorie «con lui si potevano avere colloqui schietti e sinceri ed è morto per le sue idee.»

Il ras passava spesso al campo d'allenamento. Non era il presidente dei rossoblù – quello formale era il fido Giorgio Bonaveri, dirigente di una compagnia assicurativa –, ma nei fatti era come se lo fosse. Curiosissimo, s'informava di tutto: gli avversari da incontrare, gli allenamenti, i rapporti con il burbero «*Umazz*». Leandro aveva preso in simpatia Eraldo e, chissà quanto scherzando, ripeteva spesso: «Guarda che qui al Bologna ti ho voluto io...».

La prima volta che il terzino lo vide con Mussolini, fu da lontano. Era il 31 ottobre 1926 e, a Bologna, era festa grande per l'inaugurazione del Littoriale, prevista nel secondo giorno dei festeggiamenti per il quarto anniversario della marcia su Roma. Acclamatissimo, il Duce in sella a un cavallo bianco entrò nello stadio gremito all'inverosimile. Nel pomeriggio Arpinati in persona accompagnò il dittatore alla stazione, guidando un'Alfa Romeo scoperta con a bordo l'altro gerarca di Bologna, Dino Grandi, e il sindaco Umberto Puppini.

Assiepati tra una gran folla, Eraldo e alcuni compagni di squadra stavano sotto i portici di via Rizzoli per guardare il corteo di auto che se ne andava, quando da via Indipendenza, alle 17.40, giunse un gran trambusto. Qualcuno aveva sparato al Duce, che rimase tuttavia illeso. Il proiettile aveva trapassato il bavero della giacca, centrando il cappello a cilindro che Puppini aveva tra le mani e sfiorando lo stesso Arpinati.

L'attentatore – meglio, il presunto attentatore – era l'anarchico sedicenne Anteo Zamboni, figlio di Mammolo, noto tipografo antifascista ma amico di vecchia data di Arpinati. Il ragazzo morì in un linciaggio che anticipò gli esiti del processo *post mortem*, in cui fu dichiarato colpevole. Fu picchiato e accoltellato in una feroce esecuzione a cui parteciparono passanti, forze dell'ordine e militi fascisti, tra i quali Arconovaldo Bonacorsi, lo squadrista che poi, durante la guerra civile in Spagna, si rese protagonista a Maiorca di efferatezze tali – ordinando centinaia, migliaia di fucilazioni di repubblicani – da disgustare persino i non teneri franchisti e suscitare sgomento nelle neutrali autorità diplomatiche britanniche, che esercitarono pressioni su Roma per farlo rientrare in Italia.

In una Bologna blindata da carabinieri, polizia, agenti dei servizi speciali e militi – solo nell'anno precedente Mussolini era sfuggito ad almeno tre attentati –, quella giornata di festeggiamenti, che per Arpinati doveva rappresentare l'apoteosi politica, si rivelò invece, sia pure molto tempo dopo, un inciampo esiziale.

Fu davvero quell'adolescente, un ex balilla considerato non particolarmente brillante da chi lo aveva incrociato, a orchestrare l'attentato?

Sulla vicenda si addensarono illazioni, congetture, depistaggi, calunnie e mezze verità che atterrarono direttamente sulla scrivania del Duce. Le delazioni indicarono via via quali mandanti lo stesso Arpinati, poi il potente ras cremonese Roberto Farinacci e altri esponenti dello squadrismo cittadino. Un vociare che intrigò lo stesso Eraldo, il quale però mai si azzardò a chiedere di più a Mussolini e men che meno a donna Rachele, che per Leandro non aveva alcuna simpatia, forse perché vedeva nella moglie di lui, l'avvenente romagnola Rita, un'*arzdora* rivale.

Il tramonto di Arpinati giunse inatteso e fulmineo. Il ras era sempre più potente, e non solo nella sua Romagna, sempre più autonomo dall'ortodossia del partito e lontano, anzi avversatore, da intrallazzi e ruberie. Troppo, evidentemente. Un uomo troppo scomodo, troppo ingombrante. Fatto sta che Mussolini, dopo averlo chiamato a Roma per nominarlo sottosegretario all'Interno, d'improvviso, il 27 aprile 1933, lo esautorò, «chiedendogli» di dimettersi. Quasi nelle stesse ore si materializzò un opportuno dossier di Achille Starace, zelante e acquiescente segretario del Pnf. Nei diciassette punti del fascicolo veniva dato fiato ad accuse che, partendo da quella di nepotismo, finivano col suggerire sospetti sul suo ruolo nell'attentato al Duce. Per Starace la conclusione era che «Arpinati aveva dimostrato di avere una mentalità diversa dalla mia e cioè una mentalità non fascista». Leandro dovette lasciare pure la carica di presidente del Coni e Starace lo sostituì un istante dopo.

Tra i chiacchiericci raccolti e usati per giubilare il forlivese, comparve persino quello proveniente da un colloquio con l'ebreo Hugo Meisl, commissario tecnico dell'Austria e uno degli allenatori che hanno fatto la storia del pallone. Sincero amico del Commendatore, ai Mondiali del 1934, prima dei vittoriosi quarti contro l'Ungheria, il 31 maggio, andò a trovare il ras romagnolo nella sua tenuta agricola a Malacappa, il suo *buen retiro* sull'Appennino bolognese.

Non si conoscono le ragioni vere di quell'incontro. Cortesia, stima reciproca. Fatto sta che le chiacchiere con Meisl, scambiate davanti a qualche bicchiere di sangiovese, finirono chissà come, chissà per quali vie, chissà da chi inoltrate, in un'informativa di polizia.[1] Arpinati, ex anarchico in gioventù, confidò che lo avevano rimosso dalla guida dello sport italiano per togliergli «il seguito imponente di tutta la gioventù sportiva italiana» che lui «aveva saputo tenere lontano dal partito». Quanto alla caduta in disgrazia, maturò «per il fermo contrasto con il Duce per la mancanza di libertà di stampa in Italia» e per «la politica religiosa», attorno alla quale i due romagnoli proprio non concordavano. A fine colloquio, Hugo invitò Leandro a Vienna: «Venga a trovarmi a Vienna con sua moglie».

Ma il romagnolo scosse la testa, ridendo bonariamente: «E il passaporto me lo dà lei?».

Sempre più emarginato, il ras subì vessazioni ogni volta più pesanti: non fu ricandidato alla Camera, venne sottoposto a sorveglianza e infine arrestato e mandato al confino a Lipari – come il più pericoloso degli antifascisti – «per aver assunto e mantenuto un atteggiamento contrario alle direttive all'unità del regime».

La misura dell'allontanamento rientrò all'inizio della guerra. Fu una specie di gesto di benevolenza del Duce ed Eraldo poi rivide Arpinati almeno un paio di volte. Ma nel frattempo, con Leandro finito in *offside*, gli equilibri del potere politico ed economico a Bologna furono rivoluzionati. Presidente dei rossoblù divenne Renato Dall'Ara, funambolico imprenditore – proveniente da una modesta e numerosa famiglia proprietaria di un caseificio, quello della Stracchina nel Reggiano – che aveva fatto i soldi grazie a un disegno: quello del dirigibilista dell'Aeronautica Umberto Nobile ritratto nell'aprile 1926 da Achille Beltrame sulla prima pagina della «Domenica del Corriere».

Il colonnello, eroe della propaganda fascista, svettava assieme all'esploratore norvegese Roald Amundsen al Polo Nord. Indossava un giaccone a prova di gelo, e fu quello a folgorare Dall'Ara. In pochi giorni fece riprodurre l'indumento dalle sartine di una piccola azienda tessile bolognese.

«Lo voglio tale e quale» fu la sola indicazione. La «termomaglia» uscita dai telai fu battezzata con il marchio «Norge» e fu un successo commerciale travolgente.

Il bonario ma scaltro ex casaro – celeberrime le sue gaffe in cui mescolava dialetto emiliano con un improbabile latinorum tipo «*sine qua non*, siamo qua noi» – era un imprenditore che sapeva stare al mondo, attento ai conti e vicino ai potenti. Stando al vociare petroniano, fu Mussolini in persona a trascinarlo alla guida del Bologna dove c'era da polverizzare l'ombra di Arpinati. Dall'Ara esordì con uno dei suoi colpi geniali, dando fiducia, a partire dal gennaio 1935, all'allenatore Árpád Weisz, un ebreo ungherese che rivoluzionò il calcio italiano, una specie di Arrigo Sacchi *ante litteram*. Alla guida dell'Inter (meglio, dell'Ambrosiana-Inter: col pretesto di limitare le squadre a un massimo di due per città, il fascismo aveva accorpato queste due società milanesi sbarazzandosi del nome Internazionale, che suonava male perché sapeva troppo di comunismo), Weisz aveva vinto lo scudetto 1929-'30, entrando poi in rotta di collisione con il fascistissimo patron nerazzurro Ferdinando Pozzani, abituato a dettare la formazione.

Durante i ritiri, i nazionali parlavano spesso del calcio innovativo e rivoluzionario di questo insolito mister danubiano, un uomo pignolo, colto, attento tanto alla preparazione atletica quanto al dialogo con i calciatori, pronto a scommettere senza paura sui giovani, capace di parlare, e scrivere, un italiano perfetto. Di Árpád, lo stesso Pozzo era un sincero amico, considerandolo un precursore al quale ispirarsi. Firmando l'introduzione del *Giuoco del calcio* – saggio sul pallone, mai scalfito dal tempo, scritto nel 1930 dall'ungherese assieme al dirigente nerazzurro Aldo Molinari –, il Commendatore concordò con quei precetti: «L'opera induce a riflettere, invoglia a studiare».

Quel manualetto di circa centocinquanta pagine per Eraldo divenne una stella polare. Lo aveva letto e riletto, sposando ogni frase di Weisz, assai apprezzato nei sei mesi in cui lo conobbe al Bologna prima di trasferirsi in giallorosso. All'ipotetico trainer a cui era destinata la pubblicazione, Árpád suggeriva di «accaparrarsi, con tatto», della «stima dei suoi» per «intuire cosa possa turbare l'animo dell'atleta». «Se si stabiliranno rapporti di cameratismo, se gli riuscirà di essere con i suoi atleti quello che il maestro è nella scuola, avrà grandemente facilitato il suo lavoro.» Su tutto, il gruppo: i giocatori «devono formare una famiglia» perché il pallone è un fatto «collettivo». Circa il sesso, il calvinista casalasco non poteva che essere d'accordo con l'ungherese. «Non si pretende la castità», «lo sfogo naturale non è nocivo», ma «lo è l'abuso» che «strema» prima degli allenamenti. Per chiarire: «cinque giorni prima della partita ogni rapporto sessuale deve cessare».

Quanto a Meazza, orfano di guerra, Árpád era per lui una specie di padre. Era stato Weisz a farlo esordire in prima squadra, neanche diciassettenne, nel settembre 1927. Quel giorno mancava il centravanti titolare e dalla squadra chiesero: «Mister, chi gioca oggi al centro dell'attacco?».

Imperturbabile, l'ungherese aveva risposto: «Gioca quel ragazzo là, il Peppin».

«*Ma se l'è on balilla...*» scherzò qualcuno, ignaro di aver affibbiato al fuoriclasse il soprannome che gli sarebbe rimasto attaccato per sempre.

Il nerazzurro raccontò poi che Árpád fu «uno dei più grandi tecnici che io abbia mai conosciuto», la persona «alla quale rimasi più legato in quegli anni, un maestro che riuscì poco a poco a trasformare il ragazzino Meazza in un uomo nel vero senso della parola. Gli volevo davvero bene».

Dopo che, nel 1938, Mussolini introdusse l'orrore delle leggi razziali, Weisz fu costretto a lasciare l'Italia con la famiglia. Il suo nome cadde nell'oblio, dimenticato, inghiottito nel nulla e persino un bolognese nel Dna come Enzo Biagi, in occasione dei novant'anni della squadra rossoblù, lo ricordò in un capolavoro di sintesi solo apparentemente vaga: «Mi sembra si chiamasse Weisz, era molto bravo ma anche ebreo e chi sa come è finito». Si seppe in seguito – grazie a uno straordinario libro pubblicato nel 2007 dallo storico e giornalista Matteo Marani – che il calvario drammatico di Árpád, della moglie Ilona e dei figli Roberto e Clara aveva avuto come stazione conclusiva il lager di Auschwitz.

Qualcosa dell'epilogo terribile di quella diaspora familiare fu intercettato da Meazza, che del calcio conosceva tutto e tutti grazie alle sue antenne curiose, diversi anni dopo il 1945. «Un giorno mi comunicarono la sua morte avvenuta in un campo di sterminio durante la guerra. Provai lo stesso dolore di chi perde il padre» confessò.[2] E quando Peppin, durante una delle loro frequenti cene nella Milano del dopoguerra, gli rivelò, quasi in lacrime, la sorte di Weisz, anche Eraldo s'incupì. Ripensò a certi ebrei che avevano contato tanto nella sua vita, su tutti Raffaele Jaffe e Renato Sacerdoti.

Il primo era un professore di scienze alle superiori che fondò il Casale Football Club, l'originario nome della squadra del «quadrilatero», diventandone il primo presidente. Senza di lui la storia di Eraldo sarebbe stata tutta un'altra, chissà se lontana dal football. Una mattina – sarà stato nel 1905 – il tenace e battagliero Jaffe fu portato dai suoi studenti a vedere una partita di pallone da qualche parte nel Monferrato. Fu amore a prima vista: il professore si ritrovò nei giorni successivi a individuare un campo per gli allenamenti, scelse disegno e colori della maglia nerostellata – giudicata in seguito la più bella d'Italia da Ottavio Missoni, uno che di stoffe e moda se ne intendeva –, s'improvvisò accompagnatore, segretario, spazzino antineve, giornalista (era lui talvolta a scrivere le cronache delle partite per i giornali locali), allenatore e, una volta, persino arbitro.

Nella stagione 1913-'14 era arrivato anche lo scudetto, l'unico nella storia della squadra monferrina, che restò comunque tra le più forti anche negli anni Venti, innervata da giocatori come Caligaris e lo stesso Monzeglio. Jaffe li vide crescere entrambi, li sostenne, si entusiasmò nel vederli in azzurro e li aiutò nelle scelte di vita più importanti, quando indirizzò il Caliga verso la Juve e il Monza verso il Bologna.

Eraldo, profondamente attaccato alle sue radici monferrine e sempre attento a coltivare e mantenere i rapporti umani, non perse mai di vista Raffaele. Troppo tardi però venne a sapere – quando a Salò l'ex terzino si era trasformato nell'«uomo di fiducia» del Duce – della retata a Casale, il 16 febbraio 1944, nella quale il professore fu arrestato dai fascisti. E nulla poté fare per salvarlo, come invece gli riuscì in altri casi.

La feroce caccia agli ebrei durò diversi giorni e le persone catturate furono almeno una decina. Dopo alcuni mesi a Fossoli – il campo di transito nel Modenese in cui gli ebrei e gli antifascisti attendevano la definitiva deportazione verso i lager – il 2 agosto 1944 Jaffe fu trasferito su un treno ad Auschwitz, dove trovò la morte quattro giorni dopo.

Quanto a Renato Sacerdoti, vulcanico presidente

della Roma negli anni Trenta e convinto fascista che prese parte addirittura alla marcia del 28 ottobre 1922, fu l'uomo che volle Monzeglio in giallorosso e lo chiamò a vivere quel decisivo pezzo di vita nella capitale.

I Mondiali del Duce

Secondo alcuni storici del calcio, la sintesi dei Mondiali del 1934 vinti dall'Italia sarebbe perfettamente descritta da una foto.

Ritrae, pochi istanti prima del fischio d'inizio, l'arbitro della finale, il ventottenne svedese Ivan Eklind, fascista sfegatato. Biondino, sorride in mezzo al campo, il braccio teso verso la tribuna d'onore, dove il Duce sedeva accanto ai figli. Stessa posa per i guardalinee accanto a Eklind, il tedesco Alfred Birlem e l'ungherese Mihály Iváncsics.

Sebbene Monzeglio abbia poi detto che quello «non fu altro che un saluto di cortesia», è un fatto che a quei Mondiali furono diverse le squadre a esibirsi in campo alzando romanamente il braccio destro.[1]

Lo fecero addirittura gli Stati Uniti nell'ottavo contro gli azzurri e, sempre contro di noi, gli spagnoli prima delle due partite consecutive – la prima finì in pareggio e fu necessaria la ripetizione – ai quarti. Stessa liturgia al fischio d'inizio per i ventidue in campo di Argentina-Svezia, altro ottavo che vide andare avanti gli scandinavi. Per non parlare della delegazione argentina, che addirittura andò a Predappio a deporre un mazzo di fiori sulla tomba degli antenati del Duce, sempre più ossequiato.

L'obiettivo era tassativo: vincere a tutti i costi, per cogliere l'occasione di propagandare al mondo l'immagine trionfale dell'Italia littoria.

Mussolini non badò a spese, rifacendo gli stadi, richiamando i tifosi stranieri con biglietti ferroviari scontati del settanta per cento, coccolando gli inviati della Fifa come pascià tra alberghi di lusso, cene sontuose, torpedo con autista e fanciulle accondiscendenti. Figurarsi poi le pressioni sugli arbitri, continue, garbate, felpate. Fu addirittura Mussolini, per «un tempo sospettosamente lungo», a fare visita alla terna arbitrale prima della finale. Insomma, è chiaro: già dal 1932, da quando l'Italia si vide assegnata l'organizzazione dei secondi Mondiali della storia del calcio, nulla fu lasciato al caso.[2]

E ancora, un'altra testimonianza: pare che Eklind, la sera prima della semifinale vinta con l'Austria, fosse a cena a Palazzo Venezia. A raccontarlo anni dopo fu Josef Bican, uno dei più prolifici attaccanti della storia del pallone, che poi, a seguito dell'Anschluss, lasciò Vienna per andare a giocare in Cecoslovacchia, dove chiese la nazionalità perché lui dei nazisti non voleva proprio saperne.

Per le loro sfacciate direzioni a favore dell'Italia tanto Eklind quanto il belga Louis Baerts, che diresse il primo quarto contro la Spagna, furono sospesi dalle rispettive federazioni, salvo tornare tranquillamente ad arbitrare quattro anni dopo in Francia, nella terza edizione dei Mondiali vinti di nuovo dai ragazzi di Pozzo.

Quando periodicamente, ma siamo già dopo la guerra, i giornalisti gli chiedevano di quei troppi fischi a favore degli azzurri, Eraldo s'imbufaliva: «Mussolini non giocava a pallone. Giocavamo noi, sudando sette camicie, e superando le migliori squadre del mondo. No, la politica proprio non c'entrava».

Monzeglio esordì nella Nazionale maggiore l'11 maggio 1930, contro l'Ungheria a Budapest. Rosetta si infortunò a una caviglia «e Pozzo mi telegrafò: "Viri sta male, tocca a te". Misi la mia roba in una valigetta e dopo aver esclamato per scaramanzia *porca miseria* presi il primo treno per Tarcento, dov'erano radunati gli azzurri». Poi il Commendatore, «che era di un'italianità formidabile, ci portò al sacrario di Redipuglia. Ci radunammo attorno a lui e dopo aver pregato sulle tombe dei caduti, ci fece un discorso facendoci piangere senza ritegno».

Quel che è certo è che in quel 1934 ogni dettaglio è metodicamente pianificato, a partire dalla composizione della squadra, la cui scelta per il commissario unico fu lacerante, dato il rapporto quasi paterno che aveva con ciascuno dei suoi. Nell'ultima fase del campionato selezionò una prima rosa di settanta giocatori, scendendo progressivamente, da marzo in poi, a una dolorosa ma inevitabile eliminazione: cinquantotto, trentotto, ventinove.

A Roveta, sede del ritiro vicino Firenze, il selezionatore comunicò la lista dei ventidue con tono marziale, leggendo i nomi a uno a uno. Era tuttavia visibilmente emozionato e subito dopo andò ad abbracciare gli esclusi. Lui stesso lo definì un «brutto momento» e ammise che quella selezione «dall'alto» era stata un errore, non aveva considerato che lavorava «su materia umana e non pietre preziose». Infatti, quattro anni dopo, cambiò metodo e formò un gruppo plasmandolo «dal basso», con aggiunte progressive ed evitando i traumatizzanti «tagli dall'alto».

Il Commendatore scelse i nomi con l'istinto del rabdomante e la capacità di leggere nei cuori. Lo dimostra il recupero di Attilio Ferraris, sui giornali sempre chiamato «Ferraris IV» perché anche i suoi tre fratelli maggiori erano discreti calciatori. «Er Tilio», romano, anzi romanista, sempre benvestito e con belle auto, era un gran fumatore, dedito ad alcol, carte e donne. Ma a trent'anni pareva già sul viale del tramonto, dopo essere stato un eccellente mediano in giallorosso. Era l'idolo dei tifosi di Campo Testaccio, perché contro gli avversari dava tutto, mescolando grinta e colpi di classe, di cui Pozzo era stato diretto testimone quando anni prima lo aveva visto giocare durante una partita Alessandria-Roma e motivo per cui lo convocò in azzurro senza mai pentirsene.

Aveva un debole per Ferraris anche il presidente giallorosso Sacerdoti, che finché poté ne tollerò i frequenti allenamenti saltati proteggendolo dalle sfuriate di allenatori rigidi e inflessibili come Luigi Barbesino, casalasco come Monzeglio. Ma poi anche Sacerdoti, che lo aveva aiutato ad aprire un bar al rione Borgo Pio, aveva perso la pazienza. E all'ennesimo e ingiustificato ritardo, aveva ruvidamente mandato Ferraris a quel paese.

Pozzo convocò Ferraris mentre giocava al biliardo, con la sigaretta in bocca, con aria ormai da ex calciatore. Gli bastò parlargli qualche minuto per convincerlo a ridurre le sigarette. Partito come riserva, Tilio entrò nel secondo incontro con la Spagna e non uscì più di squadra.

Tra quei ventidue c'erano figli di signori e figli del popolo, ma così è il calcio, che dentro lo spogliatoio e in campo non vuole differenze e ti chiede solo di dare tutto. C'era Giuseppe Meazza, il fuoriclasse del gruppo, il papà caduto in guerra e la mamma di umilissima famiglia, e c'era Schiavio, erede di una ricca famiglia di commercianti bolognesi di tessuti. Decisivo tra attacco e difesa era Giovanni Ferrari, uno che ragionava smistando palloni con lanci lunghi e passaggi corti, risolutivi nella manovra.

Poi gli oriundi, fondamentali nelle vittorie azzurre. «Figli di italiani», Pozzo ne aveva visti tanti come loro «morire in guerra» e per questo «potevano quindi vestire i colori nostri».

Il Commendatore ne convocò cinque, quattro dall'Argentina e uno dal Brasile. Luis Monti era nato a Buenos Aires ma era di origini emiliane. Sia con l'albiceleste sia in azzurro era soprannominato «*El Verdugo*», il Boia. A lui Pozzo affidava l'avversario più difficile, da annullare in ogni modo. Era chiamato anche «*Doble ancho*», l'armadio a due ante, per la sua forza fisica.

Poi Enrique Guaita, acquistato dalla Roma nel 1933, «Er Corsaro nero» o «*El Indio*» per il colore della sua pelle. Il terzo: Raimundo Orsi, detto «Mumo», comprato dalla Juve per uno sproposito e futuro pilastro della squadra torinese del «quinquennio d'oro». Il quarto argentino era Attilio Demaría, roccioso interno che restò in Italia durante la guerra a differenza degli altri che, per un motivo o per l'altro e in certi casi piuttosto rocambolescamente, rimpatriarono prima. Il quinto, rimasto piuttosto anonimo, Anfilogino Guarisi, era un brasiliano preso dalla Lazio che in quegli anni, prima di acquistare il favoloso fuoriclasse che era Silvio Piola, mandava in campo una squadra di quasi tutti oriundi.

Per la scelta dei portieri, Pozzo aveva diversi nomi, tutti fortissimi. Lo era certamente Gianpiero Combi, sebbene già anzianotto. Nel 1934 aveva trentadue anni, età che lo aveva trasformato in un mostro di regolarità, non spettacolare come quando era ventenne, però infallibile. A Torino i tifosi che lo adoravano avevano preso a chiamarlo «Fusetta», fulmine. Forse Pozzo lo avrebbe lasciato di riserva, ma durante il ritiro Carlo Ceresoli, il campione interista che sarebbe stato il prescelto, si ruppe un braccio dopo uno scontro di gioco proprio sotto gli occhi del Commendatore.

Combi, che se non fosse stato convocato probabilmente si sarebbe ritirato per gestire la distilleria di famiglia nel Torinese, poco dopo aver visto Carlo partire per l'ospedale si avvicinò al commissario e in piemontese gli disse: «*M' touca e mi?*», tocca a me?

«*Souta, Piero*», sotto, Piero.

Siccome in azzurro era il più anziano, gli venne data la fascia di capitano, meritatissima. Era un taciturno infinitamente serio e Umberto Agnelli lo volle con sé nella dirigenza della Juve. Morì troppo presto, a cinquantaquattro anni, colto da un infarto mentre guidava.

L'esordio dell'Italia fu con gli Stati Uniti, liquidati per 7-1. Poi, ai quarti, gli azzurri si ritrovarono contro una delle favorite, la Spagna. Allo stadio Giovanni Berta andò in scena quella che è passata alla storia come la «battaglia di Firenze». Botte da orbi, da entrambe le parti. Meazza fu portato fuori in barella. Nel primo tempo, gli spagnoli passarono in vantaggio con Regueiro, gli italiani pareggiarono con Ferrari. Il risultato non cambiò nel secondo tempo e si dovette ripetere l'incontro l'indomani, come prevedevano le regole dell'epoca.

Pozzo, a sorpresa, fece uscire lo juventino Virginio Rosetta a favore di Monzeglio, che prese il suo posto senza lasciarlo più, giocando tutti gli incontri sino alla finale di Roma. «Mi ero conquistato la fiducia del Commendatore» raccontò poi Eraldo «che mi aveva messo alla prova lentamente buttandomi nella mischia quando mi ritenne pronto.»

Rosetta, colonna della Juve con i cinque scudetti del «quinquennio d'oro», cinquantadue presenze in Nazionale sino a quei Mondiali, non la prese bene. Sperava di tornare titolare, ma così non fu e per rabbia lasciò la squadra poche ore prima della semifinale con l'Austria, a Milano.

Successe tutto dopo pranzo al ristorante dell'albergo Principe & Savoia dove alloggiava la squadra.

Viri, come tutti chiamavano Virginio, si alzò per salire in stanza e infilarsi la tuta, ma il Commendatore lo bloccò: «E lei dove va?».

«Vado su a cambiarmi.»

«No, lei non gioca mica.»

Rosetta non disse niente. Andò ugualmente nella sua stanza, fece la valigia e se ne tornò a Torino.

Il commissario unico era così: se doveva prendere una decisione, non guardava in faccia a nessuno. In quelle ore disse no persino a Caligaris, quasi un figlio, che lo supplicò di fargli giocare contro l'Austria la sua sessantesima partita, lui che era stato il capitano azzurro in tante battaglie. A quel rifiuto, Caliga si mise a piangere, ma subito dopo era a bordo campo a incitare gli azzurri contro gli austriaci del santone Hugo Meisl.

La sera stessa della prima battaglia con la Spagna, in albergo a Firenze, Pozzo convocò i ragazzi uno a uno, chi sanguinante, chi zoppicante e chi dolorante, chiedendo se, in sincerità, fossero in condizioni di tornare all'assalto l'indomani. Tutti risposero che erano a sua disposizione, volontari. L'Italia dovette cambiare quattro titolari, gli spagnoli sette, tra cui Ricardo Zamora, leggendario portiere tra i più grandi di tutti i tempi, prima al Barcellona e poi al Real Madrid.

Tra mille ipotesi si romanzò molto sulla sua assenza. Si disse che venne minacciato dagli italiani, addirittura rapito. Qualcuno sostenne che fu il Duce in persona a interpellare le autorità franchiste chiedendo di non far giocare il loro numero uno.

Chissà se si avvicinò alla verità Fulvio Bernardini, immenso fuoriclasse romanista, quando raccontò che Zamora era stato avvicinato e comprato dai dirigenti della Federcalcio. «Un trucco che costò svariati biglietti da mille» sibilò. Parole che molti anni dopo Monzeglio, intervistato dal «Corriere della Sera», liquidò così, tassativo: «Favole, favole che lasciamo ai favolisti. Zamora non fece parte del bis semplicemente perché era infortunato e Nogués, che lo sostituì, fu peraltro bravissimo».

La seconda partita con la Spagna fu ancora una battaglia dura, sebbene meno cruenta di quella del giorno prima. Meazza segnò di testa al dodicesimo del secondo tempo e da lì gli avversari non impensierirono più gli azzurri. L'1-0 restò il risultato finale e la squadra andò a Milano dove l'attendeva il *Wunderteam* austriaco di Meisl, con cui «vincemmo a stento», per stare alla sintesi di Brera.

L'Austria era fortissima e i pronostici erano tutti a suo favore, anche perché la Nazionale italiana aveva nelle gambe il doppio confronto con le «Furie rosse». Eppure al diciannovesimo gli italiani andarono già in vantaggio per il definitivo 1-0, dopo una prolungata azione: rilancio di Ferraris IV per Orsi, l'oriundo aprì al ragionier Ferrari, che smistò a Schiavio, lestissimo nel dribblare un difensore e sparare un rasoterra non trattenuto dal portiere Platzer. Dopo un batti e ribatti nell'area piccola, Guaita infilò a pochi passi. Gli austriaci protestarono fieramente per la ruvida entrata di Meazza su Platzer, cosa che aveva permesso a Guaita di farlo secco.

Ma Eklind, chissà se già catechizzato a dovere, convalidò. Il resto fu una difesa «epica», con «*El Verdugo*» Monti che francobollò Matthias Sindelar, tra i più forti giocatori dell'epoca, se non il più forte, tanto violentemente da mandarlo in ospedale.

Una marcatura ai confini del lecito per la quale il Boia poi si adontò. Anni dopo, il giorno in cui decise di tornarsene in Argentina, in attesa dell'imbarco al porto di Genova confidò a un amico, l'oste Antonio Gualco, di avere «pochi risparmi e il solo rammarico di aver sempre seguito con disciplina le disposizioni tattiche di Pozzo. Quando c'era da far fuori qualcuno il vecchio si rivolgeva a me, non c'era scampo. Così me ne vado lasciandomi dietro la fama di cattivone e spaccagambe».

La finale si giocò a Roma il 10 giugno contro la temibilissima Cecoslovacchia, che ricevette l'incoraggiamento di una fiumana di tifosi – oltre che diciassettemila telegrammi – giunti con due treni speciali e tre carovane di auto.

Il Duce badò bene a farsi ritrarre mentre acquistava, come uno tra tanti in fila al botteghino, i biglietti della partita per i figli e per sé. In tribuna con le principesse Maria e Mafalda di Savoia, si sedette accanto al presidente della Fifa Jules Rimet, al quale disse, al fischio d'inizio: «Ora bisogna solo pensare a vincere».

Dopo un primo tempo di studio, con le squadre che si temevano, un'imparabile rasoiata di Puč portò i cechi in vantaggio e sullo stadio calò il gelo. Quando ormai pareva fatta, a sette minuti dalla fine arrivò il miracolo: su cross di Guaita, il tiro di Orsi piegò le mani al portiere Plánička. Al primo tempo supplementare ecco il ribaltone, siglato da una cannonata di Schiavio, che fece esplodere in un boato lo stadio e il Duce. Gli ultimi minuti non ebbero storia. Il Boia continuò a digrignare i denti e a rifilare calcioni e lo stesso fecero Allemandi, Monzeglio e Ferraris IV, «del tutto privi» scrisse Brera «di penne d'angioletto».

Il giorno dopo, 11 giugno, la squadra andò a Palazzo Venezia per una visita al capo del governo. Nell'attesa, il segretario del Pnf Achille Starace li invitò a esprimere un desiderio: «Il Duce vuol farvi un omaggio: pensate a ciò che gradireste di più». Gli azzurri, che già avevano in tasca un assegno da ventiduemila lire incassato dalla Federcalcio, parlottarono un po' e concordarono sulla proposta di capitan Combi, che pensò a una tessera permanente sull'intera rete ferroviaria.

Poco dopo Starace si ripresentò informando i calciatori che l'incontro sarebbe saltato per un colloquio prolungato di Mussolini con l'ambasciatore inglese. «Il Duce mi ha confermato l'impegno del regalo: l'avete deciso?» aggiunse.

Anticipando Combi, Eraldo alzò il braccio e gridò: «Sì, eccellenza: vogliamo una foto del Duce con l'autografo!».

Anni dopo, l'allora presidente della Federcalcio Giorgio Vaccaro, un ex ardito che negli anni Trenta con Pozzo vinse tutto quello che nel calcio si poteva vincere, confidò al giornalista della «Rosea» Mario Pennacchia che «se gli sguardi avessero potuto folgorare, di Monzeglio non sarebbe rimasta che cenere. Fui io, vedendo la stizza tracimante, a rabbonire i calciatori dicendogli che Mussolini, profetico, prevedendo la nostra vittoria aveva già fatto preparare delle medaglie d'oro al valore atletico da distribuire a tutti».

La consegna arrivò in una successiva cerimonia, il primo luglio. Quando fu il turno di premiare il suo terzino, nell'appuntargli la decorazione sul petto, il Duce chiese: «Contento?».

Da sinistra, in una foto dalla data imprecisata, il commissario tecnico della Nazionale Vittorio Pozzo, con un terzetto di calciatori azzurri campioni del mondo nel 1934 e nel 1938: il difensore Eraldo Monzeglio, l'attaccante Giuseppe Meazza e il centrocampista Giovanni Ferrari (archivio famiglia Vittorio Pozzo, custodito presso l'Archivio di Stato di Torino)

A Roma, a Campo Testaccio

Non c'è un motivo esatto che spieghi l'innamoramento calcistico dell'ebreo Sacerdoti – banchiere e costruttore pazzo per il pallone e per la Roma – nei confronti di Monzeglio. La verità forse, come magari accade in tante cose, è quella più semplice: il dirigente giallorosso lo aveva visto giocare più volte con il Bologna e partita dopo partita doveva essersi convinto che quel terzino possente, tanto grintoso quanto elegante, capace di impostare l'azione improvvisa di contrattacco con passaggi puntuali ai centrocampisti, potesse rafforzare il sogno di costruire uno squadrone in grado di strappare lo scudetto al monopolio del Nord. Il corteggiamento cominciò già nel 1931, quando allo stadio del Pnf a Roma, alla fine di un'Italia-Scozia finita 3-0, Sacerdoti abbracciò calorosamente Eraldo davanti a tutto il pubblico, a dire: «Ragazzo, ti vogliamo qui, in mezzo a noi. Per vincere».

Da quel momento in poi il presidente-banchiere avanzò ripetute offerte al Bologna, che però tenne duro a lungo, sino a quando una serie di coincidenze – dalla caduta di Arpinati all'arrivo di Dall'Ara in rossoblù – aiutò Monzeglio a concretizzare il suo desiderio di trasferirsi a Roma, alla Roma, a Campo Testaccio.

La tentazione di cambiare aria era fortissima. Eraldo era uno dei calciatori azzurri più celebri, anche se, certo, non come Meazza: per il Balilla i giornali stravedevano e Peppin grazie a quella fama intascava tante belle lirette facendo la réclame per brillantine e lamette da barba. Inoltre, Eraldo sapeva bene che, con il titolo di campione del mondo agguantato l'anno prima, avrebbe potuto chiedere molto di più nel nuovo contratto.

Poi, è vero, Roma era tanto altro. Soprattutto, tanto altro: a partire dalla percezione tangibile di cosa fosse il potere. Quella vicinanza sempre più stretta alla famiglia Mussolini era inebriante. La personalità del Duce, che stava incontrando sempre più spesso grazie alle lezioni di tennis impartite a Villa Torlonia a Vittorio e Bruno, lo aveva sedotto e soggiogato. Fatto sta che verso la metà del giugno 1935, mentre in pieno calciomercato stava perfezionandosi il suo trasferimento in giallorosso, qualcuno riferì al terzino che ai figli di Mussolini, solidi tifosi biancazzurri, non garbasse l'ipotesi dell'approdo alla Roma.

Senza perdere un istante, Eraldo, decisamente in

ansia, contattò la «batteria» del Viminale – il centralino del ministero dell'Interno in grado di trovare e rintracciare tutti i potenti e di cui aveva da tempo il numero – e, «aggrappato al telefono», chiese di Villa Torlonia. Gli fu passata subito.

«Pronto, chi parla?» domandò il calciatore.

«Mussolini.»

«Ah, ma no, è impossibile.»

«Invece sì, Mussolini. Voi chi siete?»

«Monzeglio.»

«Aaah, e cosa c'è?»

«Mah, niente. Vorrei solamente sapere se Bruno e Vittorio siano scontenti del mio trasferimento alla Roma e non alla Lazio.»

«Ne parlavano proprio poco fa a tavola, aspettate che ve li chiamo.»

Il Duce indirizzò un grido verso i figli, in cucina. «Bruno! Vittorio! C'è Monzeglio al telefono!»

I ragazzi accorsero, afferrarono la cornetta. «Eraldo, cosa c'è?»

Il calciatore palesò le sue ansie e i fratelli lo rassicurarono entusiasti: «Ma basta che tu venga a Roma e noi siamo contenti».

Anche Ferraris IV, forse indirizzato e sollecitato dallo stesso Sacerdoti, contribuì a invogliare Monzeglio, raccontandogli dell'atmosfera di quello stadio particolare, tutto in legno come quelli inglesi a cui era ispirato, incastonato tra il mattatoio e il mercato e sormontato dalla sagoma del Monte dei Cocci.

Composto da quattro tribunette da ventimila posti, era uno sfolgorio di colori giallo oro e rosso pompeiano e al solo entrare in quell'arena le gambe dei giocatori avversari già tremavano.

«*A' Erà*, certe volte *me pare de sta'* come ai tempi dei gladiatori *ar* Colosseo e delle bighe *ar* Circo Massimo» gli ripeteva «Er Tilio» durante i ritiri in azzurro. «*Quanno i tifosi c'encoraggeno*, battono *li* piedi forte forte e c'è un casino infernale, pare che *trona* dappertutto. Nella squadra *semo* tutti amici, de Fuffo Bernardini sai ogni cosa, è come se fosse fratello tuo e tanti *artri* li conosci bene pure te, Mattei *er Bibbitone*, Benatti *er Sorcetto*, Costantino *er Reuccio*, Corbyons *er Moschino*. Qui tutti *ponno diventà dei re*, *ma solo si giochi cor core*, e *allora t'adoreno pure si arivi dar* Nord. Pensa che a Rodolfo Volk, l'attaccante che *viè* da Fiume, quello che dice sempre "*nun* penso ma tiro", *o chiameno* addirittura *Sigghefrido*, come *er* capo dei *nibbelunghi. E poi ce sto io*: *er* Tilio, *er* capitano, *er più* amico tuo. *C'aspetti a venì* qui, *Erà*?»

Il mosaico si ricompose nell'estate del 1935 e, quando tutte le tessere andarono al loro posto, finalmente Monzeglio lasciò Bologna per Roma.

Vinti i Mondiali l'anno prima e adesso che non c'era più Arpinati a ripetergli «dai, resta», il terzino era dunque pronto per la nuova esperienza. Quando Sacerdoti tornò all'attacco con un'offerta impossibile da rifiutare – 375.000 lire, cifra colossale per l'epoca, una delle più alte versate per l'acquisto di un calciatore, circa 450.000 euro oggi – il lestissimo Dall'Ara acconsentì alla cessione, sollecitata dallo stesso casalasco.

C'era anche dell'altro, va detto. Sebbene i rapporti con il mister Weisz fossero stati ottimi sin dal suo arrivo in rossoblù, Eraldo, che il 5 giugno aveva compiuto ventinove anni, era consapevole che il suo futuro in campo non sarebbe durato a lungo. Nelle gerarchie del Bologna stava inoltre emergendo un terzino ventenne assai bravo che prima o poi gli avrebbe inevitabilmente tolto il posto da titolare. Dunque meglio andarsene al più presto, cogliendo l'attimo giusto.

Quanto a quel giovane difensore dall'aria ribalda, si chiamava Dino Fiorini e a Monzeglio era piuttosto simpatico, nonostante vedesse e affrontasse la vita in un modo tutto suo.

Dino era bello, assai bello, piaceva alle donne e ai tifosi. Guidava auto sportive e sui giornali faceva la réclame, proprio come Peppin, a una brillantina francese, la celebre Bourjois. Era forte come un toro, correva i cento metri in undici secondi e aveva una tecnica sopraffina. Árpád per lui stravedeva. Fiorini «salta in alto e in lungo come uno specialista e quando spicca il volo per prendere un pallone alto» raccontò una volta Weisz «pare di vedere una scultura, talmente meraviglioso e perfetto è il suo stile».

Celebri le sue spacconate. Neanche diciottenne e ancora riserva, aveva sfidato così Eraldo e l'altro terzino Felice Gasperi, i titolari della difesa felsinea: «Mettetevi d'accordo perché uno dei due presto mi lascia il posto!». A Milano contro l'Inter, una domenica, Dino si era presentato strafottente al Balilla: «Meazza? Piacere, Fiorini. Vede questo pallone? Lo guardi bene perché dopo non lo vedrà più». Un'incauta guasconata- autogoal visto che poi i nerazzurri liquidarono i rossoblù con un tassativo 3-1.

Ma Fiorini era anche, soprattutto, un fascista convinto. Travolto come tutti gli italiani dalla guerra, anzi dalla guerra civile, dopo l'8 settembre si arruolò come ufficiale nella Guardia nazionale repubblicana risultando, a Bologna, tra i duecento fondatori del Partito fascista repubblicano.

Scomparve – meglio, lo uccisero – il 3 settembre 1944 insieme al partigiano Angelo Ferrari e quel che davvero ruotò attorno alla misteriosa morte di Fiorini Eraldo lo apprese, come vedremo oltre, solo dopo il 25 aprile. Una storia che non stava né di qua né di là, né con i repubblichini né con i *pistoleros*. Che non era né bianca né nera. Era solo di un grigio indefinibile, ma terribile come tante altre di quel tempo rosso sangue.

A Roma, oltre al presidente Sacerdoti che lo aveva voluto con sé, Eraldo ritrovò Tilio e Fuffo. Si calò subito nell'atmosfera travolgente e unica di Campo Testaccio e di una squadra che i laziali chiamavano «dei *macellari* e degli ebrei», un po' perché il mattatoio era proprio lì accanto allo stadio e un po' perché tra i fondatori della società giallorossa c'erano tanti nomi israeliti: Coen, Sonnino, Tagliacozzo, Sermoneta, Pontecorvo, Spizzichino, Della Seta.

L'allenatore era Luigi Barbesino, ruvido casalasco, ex difensore del Casale con cui vinse il campionato del 1914. Sacerdoti cercava un leader, un sergente di ferro in grado di farsi rispettare e per questo lo aveva chiamato dopo che dal 1929 sulla panchina giallorossa si erano succeduti tre stranieri. Erano l'inglese Herbert Burgess e gli ungheresi János Baar e Lajos Nemes Kovács: pur portando la squadra ai piani alti della classifica – Burgess agguantò addirittura un secondo posto nel torneo 1930-'31 e Baar un terzo, due anni dopo – non diedero mai l'impressione di tenere in pugno lo spogliatoio.

L'inglese era solito attardarsi nelle vinerie dell'Urbe dedicandosi, con troppo entusiasmo e apprezzamento, ai fiaschi dei Castelli e capitava spesso che venisse trovato ubriaco in giro per la città. Baar, segnalato a Sacerdoti addirittura da Hugo Meisl, scontava invece la giovane età: era un trentenne che, sia pure educatamente e in perfetto italiano, doveva dare ordini a una ciurma di canaglie e bucanieri tutti coetanei, se non più vecchi di lui, in grado di mangiarselo in un sol boccone. Quanto a Kovács, l'anonimo quinto posto nel campionato 1932-'33 non gli valse la riconferma e dopo la guerra il trainer se ne sarebbe andato negli Stati Uniti, spegnendosi a New York nel 1974.

Barbesino era un altro dei figliocci del casalese Raffaele Jaffe. Non è escluso che il professore ebreo fondatore dei nerostellati lo avesse consigliato a Sacerdoti, mentre è sicuro che il mister, conoscendo Monzeglio da quando era una promessa dei Boys, ne avesse approvato l'acquisto.

Come Eraldo, anche Barbesino era un convinto fascista. Di certo era un tipo particolare, un uomo d'azione. Dopo lo scudetto con i nerostellati, andò a combattere nella Grande Guerra. Prima nei guastatori e poi come capitano pilota. Squadrista a Bolzano, dove divenne federale del Pnf al tempo della marcia su Roma, a causa di una lite con Starace fu espulso dal partito. Un bisticcio che gli fece capire come la politica non facesse per lui. Qualcosa, in controluce, delle ragioni non note di quello scontro con l'inventore dei più ridicoli rituali fascisti – dal «voi» al posto del «lei» alle manifestazioni ginniche imposte ai gerarchi – lo si evince da un sorprendente rapporto della polizia politica. Le carte conservate all'Archivio centrale di Stato descrivono Barbesino come uno «che non ha mai chiesto nulla per sé né al partito né al governo ma ha avuto invece molte noie, infiniti contrasti e lotte locali culminate con l'esclusione dal Pnf dopo essere stato clamorosamente destituito dalla carica di segretario federale».

Senza rimpianti, Luigi tornò ai campi da calcio, mettendosi ad allenare. Ma allo scoppio del secondo conflitto non esitò a lasciare il pallone per arruolarsi nuovamente, ancora come ufficiale in Aeronautica. Promosso maggiore, servì sullo *Sparviero*, il Savoia-Marchetti S.M.79, il celeberrimo bombardiere-silurante che fu l'icona della Regia.

Il 20 aprile 1941 trovò la morte durante una missione sul Mediterraneo attorno alla quale aleggia ancora il mistero. Anche se i documenti ufficiali dicono altro, sembra che il volo – sulla rotta tra l'aeroporto agrigentino di Sciacca e i cieli di Malta – non avesse avuto l'autorizzazione al decollo. Nei giorni precedenti un altro *Sparviero* era stato abbattuto in mare dagli inglesi e Barbesino – fu la voce poi raccolta dai suoi familiari, che per avere sue notizie scrissero anche a Pozzo – decise di andare ugualmente, insieme ad altri aviatori, a cercare eventuali superstiti, nonostante il parere contrario dei superiori che forse ritennero inutile, se non pericolosa, la nuova missione.

Quel che è certo è che l'equipaggio del mister casalasco non rientrò, forse anch'esso abbattuto, forse precipitato dopo un'avaria. La morte dell'allenatore sconvolse Eraldo e con ogni probabilità fu uno dei motivi che qualche mese dopo rafforzarono la sua decisione di indossare la divisa grigioverde e partire per il fronte.

Nella Capitale il terzino avvertì, piacevolmente, una sensazione mai provata prima: quella di sentirsi nel posto giusto al momento giusto. Intanto, c'erano le comodità e la grande bellezza di Roma vista da vicino. Trovò casa in una spettacolare mansarda in centro, in via del Traforo 146, un palazzo storico a due passi da Fontana di Trevi e dalla sede della squadra giallorossa, in via del Tritone 125. Da qui raggiungeva Campo Testaccio alla guida di una fiammante Fiat 508 Balilla.

Stava inoltre diventando sempre più famoso, questo era chiaro ogni giorno di più. Nelle partitelle tra i bambini in strada a un certo punto ce n'era sempre uno che gridava «Io faccio il Monzeglio» e anche i tifosi stravedevano per la sua grinta, tanto da ribadire, parlando sugli spalti o nei bar, che «quel terzino è come il Piave: dove c'è lui non si passa».

Era riverito, omaggiato, ossequiato. Cercato spesso dai giornali. La consacrazione vera arrivò quando «La Gazzetta dello Sport» gli dedicò uno di quei fascicoli quindicinali che, venduti a cinquanta centesimi, andavano a ruba in edicola, acquistati da gente di tutte le età, bambini, ragazzi, papà e nonni. Prima di Eraldo quelle ventiquattro paginette – sempre curatissime, sempre con tante foto e didascalie puntuali, sempre in bello scrivere – avevano avuto come protagonisti campioni leggendari non solo del calcio ma soprattutto del ciclismo, dell'automobilismo e della boxe, all'epoca sport che quanto a popolarità rivaleggiavano o battevano il pallone. Erano stati raccontati eroi come Binda, Girardengo, Guerra, Carnera, Nuvolari, Varzi.

Il numero 56 di quella favolosa serie – pubblicato il 10 novembre 1934, circa cinque mesi dopo la vittoria al Mondiale – fu riservato a Monzeglio. Lo firmò per intero Armando Boscolo Angioletti, penna capace di spaziare da libri sulla storia del rugby a tomi dedicati al pensiero religioso di Arnaldo Mussolini, il fratello prediletto del capo del fascismo. Boscolo Angioletti seguì Monzeglio per diversi giorni allo stadio, nei ritiri, negli spogliatoi e nel tempo libero.

Sebbene se ne fosse già accennato in altre precedenti interviste, la monografia della «Rosea» consacrò la vicinanza del terzino alla famiglia del dittatore. Il giornalista raccontò che da Rimini, dov'era in vacanza, Eraldo raggiunse Predappio, città natale del Duce, in auto con Vittorio Mussolini per una gara di tiro al passero nella quale il difensore, pur in pedana con «mirabili doti da sacerdote di Diana», non si distinse particolarmente, «lisciando» un paio di volte alcuni fortunati uccellini appena liberati dalla cassetta. Quanto ai due figli di Mussolini, suoi «ammiratori convinti», la «corrente di cordialità» si era fatta «talmente intima» da rendere inevitabilmente «amicissimi» i tre.

«Dicono che Monzeglio faccia strage di cuori femminili, io lo credo» assicurò Boscolo Angioletti, descrivendo il terzino del Duce, incontrato per la prima volta in un albergo a Bologna, con quel tratto di eleganza riconosciuta da tutti: «Spalle larghe, chiuso in un impermeabile stretto ai fianchi. È un bel ragazzo, perbacco. I capelli ce li ha lisci, tagliati forte sulla fronte ampia. Saffo cantava l'atleta nella bellezza del gesto agonistico, se vedesse Monzeglio credo canterebbe l'uomo anche così, con il colletto inamidato e le scarpe di camoscio».

Eppure la fama da *tombeur de femmes* non frenò mai quel cauto sussurro sulla ventilata omosessualità di Eraldo.[1] Una voce difficilmente spiegabile. Fu magari la conseguenza dell'invidia dovuta all'amicizia con Vittorio e Bruno e poi, sempre di più durante i lunghi mesi di Salò, alla sua vicinanza al Duce? Oppure fu per un astio e un livore, tutti al maschile, motivati dall'evidenza che Monzeglio fosse un bell'uomo, dagli occhi azzurri penetranti e con un inspiegabile fascino austero che lo rendeva inevitabilmente interessante davanti alle donne? Fu forse per una motivazione banale, l'insofferenza ostile per il garbo naturale con cui si abbigliava?

Nelle sue foto da giovane, il terzino è elegante anche con quella canotta bianca attillata indossata su un torace scolpito, asciutto, sovente abbronzato dal sole delle spiagge di Rimini e Riccione frequentate regolarmente d'estate. Più in là con gli anni, già distinto e autorevole mister, Eraldo entrava in campo, con postura maschia e volitiva, in giacca e cravatta. E quegli scarpini da pallone abbinati parevano una calzatura perfetta e consona. Senza contare quanto piacesse anche quel modo franco e onesto, talvolta rude ma mai maleducato o arrogante, con cui si rivolgeva a chiunque, calciatori, tifosi, amici, sconosciuti.

Fatto sta che qualcuno malignava. Pesantemente.

A Napoli, tempo dopo, ci fu chi ironizzò per quella cotta adolescenziale che il casalasco si era preso per l'affascinante Marcella Jeandeau, azzurra ai Giochi olimpici di Londra del 1948 nella staffetta 4x100 dove il quartetto italiano fu eliminato in batteria. Eraldo, di quattordici anni più grande, la conobbe quando la ventenne velocista si allenava sulla pista dello stadio al Vomero, quello inizialmente chiamato Littorio, poi della Liberazione e infine intitolato a un giornalista sportivo, Arturo Collana.

Marcella era intelligente, simpatica, sorridente, bella, ciclista e pattinatrice, curiosa del mondo. A tutto questo si aggiungeva quell'origine francese a darle l'inevitabile tocco di charme in più. Il mister cominciò a inviarle mazzi di fiori e scatole di cioccolatini e a invitarla per qualche passeggiata, «ma senza concludere altro»: così suonavano le allusioni facili e il darsi di gomito di quelli a conoscenza della passioncella che lo aveva travolto. Secondo altri pettegoli, l'allenatore era semplicemente *fridd 'e chiummata*, un gentleman non troppo esuberante negli approcci sentimentali.

Ancora negli anni Cinquanta e Sessanta, nelle chiacchierate a cena, certi perfidi «dottorini» dei giornali, che lui cordialmente detestava, sparlavano dopo avere chiuso le pagine dello sport, lanciando frasi così: «È scapolo. E non ci sono donne sospese nel suo passato», «È attentissimo a dissimulare la propria natura in ogni frangente», «"Io ero un maschietto" è una delle prime frasi che Monzeglio mi ha detto nell'intervista rivelatrice», «È un omosessuale non dichiarato, fascista...», «È troppo dandy ed effeminato in un ambiente votato alla rudezza e alla sguaiataggine», «Monzeglio veste a pelle un rudimentale cilicio», «Monzeglio? Nessuno lo dice ma *la ggente lo pienza*».

Parole a ruota libera, pronunciate da chi si attovagliava al ristorante L'Assassino, nel cuore della nebbiosa Milano, dove Gianni Brera, quando già era avanti con i bicchieri di bonarda, spesso narrava dei «goffi litigi» tra gli juventini Luis Monti e Mario Varglien, «due gagliarde checche», stando a pettegolezzi fuori controllo.

Poi ancora, bicchiere dopo bicchiere, ecco la chiacchiera velenosa attorno a Carlo Carcano, l'allenatore-psicologo dei bianconeri del «quinquennio d'oro» – sempre scudettati dal 1931 al 1935 – che «ebbe seri fastidi quando scoppiò lo scandalo intorno a Felice Borel, denunciato per gelosia da un consigliere *'nu poco ricchione*».

Dopo altra bonarda, via di nuovo al gossip, insistendo a tavola con i coloriti racconti del difensore Pietro Rava, Mondiale nel 1938: Carcano, vice di Pozzo con gli azzurri campioni del 1934, «aveva tendenze omosessuali. Il fatto era risaputo» e il barone Mazzonis, ex calciatore e dirigente juventino, «severissimo, ne era assai disturbato. Faticava ad accettare certi atteggiamenti» rivelò una volta Rava «e uno di questi potrebbe essergli stato fatale». Tanto che nel dicembre 1934 – vai a sapere se fu per evitare l'esplosione degli spifferi velenosi – Carcano venne allontanato dalla squadra senza giustificazioni ufficiali.

Quanto a Monzeglio, se mai quelle perfidie sulla sua omosessualità lo raggiunsero, probabilmente non se ne curò. E a Vladimiro Caminiti una volta confidò: «*Stai attento*. Io per il calcio non ho preso moglie, avevo paura che tutto dovesse finire. Ero un dongiovanni, io...».

Il primo campionato di Eraldo alla Roma, quello del 1935-'36, fu incredibile, pazzesco, entusiasmante. Secondo posto in classifica dietro al Bologna e scudetto perso all'ultimo. Per un punto. Tanti i rimpianti, primo tra tutti quello dovuto alla fuga improvvisa dei tre oriundi che giocavano in giallorosso, Enrique Guaita, Alejandro Scopelli e Andrés Stagnaro. Erano tutti argentini e il 20 settembre 1935 scapparono nel loro Paese per il terrore – infondato – di essere dichiarati abili e arruolati ed essere spediti in prima linea in quell'Etiopia che Mussolini si stava apprestando a invadere.

Una storia al limite dell'assurdo. Erano tutti arrivati a Campo Testaccio tre anni prima, segnalati da quel formidabile talent scout di Nicola Lombardo, spedito come uno 007 da Sacerdoti a Buenos Aires allo scopo di scovare campioni con cui innervare lo squadrone giallorosso, l'unico negli anni Trenta in grado di poter seriamente contrastare, assieme al Bologna e all'Inter, lo strapotere juventino.

Guaita dei tre era indiscutibilmente il più forte, un opportunista d'area entrato subito nel cuore dei tifosi. Pozzo lo apprezzò al punto tale da reclutarlo stabilmente nell'undici campione del mondo nel 1934. Scopelli era un tignoso delantero, leggenda a La Plata per aver fatto parte degli imbattibili *profesores* dell'Estudiantes. Quanto al modesto Stagnaro, non aveva che grinta e fiato. Ma, picchiando e correndo, il centrocampista rubò il posto da titolare addirittura a Bernardini.

Fatto sta che, dopo una visita medica di routine in un ambulatorio militare, gli oriundi vennero dichiarati buoni per i bersaglieri. Ma figurarsi, tre calciatori celebri, impossibile immaginarli al fronte... Un maresciallo, ridacchiando, sibilò però una battuta insinuante: «Guardate che vi prendono, vi mandano in guerra».

Chissà se volevano essere solo parole scherzose o se davvero erano il frutto di una sobillazione programmata da ambienti laziali, come avrebbe poi malignato qualcuno. Visibilmente preoccupati, nell'uscire dalla caserma di via Paolina, i tre domandarono al dirigente giallorosso Vincenzo Biancone che li attendeva in taxi se ci fosse seriamente il rischio di partire per l'Africa. Lui li tranquillizzò. Ma loro vollero farsi lasciare all'ambasciata d'Argentina per chiedere certezze. Da lì in poi a Roma non li videro più.

Si seppe nei giorni successivi che la stessa sera di quel 20 settembre avevano caricato mogli e bagagli su un Lancia Dilambda per raggiungere, risalendo l'Aurelia, la frontiera di Ventimiglia. Nell'accomiatarsi dall'Italia, al Corsaro nero fu attribuita questa battuta affidata a chi li scortò verso la Francia, ma di dubbia attendibilità: «Son venuto da voi per fare i goal, non la guerra».

Con i passaporti argentini il gruppetto s'imbarcò a Marsiglia per Buenos Aires e tanti saluti a Campo Testaccio. La fuga imbestialì le autorità fasciste ed eloquente fu il commento del seguitissimo quotidiano sportivo romano «Littoriale» (che nel dopoguerra sarebbe diventato il «Corriere dello Sport»): «Di pecore travestite da leoni domenicali non abbiamo bisogno, né crediamo opportuno continuare a nutrire serpi in seno. Siamo contenti di questo gesto come di una liberazione».

Fine della storia.

La domanda dei tifosi però restò nell'aria a fine torneo: se i tre oriundi non fossero scappati, la Roma avrebbe potuto agguantare lo scudetto? Eraldo il dubbio lo coltivò sempre. Va detto che il pragmatico Barbesino non si scompose troppo e in attacco rattoppò subito la falla facendo esordire Dante Di Benedetti, un bravo diciannovenne di Genzano che non fece troppo rimpiangere Scopelli e che Monzeglio, anni dopo, volle con sé al Napoli. A beneficiare della fuga di Stagnaro fu sicuramente Bernardini, che tornò a impossessarsi, da capitano, del centrocampo della Roma. I giocatori diedero tutto. Arrivarono a un passo dal successo e tutti ebbero la consapevolezza che prima o poi quel gruppo ce l'avrebbe fatta a vincere il campionato.

Per il terzino quel 1936 fu esaltante anche in azzurro. Pozzo lo confermò titolare in un'Italia sempre più imbattibile. A maggio la Nazionale sfidò in amichevole le due squadre più forti al mondo, l'Austria e l'Ungheria. La prima partita finì 2-2 a Milano e nella seconda gli azzurri vinsero a Budapest per 2-0. Alla vigilia delle convocazioni diedero forfait i due portieri, l'interista Carlo Ceresoli, che era il titolare, e il romanista Guido Masetti, il sostituto, altrettanto apprezzato. Il Commendatore, allora, convocò d'urgenza il bresciano Giuseppe Peruchetti, che fece assai bene in entrambi i match governando con sicurezza la difesa con Eraldo. Tra i due nacque in quei giorni un'amicizia solida, destinata a durare una vita e a riservare avventurose sorprese nei giorni attorno al 25 aprile.

La «Rosea», nel frattempo, si era calcisticamente innamorata di Monzeglio. Bruno Roghi divenne una specie di biografo ufficiale e nelle sue cronache si trovano ritratti di questo tenore: «l'emozione per Eraldo è cenere sul marmo. Basta un soffio per spolverarla via», «smantella, costruisce, ha tutti i numeri del fuoriclasse», «ha una forza d'animo eccezionale e un tackle duro come l'acciaio, saprebbe affrontare un esercito...».

Ancora oggi il casalasco continua a restare nel cuore di certe grandi firme. Per esempio, Gianni de Felice, classe 1936, un pezzo di storia del giornalismo. Prima inviato del «Corriere della Sera» e poi condirettore della «Gazzetta dello Sport», se lo ricorda a Napoli «quando ero ventenne e lavoravo a "Sport Sud". Doveva avermi preso a benvolere nonostante una volta mi avesse scoperto, eruttando in un terribile "aaah eccolo!", in uno sgabuzzino negli spogliatoi dove mi nascondevo per origliare tutto quel che diceva alla squadra. Quando il presidente Lauro gli dette il benservito Monzeglio mi convocò per salutarmi regalandomi una cravatta. Era un personaggio, un signore, un piemontese un po' scorbutico ma era sinceramente innamorato di Napoli: quando tornò ad affrontare gli azzurri da allenatore della Samp, soffriva e per non stare male davanti ai tifosi restava in albergo mandando in panchina il vice».

Un altro flash, tra simpatia e irriverenza, viene da Alfio Caruso: «È celebre una storia che risale a quando era sulla panchina della Juve. Una volta durante un allenamento si presentò l'Avvocato per una visita. Pioveva a dirotto. Eraldo prese una specie di pannello in legno e lo mantenne a lungo sopra la testa di Gianni Agnelli per evitare che si infradiciasse...».

Ancora, Giglio Panza, la cui testimonianza stavolta non è più a voce ma giunge dagli archivi: «Virginio Rosetta, al quale tolse la maglia azzurra ai Mondiali del 1934, mi diceva che in fatto di scatto e di potenza Monzeglio non aveva eguali».

Ecco di nuovo Antonio Ghirelli, che descrive il mister e l'uomo: «Eccellente comandante di reparto, mediocre stratega. Ha sempre avuto il culto dell'autorità e quindi del capo. Della sua onestà potrei fornire molte testimonianze, sia rispetto al suo modo di interpretare la professione di allenatore sia rispetto ai suoi rapporti con la famiglia del defunto Duce».

Gino Palumbo: «Arrivato a Napoli, Eraldo fa scrivere su una parete della società: "Il diritto nasce dal dovere compiuto". Anticipa gli slogan di Helenio Herrera; ma i precetti dell'argentino trasudano spavalderia, quelli del piemontese traspirano umanità».

Terribilmente superstizioso – lo abbiamo detto – sul Golfo ne ricordano pure il terrore dei gatti neri. Praticava maniacalmente gli stessi riti, come quello di raggiungere a piedi con la squadra lo stadio al Vomero sempre lungo lo stesso percorso.

Per Giuseppe Pacileo (il Brera del Vesuvio), Eraldo era «un frate laico, un paterno federale» che non si faceva mettere i piedi sulla testa neanche da 'O Comandante: quella volta che Lauro, sigaro in bocca, entrò nello spogliatoio con la petulante corte dei suoi interrompendo un sermone alla squadra, Eraldo gli intimò brutalmente di uscire: «Comandante e lorsignori, per cortesia qui non si fuma, vadano altrove a fumare e discutere perché qui abbiamo da fare!».

Scena simile qualche tempo dopo. La Juve stava vincendo con il Napoli e Lauro, dopo il primo tempo, irruppe gridando ai giocatori che erano «traditori, ladri e fannulloni». Monzeglio, facile all'ira in quei casi, esplose, gelido: «Per adesso, Comandante, si accomodi fuori e la smetta con questi apprezzamenti. Qui dentro comando io, sono io che muovo ordini e rimproveri, sono io l'allenatore e il responsabile fino alla fine della partita. Quando l'incontro sarà terminato, lei sarà padrone di fare tutto quello che vuole, a sua discrezione, e anche di mandarmi via». Cosa che Lauro fece sei settimane dopo.

Volendo, ci sarebbe anche una specie di «autoritratto» che Monzeglio pennellò nella chiacchierata con Caminiti: «*Stai attento*. Io anticipavo, il mio gioco era l'anticipo, quello scatto in pochi metri per portare via la palla e darla via al volo al compagno vicino smarcato. Quando c'era da sbrogliare subito rinviavo lungo. *Avevo classe, io...*».

I figli del Duce e le estati a Riccione

Eraldo s'imbatté per la prima volta in Vittorio e Bruno nell'estate del 1928. S'incrociarono sul lungomare di Riccione, meta abituale del soggiorno estivo della famiglia Mussolini.

Vittorio, poco meno che adolescente, sui dodici anni. Bruno, un bimbo di dieci. Tutti e due innamorati del pallone. Monzeglio era già piuttosto famoso, soprattutto da quelle parti tra Emilia e Romagna, perché giocava nel fortissimo Bologna.

Sorvegliati a breve distanza da donna Rachele, gli fecero mille domande sulle partite, sul campionato e sugli altri giocatori, interessandosi a ogni particolare. Un'instancabile raffica di richieste, con l'entusiasmo ingenuo di due giovanissimi tifosi, quello più sincero, quello che più commuove chi ama il pallone.

Restarono, poi, in contatto. I due fratelli gli scrivevano lettere commentando i risultati e le classifiche e chiedendo come avesse giocato la domenica.

Nemmeno Eraldo avrebbe potuto stabilire con precisione quando e come quella conoscenza si fosse trasformata in un rapporto amicale e fraterno e, in certi momenti, addirittura paterno, visto che capitava spesso che i due lo chiamassero «papà», chissà quanto celiando.

Si rividero durante le vacanze successive, sempre a Riccione. Spesso giocavano a pallone in spiaggia con quelli della «ghenga» Mussolini, così come da quelle parti in Riviera chiamavano il gruppo degli amici dei due ragazzi e della sorella Edda, la prediletta primogenita del dittatore.

Estate dopo estate, e sino alla guerra, il tempo volò via tra feste e notti sulla riviera. Nella ghenga, che era composta sia da adolescenti sia da adulti, c'erano Chicco Pulè, un rubacuori d'alto rango e musicista, Mario del bar della Rotonda sul mare, detto «Rabagliati» per la somiglianza con il cantante, e il bel Mimmo Geminiani che, avendo fatto innamorare di sé la fascinosa contessina Pasquini, mandò all'aria il matrimonio con Vittorio con cui era quasi fidanzata.

Le partitelle erano continue e vi partecipava anche il faentino Bruno Neri, centrocampista della Fiorentina convocato tre volte in Nazionale da Pozzo. Pur antifascista – celebre una sua foto risalente al 1931 in cui, a differenza dei suoi compagni di squadra, non fece il saluto romano davanti alle autorità –, Neri era amico di Eraldo. A dividerli fu la guerra civile: divenne partigiano, servendo nel battaglione Ravenna di cui fu il vicecomandante, e Monzeglio pianse lacrime sincere quando seppe che il «Berni» era rimasto ucciso in uno scontro a fuoco con i tedeschi a Marradi, sulla Linea Gotica.

Tragedie ancora inimmaginabili, in quelle vacanze spensierate sulla riviera durante le quali, tra uscite in pedalò e balere, Eraldo amoreggiava con le ragazze. Di sicuro fu invidiatissimo per il flirt con la Teresina di via Condotti a Rimini, occhi color smeraldo e modi sensuali, la più ambita e irraggiungibile, conosciuta ai tavoli della Festa dell'Uva. Sì, il terzino del Duce piaceva davvero. E a dirlo sono anche le foto di quegli anni conservate all'archivio del «Corriere» che lo ritraggono ai lidi: sempre abbronzato, sempre sorridente, sempre attorniato da ammiccanti *groupies*.

Alla ghenga, talvolta, si univa anche una scatenata Edda, sempre in prima linea quando quelli del gruppo, sulle veloci Balilla spider, si incrociavano a tutta birra sul lungomare lanciandosi raffiche di pomodori acquistati apposta per quelle battaglie, che terminavano invariabilmente con i falò notturni a riva, in attesa dell'alba.

Fu di certo anche il tennis a solidificare quel legame con Vittorio e Bruno. Il terzino lo praticava da sempre, innamorato di ogni sport, dallo sci al golf. Si era ritrovato a suo agio sui campi in terra rossa in modo del tutto naturale, correggendo da sé lo stile senza che i maestri avessero dovuto dargli troppi insegnamenti. Come con i piedi calciava, con la mano destra impugnava la racchetta. Potente, deciso, elegante.

Nelle estati a Riccione, Monzeglio trasmise quella passione ai due figli del Duce, anche loro appassionati sportivi. Dopo le prime lezioni in Riviera, i ragazzi lo chiamarono a Roma, al campo che il Duce aveva intanto fatto costruire a Villa Torlonia. S'impratichirono sempre più arrivando addirittura a classificarsi. E questo tra le ironie nemmeno troppo velate di chi non mancava di osservare come a seguire i due fosse pure il presidente della Federtennis Alessandro Lessona, disinvolto ministro delle Colonie capace di catapultarsi, nel dopoguerra, in un laticlavio con il Msi.

Quei ragazzi Eraldo li vide crescere, ne osservò l'impegno nell'affrontare la vita cercando di non restare schiacciati dal peso dell'ingombrante padre che in famiglia, lontano dai fatti che riguardavano il potere, era un uomo come tanti, felice di stare con i figli, orgoglioso dei loro successi. Il terzino li vide prendere i brevetti di pilotaggio, indossare la divisa da ufficiali dell'Aeronautica, girare il mondo con l'animo dei curiosi, combattere e rischiare in Etiopia, Spagna, nei cieli di Malta e della Grecia. E poi sposarsi, diventare a loro volta genitori.

La sintonia con il secondogenito, più simile alla madre, pratico e scaltro, razionale, con i piedi per terra, divenne con il tempo quella di due amici fraterni che – lo compresero entrambi soprattutto durante la guerra – non avevano segreti l'uno per l'altro. Più tardi, nel periodo feroce della Rsi, sarebbe emerso che ai tedeschi Vittorio proprio non piaceva. Lo consideravano arrogante, maleducato e rozzo, una pessima fotocopia del padre, totalmente inadeguato in certe situazioni diplomatiche, che invece avrebbero meritato ben altre capacità ed equilibrio. Ma per Eraldo, Vittorio era davvero un ragazzo colto, di solide letture e mille interessi.

Passati i vent'anni, prese a occuparsi di cinema, sia come produttore di pellicole e sceneggiatore sia come direttore della rivista «Cinema Illustrazione» su cui scrivevano nomi destinati a diventare celeberrimi cineasti, come Michelangelo Antonioni e Luchino Visconti. Sempre più potente nel mondo della celluloide littoria, tenne a battesimo anche i padri riconosciuti del neorealismo, come ricordò poi con una certa perfidia lo stesso Vittorio. Produsse *L'orologio a cucù*, film di successo grazie a Vittorio De Sica, il nome più importante in locandina. E fu diviso con Roberto Rossellini il soggetto di *Luciano Serra pilota*, il colossal del 1938 dedicato alla guerra d'Etiopia, con Amedeo Nazzari nel ruolo del protagonista.

Proprio su questo set, a Cinecittà, un giorno Eraldo capitò assieme a Vittorio. Di quella visita, sulla sua rivista, il figlio del Duce fece una cronaca descrivendo il calciatore «come quello che si dice un "bel ragazzo": occhi profondi piantati su un viso dai lineamenti regolarissimi ma energici e volitivi». Un «modo disinvolto di muoversi» che indusse il regista Goffredo Alessandrini, maestro indiscusso del cinema dei telefoni bianchi e, all'epoca, marito di Anna Magnani, a fare un provino al calciatore. Andò inevitabilmente bene e Monzeglio fu indicato come protagonista in un successivo film a carattere sportivo che finì nel nulla, probabilmente a causa dell'incombere della guerra.

Vittorio era di certo un giovane molto più maturo della sua età, uno che voleva conoscere il mondo e che era pronto a cogliere ogni occasione per girarlo. Carico d'entusiasmo, nella primavera del 1936 partì per gli Stati Uniti dopo aver ricevuto un invito da Hal Roach, il produttore delle comiche di Stanlio e Ollio che era stato in visita a Rocca delle Caminate, la residenza dei Mussolini in Romagna. Era piaciuto a donna Rachele, che lo aveva accolto a pranzo. Suo padre accordò quel viaggio: «Sarai il primo Mussolini a mettere piede negli Usa». Rimase anche l'unico.

Il giro negli States fu favoloso. Visitò gli Studios, incontrò i fratelli Warner, partecipò a feste travolgenti con divi come Cary Grant. Ballò con attrici illustri, come Dolores Del Rio e Norma Shearer, e con ragazze sconosciute.

Qualche giorno prima del rientro, il giovane Mussolini ricevette, del tutto inaspettata, una chiamata dalla Casa Bianca: «Il presidente Franklin Delano

Roosevelt vuole vederla». Vittorio volò allora a Washington e qui fu dapprima convocato da John Edgar Hoover, il potentissimo capo del Fbi, che lo portò a visitare gli sconfinati archivi dei «G-men» federali.

L'indomani il figlio del Duce fu ricevuto dal presidente e dalla moglie Eleanor. Dopo chiacchiere «amabili», Roosevelt indirizzò a Vittorio un'ambasciata per il padre, vagheggiando una proposta tra politica e Hollywood. «Forse potremmo incontrarci in acque neutrali, nel mezzo dell'Atlantico, per esempio. I colloqui si potrebbero tenere su una nave da guerra.» Ma quei colloqui non ci furono mai.

Quanto a Bruno, aveva invece dei tratti assai simili al padre, mescolando nell'irruente carattere timidezza e spavalderia. Fissato con la musica – «da buon romagnolo», come sosteneva la madre – ascoltava la lirica e «pur amando Gigli preferiva Lauri Volpi».[1] Nella sua collezione di dischi comparivano Beethoven, Čajkovskij, Wagner e i jazzisti americani. Ma nella sua vita c'erano soprattutto il volo, i motori (quando poteva gareggiava in moto) e lo sport, il pallone, il tennis e il pugilato.

Seppur con ottimi voti, a sedici anni disse al padre che voleva lasciare gli studi – era stato ammesso alla terza liceale del Tasso – per diventare ufficiale in Aeronautica. Il Duce, conoscendone la testardaggine, non riuscì a dirgli di no e fu lui ad appuntargli, orgogliosissimo, l'aquila d'oro durante la cerimonia di consegna del brevetto militare il 28 maggio 1935.

Quattro mesi dopo i due fratelli comunicarono ai genitori l'intenzione di partire volontari per l'Etiopia e successivamente, nel suo diario, Mussolini annotò che i figli altro non erano che «due giovani ufficiali che combattevano e non volevano privilegi». Quel che è certo è che anche Bruno pagò con la vita l'ingresso nella guerra voluta dal padre.

Eraldo Monzeglio in costume da bagno, presumibilmente in una spiaggia della Riviera romagnola. Sulla foto spicca una dedica «all'amico Nino» (archivio privato Giancarlo Ramezzana)

Le Olimpiadi di Hitler

«Ero già troppo professionista, non potei partecipare: la Federcalcio voleva solo atleti dilettanti.» Nel dopoguerra Monzeglio avrebbe ripetuto più volte queste parole, che raccontano di uno dei suoi maggiori crucci sportivi: non aver fatto parte della spedizione azzurra alle Olimpiadi di Berlino, volute da Hitler per mostrare al mondo la potenza del Terzo Reich. Però in quell'agosto del 1936 in cui si disputarono le gare, il terzino andò lo stesso in Germania. Anche se da una prospettiva insolita: quella del turista.

L'idea di assistere ai Giochi fu di Vittorio e Bruno, che chiesero il permesso al padre, in quei mesi già preso dallo scoppio della guerra civile in Spagna e dalla tentazione di inviare un contingente a dar manforte a Franco contro i repubblicani. Il Duce accordò il benestare e i due fratelli vollero che Eraldo li accompagnasse.

Partirono da Riccione con un Savoia-Marchetti

S.81, il *Pipistrello*, un bombardiere facilmente adattabile a compiti di trasporto, pilotato un po' da Bruno, un po' da Vittorio e un po' da tre ufficiali della Regia, Gori Castellani, Angelo Tessore e Angelo Tondi, affiatati amici dei figli del Duce.

Castellani, l'anno dopo, fece parte del gruppo dei Sorci verdi che vinsero alla Istres-Damasco-Parigi – una specie di Mille miglia dei cieli durante la quale gli aerei italiani sbaragliarono quelli francesi e inglesi – e all'indomani della morte di Bruno andò a sostituirlo alla guida della sua squadriglia di bombardieri. Dopo l'8 settembre restò fedele ai Savoia e con Tessore (che del terzogenito di Mussolini era stato istruttore) ebbe importanti incarichi operativi nell'Aeronautica cobelligerante. L'unico ad aderire alla Rsi fu Tondi, il pilota personale del Duce che, a guerra terminata, dribblò le tribolazioni con l'epurazione rifugiandosi per un certo periodo in Argentina. Poi rimpatriò e divenne un comandante all'Alitalia.

Atterrati a Berlino, Monzeglio portò tutti al villaggio olimpico a salutare la squadra azzurra. Il seguito fu una strepitosa vacanza tra feste travolgenti, animate da musica charleston e fascinose berlinesi, e l'incoraggiamento dalle tribune ai nostri atleti, dalla sprinter Ondina Valla, oro negli 80 metri ostacoli, agli schermidori che sbaragliarono i rivali in tutte le pedane.

Alla fine dei Giochi, con il quarto posto dietro a Germania, Usa e Ungheria, il medagliere premiò la spedizione tricolore oltre ogni aspettativa. Salirono sul gradino più alto del podio – ma nel loro caso davvero a sorpresa – anche i ragazzi di Pozzo. L'Italia, a differenza di tutte le altre nazioni, per decisione del Coni e della Figc aveva deciso di rispettare lo spirito decoubertiniano delle Olimpiadi inviando una selezione di quasi dilettanti, ragazzi giovanissimi che non avevano mai visto la Serie A, giocando esclusivamente nelle serie minori. Erano tutti calciatori diplomati o universitari scelti dal Commendatore, andato a cercarseli nei campetti più disparati dove individuò nomi destinati a diventare celeberrimi.

Tra questi il fortissimo difensore Alfredo Foni, anche lui futuro campione del mondo e poi sfortunato selezionatore azzurro incappato nel «disastro di Belfast», la sconfitta contro la modesta Irlanda del Nord che costò all'Italia l'umiliante mancata partecipazione ai Mondiali del 1958. Poi lo juventino Pietro Rava, semplicemente uno dei più talentuosi terzini nella storia del calcio e, come Monzeglio, volontario durante la campagna di Russia. O ancora Giuseppe Baldo, segretario della Figc nella Repubblica di Salò e successivamente direttore della Scuola centrale dello Sport, nominato direttamente da Giulio Onesti, partigiano e colossale figura dello sport italiano, dopo il 25 aprile alla guida del Coni, di cui fu presidente dal 1946 al 1978. E, infine, Annibale Frossi, attaccante, che dopo la guerra diventò anche un apprezzato tecnico oltre che puntuale commentatore di calcio al

«Corriere della Sera». Quando Pozzo lo incontrò, lui gli spiegò determinato che, sebbene si stesse per laureare in Legge, «ai Giochi voglio proprio esserci».

Brera lo soprannominò «Dottor Sottile» dopo avergli sentito dire che nel calcio «lo 0-0 è il risultato perfetto perché vuol dire che difesa e attacco si sono annullati». Frossi ripagò la fiducia del commissario unico con sette goal in totale, spesso risolutivi, siglati nelle quattro partite del favoloso cammino azzurro: Usa, Giappone, Norvegia e poi, in finale, il carissimo e miglior nemico dell'Italia, il *Wunderteam* austriaco. Monzeglio trascorse quei giorni di attesa della partita assieme a Pozzo e agli altri, dividendo il ritiro con i calciatori. Ore che furono tesissime. Per dirla con Foni: «C'era la paura di finire come Dorando Pietri, perdendo l'oro all'ultimo, proprio davanti al traguardo».

Ma a rassicurare gli azzurri fu Jesse Owens. «Sì, proprio lui, il negro» furono le parole esatte del Commendatore nelle sue memorie «che aveva vinto o stava vincendo i 100 metri, i 200, il salto in lungo e la staffetta 4 per 100». Jesse alloggiava nel villaggio olimpico a due passi dai calciatori di Pozzo. La simpatia fu immediata e istintiva. Andava regolarmente a visitarli, dopo cena, con una chitarra e una fisarmonica. Suonava e ballava con energia vitale, travolgente, trasmessa alla compagnia di quei giocatori italiani che «ridevano sempre e così rumorosamente» e che per questo motivo gli piacevano, avvertendoli vicini a sé. Davanti alle apprensioni azzurre, il fuoriclasse dell'atletica, il «figlio del vento» prima di Carl Lewis, trovò le parole adatte per infondere il coraggio necessario per affrontare l'Austria: «Voi non avete paura di perdere, voi avete paura di vincere. La medaglia d'oro è davanti a voi, dovete solo prenderla».

Quando il presidente della Federcalcio Vaccaro seppe di quel discorso, volle assolutamente conoscere Owens e, dopo averlo ringraziato, tornò a caricare gli azzurri: «Quello è un dio dello sport, il suo non è stato un augurio ma un oracolo. E dovete credergli». Per la cronaca: i tempi regolamentari della finale terminarono 1-1. Si andò ai supplementari e l'Italia vinse 2-1 con una doppietta conclusiva di Frossi.

Quella della comitiva a cui Eraldo si era aggregato non era certo una visita ufficiale alla Germania, ma le autorità tedesche, informate del viaggio, invitarono i figli del Duce a una colazione con il Führer. Un incontro alla Cancelleria del Reich, che come ospite d'onore vide il principe Umberto, anche lui in visita agli azzurri.

Nel volo di ritorno a Riccione, Vittorio sostenne di essere rimasto colpito dalla «statura di Hitler, molto maggiore di quella che uno si immaginava dalle fotografie». A tavola poi, mentre tutti erano serviti da camerieri in giacca bianca, il capo del nazismo «era curato unicamente da uno dei suoi fedeli, in uniforme completamente nera», un'immagine che gli rimase impressa e che gli parve tratta, disse, «da una scena teatrale di Max Reinhardt», il celeberrimo regista austriaco costretto a rifugiarsi negli Stati Uniti perché ebreo.

Parole che assai probabilmente annoiarono qualcuno degli aviatori. Curioso, del resto, come fin lì il secondogenito del Duce non fosse rimasto colpito dalle altrettanto evocative coreografie staraciane del fascismo e dalle grottesche pose, dal balcone di Palazzo Venezia, del padre in divisa, scene alle quali tra l'altro lui aveva il privilegio di assistere a distanza ravvicinata e che di lì a poco avrebbero genialmente ispirato Charlie Chaplin nel capolavoro *Il grande dittatore*.

Quanto alle Olimpiadi, per Vittorio «l'organizzazione era stata veramente spettacolosa e perfetta, difficilmente ripetibile» da altre nazioni. Monzeglio non replicò: neanche sapeva chi fosse Reinhardt. Durante il viaggio dormicchiò, restando in silenzio e ripensando alle riflessioni suggerite in quei giorni da Pozzo. Quei Giochi erano stati tutto «un inno alla Germania, una profusione di stendardi, di croci uncinate, di parate, di organizzazioni di tipo militare». E il villaggio olimpico a lui era sembrato «un'immane caserma, una grande scuola per sottufficiali».

Quando, lasciata Berlino, il *Pipistrello* toccò finalmente terra a Riccione, Eraldo si sentì in qualche modo sollevato. Guardò l'orologio: il volo era durato tre ore e quaranta minuti. La Germania gli sembrò sufficientemente lontana.

Partite di tennis a Villa Torlonia

Se Monzeglio divenne un famiglio di Mussolini – anzi, «il suo uomo di fiducia» –, molto, oltre che al calcio, lo dovette al tennis. Parlandone talvolta con l'amico Gianni Clerici, mentre uscivano dai campi di Villa Olmo a Como, si ritrovò a confidare «che se non avessi saputo tenere bene la racchetta in mano forse non sarei entrato così in confidenza con Bruno e Vittorio, forse non sarei diventato l'insegnante del loro padre a Villa Torlonia e forse non starei a raccontarne qui con te».

Il dittatore si innamorò di questo sport passati i cinquant'anni. Un giorno, dopo un impegno, si ritrovò al circolo Parioli e vide alcuni giocatori che in campo parevano divertirsi. Lui, curioso, chiese: «Com'è questo tennis? Lo voglio provare». Finì che dal circolo mandarono un giovanissimo maestro a Villa Torlonia, dove nel frattempo era già stato fatto costruire un campo. Si chiamava Mario Belardinelli e negli anni Settanta divenne piuttosto famoso come direttore tecnico della Nazionale di tennis, quella di Panatta, Barazzutti, Bertolucci e Zugarelli.

Fu così che un «gioco per signorine inglesi» si trasformò in «un gioco magnifico per le camicie nere». Le lezioni di «Belarda» – come lo chiamavano i suoi moschettieri azzurri – si alternarono inizialmente con quelle di Eraldo, che ben presto, trascinato anche dall'entusiasmo di Vittorio e Bruno, si ritrovò a essere «l'istruttore ginnico ufficiale» dei Mussolini, accompagnandoli anche a sciare sulle piste del Terminillo.

Il terzino acquisì, giorno dopo giorno, vicinanza, simpatia e familiarità con il Duce. Set dopo set, per dirla con Antonio Ghirelli che la tratteggiò come sudditanza psicologica, quella di Eraldo fu «una crescente venerazione per il potentissimo personaggio che a quattr'occhi abbandonava molte delle sue pose istrioniche e palesava la ruvida semplicità del contadino romagnolo». Parlandone con Caminiti, il campione del mondo, «un signore antico che racconta fiabe», confidò, tenendo il braccio del giornalista accompagnato a piedi alla stazione di Como: «Caro Vladimiro, questa è forse l'ultima intervista che concedo. Mi chiedi chi era lui? Per me era un buon papà...».

Quanto alle prime lezioni «ufficiali» di tennis, risalgono «al 1932, quando cominciai a giocare tutte le mattine, dalle sei alle otto, a tennis con il Duce, d'estate a Riccione». Poi seguirono, negli anni successivi, quelle a Villa Torlonia.

Uomo semplice, ma che sapeva come stare al mondo, il felpato e paziente Eraldo comprese subito come regolarsi durante gli incontri, senza esagerare contro l'avversario. Evidentemente il dittatore mai se ne accorse. Tanto che una volta, dopo aver battuto il due volte campione del mondo per 6-2, un euforico Mussolini scrisse all'amante Clara Petacci che «questo ragazzo non riesce a vincermi una partita, è inutile... Corro quanto lui, se non di più».

Un'altra volta, era il 17 gennaio 1940 e mancavano pochi mesi all'entrata in guerra dell'Italia, dopo averlo sconfitto per 7-5, il Duce gli chiese beffardamente: «Come va, Monzeglio?».

«Dopo certe partite così, sono sfinito, non mi reggo più, ho bisogno di ristoro» rispose Eraldo al dittatore, di vent'anni più vecchio di lui.

Mussolini replicò categorico: «Io invece sono freschissimo, sto benone».

Stesse scene quando in campo c'era Romano, penultimo dei cinque figli del capo del fascismo. Nelle sue memorie il jazzista – uno tra i più apprezzati in Italia – ricordò che quando sfidava il padre a Villa Torlonia, Monzeglio, che faceva regolarmente da arbitro, chiamava buone al Duce palle che erano fuori di tre metri, suscitando la stizza del ragazzino. Una volta, non potendone più, Romano sbottò verso il padre: «Oh, qui ti danno sempre ragione perché siamo in Italia e te sei il Duce; se stavamo in Inghilterra ed eri Chamberlain, col cavolo che vincevi!».

Molto tempo dopo, nei siparietti dei dopopartita con Clerici, Eraldo, come sempre molto *naïf* e schietto, diede il suo punto di vista a quei ricordi: «Erano momenti di allegria di un padre con i figli. Sono stato onorato di esserne partecipe. Il Duce però non lo lasciavo certo vincere: aveva un rovescio migliore del mio... Oh, ma non lo scrivere, sennò ci denunciano per apologia! Pensa tu che una volta gli dissi che proprio sul rovescio avremmo dovuto migliorare e lui mi fulminò bonariamente con il motto dannunziano: "Monzeglio, noi tireremo diritto"».

Furono il tennis e i buoni uffici di Eraldo ad aiutare il campione giallorosso Fulvio Bernardini a riavere la sua patente, toltagli per aver sacramentato contro l'autista di una torpedo che aveva tamponato. Ma quell'auto era la Lancia Astura ufficiale di Mussolini e a bordo c'era proprio lui, il Duce.

Una storia che Bernardini stesso raccontò più volte ai giornalisti, tra cui il laziale Mario Pennacchia, il romanista Lino Cascioli e il direttore della «Domenica Sportiva» Gualtiero Zanetti.

Successe tutto ai primi del gennaio 1935: Fulvio, sempre più amato dai tifosi che a Roma lo consideravano l'ottavo re, si era da poco comprato una fiammante Lancia Augusta con la quale stava rincasando per festeggiare il suo compleanno in famiglia, dalle parti dell'Esquilino dove abitava. Lasciata piazza Venezia per imboccare via IV novembre, fu costretto quasi a fermarsi perché la poderosa quanto elegante Astura procedeva a velocità da parata, bloccando il caotico traffico capitolino. Spazientito, Fuffo strapazzò il clacson cercando di affiancare la vettura davanti per farsi notare e sorpassarla. Ma l'autista dell'Astura proseguì imperterrito nella sua lentezza.

Quando furono in prossimità di largo Magnanapoli, il calciatore innestò la marcia e passò avanti con una spericolata accelerazione. Siccome anche l'altro fece lo stesso, il tamponamento, seppur da nulla, fu inevitabile.

Bernardini, furibondo, insultò l'autista e il passeggero che stava dietro. Poco più avanti accostò per controllare il danno e magari per prendersela nuovamente con i due sulla berlina. Troppo tardi si accorse di Mussolini, che si mostrò dal finestrino urlando un eloquente «criminale» all'indirizzo di Fuffo – sbiancato in un istante – e poi ordinò all'autista di allontanarsi.

Una volta a casa, mentre con la mamma e i due fratelli era già a cena davanti alla torta con le candeline, bussarono due poliziotti in borghese che gli chiesero la patente. Dopo essersela girata e rigirata tra le mani, lo avvertirono che avrebbero dovuto sequestrarla.

Quando Fuffo, con fare vago, chiese il perché, gli agenti gli spiegarono che aveva tamponato la macchina del Duce mentre stava andando alla stazione Termini a ricevere il primo ministro francese Pierre Laval. Successivamente, per spostarsi e raggiungere Campo Testaccio per gli allenamenti, il campione dovette scroccare continui passaggi agli amici. Per ottenere la restituzione del documento fece di tutto, scrivendo direttamente al Duce. Ma non ricevette risposta.

Subito dopo che Eraldo approdò alla Roma, Bernardini, già suo amico e a conoscenza della sua vicinanza al Duce, questuò un'intercessione diretta. Monzeglio ne parlò allora con Mussolini, il quale replicò che non sapeva nulla della patente ritirata e men che meno della supplica di Fulvio, mai letta né ricevuta.

A questo punto il terzino si adoperò per organizzare uno storico doppio a Villa Torlonia. I due giallorossi da una parte, dall'altra Mussolini e Flavio Aliotti, l'unico vero tennista del quartetto perché giocava in prima categoria. Quando raggiunsero i campi, Mussolini era all'ombra di un albero, pensieroso. Bernardini era emozionatissimo ed Eraldo cercò di tranquillizzarlo dicendogli: «Se ci chiama, ci fermiamo, sennò andiamo dritti al campo».

Ma fu lo stesso dittatore a raggiungerli rompendo il ghiaccio, più scherzoso che serio, con queste parole: «Allora, Bernardini, avete finalmente imparato a guidare la macchina?».

Il centrocampista sorrise, inizialmente imbarazzato. Fuffo, che quando stava all'Inter trovò, caparbio e metodico, il tempo per laurearsi in Scienze economiche alla Bocconi, era un fuoriclasse in campo e anche un uomo che sapeva stare al mondo. Più disteso, disse al Duce che custodiva caramente, appesa in salotto, una sua foto autografata, regalatagli dopo un'Italia-Ungheria risalente ai campionati universitari del 1928. Parole che risultarono decisive nella restituzione della patente. Sei mesi dopo.

Quanto alla partita, Fulvio, agonista sino al midollo, voleva davvero vincerla. Così, dopo il primo set, agguantato dalla coppia romanista, Monzeglio placò l'irruenza del compagno di doppio: «Fuffo, frena...». I rivali rimontarono e finì 1-1. Quando i giallorossi lasciarono Villa Torlonia, Bernardini fece all'amico: «Ma sai che il Duce lo immaginavo più alto?».

Guardata dal punto di vista della stampa americana, quella passione per il tennis da parte di Mussolini non faceva altro che simboleggiare la feroce ridicolaggine di una dittatura che aveva imprigionato l'Italia, condannandola a un drammatico e sanguinoso collasso.

Facciamo un salto in avanti, arrivando al 26 luglio 1941. A introdurre la scena di ciò che accadde è una foto custodita presso l'archivio Mondadori, che ritrae il Duce all'ingresso in campo a Villa Torlonia. Lui tutto in bianco, pantaloncini corti e berrettino con visiera. Gli è accanto Eraldo, come sempre elegantissimo, pantaloni lunghi sportivi tipo tuta e una polo a righe orizzontali.

Il pomeriggio precedente Monzeglio, mentre era davanti alle scartoffie sul tavolo del suo ufficio presso la sede della Roma in via del Tritone, aveva ricevuto una telefonata dalla segreteria di Alessandro Pavolini, all'epoca ministro della Cultura popolare, il Minculpop, che si occupava essenzialmente della propaganda del regime. Gli dissero che c'era da raggiungere il campo. Chissà come e perché, si era sparsa la voce di una malattia che aveva improvvisamente colpito il Duce. Così l'idea fu quella di convocare i corrispondenti stranieri, una ventina circa, tra cui diversi americani, in quel momento neutrali.

L'Italia era in guerra da più di un anno e le cose si erano messe inevitabilmente male da subito. Nei Balcani, in Grecia e in Africa i tedeschi erano stati obbligati a intervenire per salvare le divisioni italiane, in pesantissima difficoltà perché sovente impreparate, male armate, male addestrate, peggio condotte. Nel Mediterraneo la Regia Marina era stata annichilita più volte – non aveva radar e i sistemi di puntamento dei calibri pesanti non erano all'altezza di quelli britannici – e l'umiliazione peggiore era arrivata nella notte tra l'11 e il 12 novembre, quando una portaerei della Mediterranean Fleet, la *Illustrious*, aveva raggiunto praticamente indisturbata la base navale di Taranto. I siluri lanciati da una squadriglia di Fairey Swordfish, antiquati ma solidi ed efficaci biplani, avevano messo fuori combattimento tre delle nostre sei corazzate ormeggiate nel mal difeso porto militare, quello più importante della Regia, che dal colossale smacco non si riprese più.

In cielo non andava meglio. Piloti validamente addestrati – questo va ammesso – venivano mandati allo sbaraglio, armati solo di disperato coraggio, su aerei che, nel complesso, difficilmente, da un punto di vista tecnologico e delle prestazioni, riuscivano a competere con quelli della Raf.

Mentre il fronte interno cominciava a dare segni di cedimento, in quell'estate del 1941 Pearl Harbor era inimmaginabile. Gli Stati Uniti erano ancora fuori dal conflitto ed ecco spiegata la preoccupazione del fascismo di ribadire che la guida dell'Italia era solida e ferrea, propagandando al mondo l'immagine di Mussolini che a cinquantasette anni non solo stava bene ed era in gran forma, ma addirittura giocava a tennis, capace di vincere sulla terra rossa così come in combattimento.

Tra gli invitati a quella mattinata di fine luglio a Villa Torlonia ci fu anche Herbert Matthews del «New York Times», leggenda del giornalismo che da tre anni si era trasferito in Italia dopo aver seguito con Hemingway e Robert Capa la guerra di Spagna. Nela le sue memorie implacabili e feroci, il corrispondente raccontò che quando arrivò al campo con altri colleghi, Mussolini stava già giocando un doppio. «Sembrava un principiante» e i suoi avversari, Eraldo e

Belarda, «dovevano badare a gettargli le palle alla destra e all'altezza della cintura». Mussolini «non aveva rovescio né battuta e giocava di gomito, prendendo la palla vicino al corpo, nel peggior stile possibile».

Matthews, cronista scrupoloso, scrisse che Monzeglio e il suo compagno stavano facendo l'impossibile, con colpi mai potenti, e sempre sul suo dritto, il movimento che gli veniva più naturale, per far vincere il Duce, tirando direttamente in rete, quando a un tratto, sul 3-2 per il capo del fascismo e con la palla a lui per il servizio, tutti concordarono di smettere, stringendosi la mano. Pavolini, che era lì a fare l'arbitro, ad alta voce annunciò: «Gioco! Partita! 7-5 per sua eccellenza il Duce».

Il giornalista scosse la testa esclamando: «Ma com'è possibile, se hanno giocato solo cinque game?».

Al che Pavolini lo rimbrottò «con fermezza», asserendo che l'incontro era sul 5-2 in favore del dittatore quando erano arrivati i giornalisti. Fine della farsa.

Al campo di Villa Torlonia, Mussolini incontrava molti stranieri, sempre nelle partite di doppio. Erano soprattutto inglesi, almeno sino allo scoppio della guerra. In genere professori universitari, studiosi d'arte e letteratura. Sovente l'opportunità arrivava per vie diplomatiche sotterranee. Certi gentlemen possedevano indecifrabili e importanti contatti in Vaticano, con qualche potente gerarca, se non con Bruno e Vittorio e magari con lo stesso genero del dittatore, Galeazzo Ciano, marito di Edda, delfino del fascismo e vanesio ministro degli Esteri.

I tennisti della perfida Albione si presentavano più o meno allo stesso modo, affermando – spesso in un passabile, se non ottimo, italiano – di voler conoscere da vicino il Duce e coprendolo di lusinghe al momento dei convenevoli. Frasi ammiccanti: «Siete il solo che può tenere testa a Hitler», «Grazie per aver salvato l'Europa dalla guerra a Monaco». In quelle occasioni, solitamente al mattino presto, veniva convocato anche Monzeglio, che conduceva la partita sapendo di non dover mortificare Mussolini, regolarmente vincitore di quegli incontri e che come spalla aveva magari Vittorio, Bruno, Belardinelli e altri di quel gruppo.

Al termine delle partite, Mussolini omaggiava gli avversari con delle fotografie autenticate, consegnate quasi sempre da Eraldo prima del commiato.

Una volta, dovevano mancare pochi mesi alla dichiarazione di guerra in piazza Venezia, uno di quegli ospiti inglesi, apparentemente appassionato di football, riconobbe Monzeglio: «Ma voi non siete uno dei calciatori dell'Italia che ha giocato contro di noi a Highbury nel 1934?». Il terzino, che quella battaglia persa 3-2 dopo un'eroica rimonta sfumata a un passo dal pareggio non riusciva proprio a dimenticarla, annuì orgoglioso: «Certo, c'ero anch'io: i campioni del mondo contro gli inventori del calcio. Non è stata una partita, ma un appuntamento con la storia».

L'epocale match fu proposto all'ambasciatore a Londra Dino Grandi da Stanley Rous, il segretario della Football Association, motivando la richiesta in modo molto *british*: «Visto che noi ai Mondiali non c'eravamo, questa sarebbe la vera finale». Grandi ne parlò con il Duce che si entusiasmò pregustando una vittoria a casa degli odiosi rivali. Si giocò il 14 novembre e al mattino una vignetta del «Daily Mail» ritrasse gli italianuzzi con il cliché solito dei baffoni. Spalti gremiti, a tifare gli azzurri c'era anche Guglielmo Marconi.

Democrazia contro fascismo, l'Inghilterra contro l'Italia. Ma dalla prospettiva del *folber*, era anche l'avveniristico Sistema, l'occupazione razionale degli spazi in campo, contro l'antiquato Metodo, quel che una volta era il catenaccio. Alfio Caruso oggi sorride pensando a come vennero sceneggiati quei novanta minuti di battaglia: «Sullo stadio dell'Arsenal scese una nebbia fittissima e poi i giornalisti si fecero raccontare quel che accadde dai giocatori». Brera, che romanzò la sfida nella *Storia critica del calcio italiano*, ammette «di essersi esaltato nell'ascoltare Carosio» a cui va il *copyright* della definizione data agli azzurri di «leoni di Highbury». Aldo Cazzullo, rievocando l'incontro sul «Corriere», allarga le braccia: «Non sapremo mai se fosse più bella la cronaca di Gianni Brera o la partita». Che Mario Sconcerti sintetizza così: «Dopo mezzora perdiamo 3-0, Meazza si mette a cucire la sua qualità con quella degli altri, segna due gol e fa diventare leggenda una sconfitta». Ecco Antonio Ghirelli: «In realtà, dal punto di vista tecnico, quell'incontro confermò la sostanziale superiorità degli inglesi». Infine il ragionier Giovanni Ferrari, quel giorno in campo: «Loro avevano speso molto, Ceresoli cominciò a fare i miracoli, Serantoni, Monzeglio, Allemandi, Ferraris IV picchiavano botta su botta, da bravi. Ma si abbia il coraggio di ammetterlo: un pareggio sarebbe stato rubato».

Quanto al giovanotto britannico, un vigoroso lungagnone dall'aria simpatica che si era presentato come archeologo, proseguì raccontando entusiasta a Eraldo che nel lungo soggiorno a Roma, tra le continue visite alle antiche vestigia dell'Urbe, aveva trovato il tempo per andare a vederlo giocare in giallorosso a Campo Testaccio, «uno stadio che ricorda tanto quelli che ci sono da noi». Si congedò stringendo la mano del terzino piuttosto a lungo e guardandolo dritto negli occhi.

Finì lì e l'azzurro ebbe un brivido: si chiese se non fosse una spia, quell'inglese. Ma del sospetto preferì non parlare al Duce.

I Mondiali vinti a casa dei francesi

L'avventura vincente degli azzurri ai Mondiali di Francia del 1938 cominciò con un prolungato ritiro tra Cuneo, Stresa e Roveta. Quaranta giorni tra allenamenti massacranti, orari da caserma e nessuno svago: del resto era così che Vittorio Pozzo vedeva la vita e dunque lo sport. Ogni partita era una battaglia e per motivare i suoi, come accadde prima di una sfida contro l'Ungheria, era capace di portarli al sacrario di Redipuglia «lasciandoli a vagare tra le tombe dei caduti, in silenzio».

La squadra arrivò a Marsiglia in treno, dopo una decina di ore di viaggio, per la prima partita in calendario contro la Norvegia. A quel tempo la città era chiamata dai francesi «*la ville des Italiens*» – e non è detto che fosse una definizione benevola – costituendo l'approdo principale della nostra emigrazione, fortissima in quegli anni. Oltralpe vivevano circa settecentomila connazionali di tutte le età, uomini e donne e famiglie intere, espatriati per sfuggire alla fame e per cercare un lavoro. Tra loro anche migliaia di antifascisti, esuli, fuoriusciti, gente scappata dalle manganellate squadriste. Nomi come Pietro Nenni, Sandro Pertini, Giancarlo Pajetta, Giovanni Amendola, Filippo Turati, Francesco Saverio Nitti, Bruno Buozzi.

Dopo che i fascisti incendiarono la loro casa a Monsummano, in Valdinievole, si rifugiò a Marsiglia anche una coppia di attivisti socialisti, Giovanni e Giuseppina Livi. Erano i genitori di un bimbo, Ivo, che sarebbe diventato un artista celeberrimo in tutto il mondo con il nome di Yves Montand. Fu un cantante, fu un attore e fu soprattutto il poeta degli amori finiti e delle *feuilles mortes*.

Che la Francia fosse la meta e la salvezza di migliaia di antifascisti a Mussolini risultava semplicemente intollerabile. Nei suoi comizi spesso parlava di «cugini bastardi» e per tutto il Ventennio furono innumerevoli, a seconda dell'ondeggiare delle tensioni politiche con Parigi, i cortei per rivendicare Nizza, la Savoia e persino la Corsica in cui era nato Napoleone.

C'era da dare un segnale e forse per questo, un anno prima dell'inizio dei Mondiali, il 9 giugno 1937, Nello e Carlo Rosselli, padri del liberalismo socialista, furono assassinati in Normandia dai *cagoulards*, i miliziani francesi, fascisti in tutto e per tutto, che volevano rovesciare la Terza Repubblica. Un complotto che vide la complicità del Sim, il Servizio segreto militare, e «di cui il Duce ovviamente sa», come scrive Aldo Cazzullo in *Mussolini il capobanda*, il gran libro sulle ragioni per cui dovremmo vergognarci del fascismo. Un commando ammazzò Nello e Carlo appena usciti dalla loro auto, a Bagnoles-de-l'Orne. L'esecuzione, sullo stile della Chicago anni Venti e delle guerre di mafia, fece inorridire l'intera l'Europa democratica, esattamente come era accaduto tredici anni prima con il delitto Matteotti. Cazzullo conclude: «Nessuno ha mai pagato per quell'omicidio, né in Francia né in Italia».

Con questo scenario, ecco perché appena arrivati a Marsiglia gli azzurri piombarono «subito in piena tempesta», per usare la sintesi di quei giorni che tracciò Pozzo nelle sue memorie. Un drappello folto di antifascisti contestò pesantemente i giocatori già quando il torpedone che li raccolse in stazione li lasciò in albergo, il Meublé sulla Canebière. Scene che si sarebbero ripetute, e in modo addirittura più pesante, prima di ogni partita, sino alla finale vinta contro l'Ungheria a Colombes, a circa dieci chilometri da Parigi.

La contestazione organizzata all'ottavo di finale contro la Norvegia fu impressionante. Sugli spalti del Vélodrome erano assiepate venticinquemila persone, un pubblico interamente ostile. La metà circa erano francesi che tifavano contro l'Italia, non solo per l'odio verso Mussolini ma pure perché sapevano che, in caso di vittoria azzurra, i *bleus* avrebbero incrociato gli uomini del Commendatore ai quarti.

L'altra metà era composta da italiani e molti di loro, diverse centinaia, attesero la squadra all'ingresso dello stadio dando il via a una prima gazzarra. Dovette intervenire la polizia a cavallo per permettere, a manganellate, l'ingresso del pullman bersagliato dalle sassate che mandarono in frantumi i finestrini.

Il peggio, però, doveva ancora arrivare. Dopo aver ricevuto numerose «soffiate», i servizi segreti italiani informarono il presidente della Federcalcio Vaccaro, il segretario generale Ottorino Barassi e Pozzo che, se al suono della *Marcia reale* e di *Giovinezza*, gli inni di allora, gli azzurri avessero salutato il pubblico con il braccio teso, la contestazione sarebbe stata insostenibile. Anzi, sarebbe scoppiato «il finimondo».

I tre decisero di mettere al corrente la squadra. L'idea era quella di tranquillizzarla, avvertendo i ragazzi che la protesta era unicamente politica e non certo rivolta contro di loro. Ma Pozzo, condottiero e psicologo, colse il momento anche per galvanizzare i suoi: «Sfideranno il vostro temperamento, il vostro carattere. Voi fate il vostro dovere in campo».

I giocatori s'infiammarono e fu proprio Monzeglio a parlare, sicuro di interpretare il pensiero degli altri. Esclamò: «Noi siamo qui a batterci per l'onore e il prestigio sportivo della nostra patria come vuole il Duce e in suo onore noi saluteremo».

Non dava l'aria di essere una spacconata. Quando poi sul campo l'allenatore ordinò l'attenti, gli undici azzurri si schierarono impettiti con il braccio teso.

La dimostrazione riprese violenta. Pozzo gridò ancora: «Squadra, attenti, saluti!». Meazza e tutti gli altri tornarono ad alzare la mano e la contestazione fu assordante.

Nonostante il suo inscalfibile entusiasmo, per Eraldo quella partita rappresentò l'addio alla Nazionale. Dopo un infortunio con la Roma a fine campionato, si era presentato in ritiro in condizioni non ideali. Ma giorno dopo giorno l'impegno che metteva negli allenamenti aveva convinto Pozzo a schierarlo titolare al Vélodrome, anche se Vaccaro si meravigliò nel vederlo in campo. La sera prima dell'incontro il Commendatore gli aveva infatti preannunciato l'esordio di Foni dato che Monzeglio «faticava a recuperare».

«Decisione ineccepibile» aveva concordato l'ex ardito.

Con la Norvegia doveva essere una passeggiata. Invece le cose non procedettero come previsto. Gli azzurri andarono in vantaggio dopo due minuti, ma gli scandinavi al trentottesimo del secondo tempo pareggiarono con un certo Arne Brustad. Se quel nome non passò alla storia come quello di Pak Doo-ik, il dentista nordcoreano che sbatté l'Italia fuori dai Mondiali del 1966, fu per le parate pazzesche di Aldo Olivieri, il «gatto magico», e per quel fuoriclasse di Piola, che al quarto del primo tempo supplementare siglò la rete del definitivo 2-1, scacciando l'incubo della clamorosa eliminazione.

Il terzino che insegnava al Duce a giocare a tennis

fece una partita pessima e l'indomani i giornali furono impietosi. L'inviato del «Corriere della Sera» Emilio De Martino, nel fotografare l'attimo fuggente che gli costò poi il posto, fu lieve ma inesorabile: «È Brustad, il migliore dei norvegesi, a eludere la sorveglianza di Monzeglio» e a insaccare con un traversone dalla parabola velenosa.

Sul «Littoriale» Pier Luigi Tagiuri elencò la lunga serie di «topiche» e «lisci» che contraddistinse la sua partita e l'accusò di aver fatto «zoppicare» la difesa in lunghi tratti di quegli incerti ottavi. Tanto che nell'azione che portò al goal, Brustad «supera in corsa» Eraldo e «infila Olivieri con un magnifico tiro tagliato».

Come Monzeglio fu silurato da Pozzo resta un retroscena assai frequentato, nell'immediato secondo dopoguerra, dalla critica del calcio. Lo stesso difensore, riguardo quei giorni, aveva riempito un'intera cartellina di articoli che lui, pur considerandoli «meritevoli della fogna», custodiva con cura assieme ad altri fascicoli nel suo archivio stipato in alcune eleganti credenze in mogano.

Gianni Brera scrisse che il Commendatore e Vaccaro, rientrati in albergo dopo il match, si guardarono «con gli occhi pesti» decidendo di mettere Monzeglio fuori squadra perché «troppo lento». Ma a quel punto il terzino «avrebbe minacciato telefonate a Roma, colà dove si puote».

Un altro racconto, pure questo finito nelle cartelline conservate da Eraldo nella sua casa a Como, fu quello di Nino Nutrizio, poi direttore della «Notte», e a quei Mondiali giovanissimo inviato del «Popolo d'Italia», il quotidiano fondato da Mussolini e che stava al fascismo come la «Pravda» al comunismo sovietico. Dopo la figuraccia rimediata con Brustad «tutti erano d'accordo che Monzeglio avesse fatto il suo tempo». Ma il terzino, rievocò il giornalista, «restava intoccabile, intoccabile per Pozzo, intoccabile per gli inviati speciali che tenevano famiglia». «Senza chiedere permesso a nessuno, senza rimuginare su quegli agganci pseudopolitici» che non lo interessavano, Nutrizio – inviato ardimentoso: fu raccolto in mare dagli inglesi che il 29 marzo 1941 affondarono, a Capo Matapan, l'incrociatore su cui era a bordo – scrisse «due articoli duri, anzi durissimi» contro Monzeglio, chiedendo la sua testa. Pozzo e Vaccaro avrebbero confabulato a lungo per concludere: se lo ha scritto Nutrizio sul «Popolo», vuol dire che c'è il via libera.

Un'altra versione, stavolta però dall'aria di essere definitiva come una sentenza di Cassazione, fu quella narrata a Mario Pennacchia dal presidente della Federcalcio. Vaccaro convocò Pozzo e fu brutale: «Ma non mi avevi detto che al posto di Monzeglio, lento e anziano, avrebbe giocato Foni andando a ricomporre con Rava la coppia vincente all'Olimpiade?».

Imbarazzato, il commissario unico confermò: «Quella infatti era la mia intenzione».

Al navigato generale venne allora un sospetto:

«L'hai cambiata tu la formazione o te l'hanno fatta cambiare?».

Ancora più a disagio, Pozzo svelò la verità: «Questa mattina mi è giunta una telefonata da Villa Torlonia per caldeggiare l'impiego di Monzeglio».

L'ex ardito, fuori di sé, urlò: «Qui siamo come in guerra e non c'è Villa Torlonia che tenga! Questo non dimenticarlo mai, perché ne rispondo io in prima persona e sai che non sono davvero il tipo che si tira indietro».

Di certo, se telefonate ci furono, partirono da Vittorio e Bruno. E di certo partirono all'insaputa di Monzeglio – fu la conclusione anche di Brera –, che mai volle chiedere ai due fratelli se fossero intervenuti a suo favore. Nel caso, sarebbe stato un buon motivo per rimproverarli con vigore – come faceva regolarmente durante le lezioni di tennis se li vedeva svogliati – incrinando un'amicizia destinata invece a restare inossidabile.

Tanti anni dopo, Eraldo ammise: «Contro la Norvegia avevo giocato né bene né male. Venivo da un infortunio con la Roma in campionato e non avevo recuperato a dovere, ma questa non vuole essere una giustificazione. Fatto sta che due o tre sere dopo vidi Pozzo entrare nella mia camera con un sacchetto di caramelle tra le mani, lo sguardo preoccupato, l'aria triste. Capii senza che parlasse».

Il terzino in quegli istanti provò «una pesante amarezza, questo è certo. Ma compresi subito che ero io a doverlo trarre dal suo imbarazzo, che era palese. Così gli dissi rapidamente: "Commendatore, siete venuto per informarmi che domani farà giocare Foni al mio posto. È giusto. Sono le gambe a tradirmi. Un tempo avevo i piedi fatti a cucchiaino, anche per la Nazionale, e il pallone lo mandavo dove volevo io. Oggi, non più. Foni è bravissimo, è più giovane, lo merita, mettete lui accanto a Rava. Sarò io, Eraldo Monzeglio, il suo tifoso più accanito". Poi ci abbracciammo, commossi entrambi: Pozzo uscì dalla mia camera senza aver aperto bocca».

Monzeglio visse il seguito dei Mondiali «con il desiderio spasmodico di rientrare in squadra... ma Pozzo» confessò Eraldo che evidentemente non era così d'accordo con la decisione «non volle e del resto Foni, che aveva soffiato il posto nella Juventus nel '34-35 a Caligaris, giocò benissimo...».

Di là dall'insufficiente prova del difensore casalasco, va ammesso che la prestazione fornita con la Norvegia fu nel complesso imbarazzante. Per «La Gazzetta dello Sport» fu «il rintocco di una campana funebre, preludio di un funerale di terza classe per i detentori della Coppa del Mondo» e pochi avrebbero scommesso sul cammino vincente degli azzurri. Sempre sulla «Rosea», Bruno Roghi ritrasse Pozzo, nei tesissimi giorni prima dell'atteso «dentro o fuori» con la Francia, che intanto si era sbarazzata agevolmente del Belgio, con toni simili a quelli che la stampa avrebbe scatenato contro Bearzot prima dei Mondiali del 1982. Il Commendatore era un allenatore «più che mai istrice nei suoi rapporti con i giornalisti, un brav'uomo ammalato di spirito di persecuzione, in armi e in broncio contro tutti e contro tutto...».

Allo stadio Yves du Manoir di Colombes, un ex ippodromo da poco ristrutturato e rimesso a nuovo per il calcio, il 12 giugno 1938 davanti a sessantamila spettatori, gli uomini di Pozzo, anziché presentardi con il tradizionale azzurro sabaudo, indossarono un inaspettato color nero. Si seppe poi che fu per decisione di Mussolini, forse informato preventivamente da Starace che gli suggerì l'idea. Le due squadre avevano casacche simili, i francesi la *bleu* e gli italiani l'azzurra. Ma i primi erano i padroni di casa e avevano il diritto di usare la prima maglia. La seconda dell'Italia era bianca, la stessa di oggi. Però da Roma arrivò la direttiva di usarne una terza: nera con lo scudo dei Savoia accanto al fascio littorio.

Monzeglio non vide il campo. L'Italia dominò grazie a Gino Colaussi e a una doppietta di Silvio Piola; Meazza fu autore di una prova maiuscola e da quel giorno Peppin per i francesi divenne «*le grand peintre du football*», il grande pittore del calcio.

In semifinale l'Italia trovò il favoritissimo Brasile.

Il ritiro prolungato, nel frattempo, si stava rivelando insopportabilmente monastico. Ecco perché Meazza chiese al selezionatore una libera uscita per fiondarsi in un bordello. Peppin parlò a nome di tutti, raccogliendo i mugugni per quella reclusione da caserma. Ammiccando bonariamente come sapeva fare lui, domandò una serata di svago. Pozzo si limitò a dare il consenso ordinando la fine di quello che lui stesso aveva definito il «regime di astinenza sessuale».

Quella sera però Eraldo preferì starsene per conto proprio, senza andare con gli altri. Un'assenza che fu notata e che contribuì poi ad alimentare quella voce – il fine era palesemente calunnioso – eruttata dallo spogliatoio: Monzeglio non va a donne, Monzeglio non si è mai sposato, Monzeglio pensa solo a pregare. E chissà che altro.

Ma in quei ritiri militari si poteva discutere di fascismo? In linea di massima, no. Pozzo «stava ben attento a non confondere la politica con il calcio e difatti faceva in modo che del Duce non si parlasse mai». Lo disse anni dopo il portiere Olivieri ricordando che «in tutti quegli anni, durante tutti quei successi, ci fu un solo litigio, e proprio per motivi politici. Andreolo se la prese con Monzeglio perché allenava i figli di Mussolini. Lo fermammo, era fisicamente fortissimo e avrebbe stritolato Monzeglio».

Di sé, va detto, «Gatto magico» raccontava: «Quando giocavo fui punito in un solo caso. Entrai in campo senza fare il saluto romano, strinsi la mano al capitano avversario e l'arbitro me la fece pagare. Io non sono mai stato fascista. Anche in Nazionale:

mi adeguavo, ma non approvavo. Dei giocatori, soltanto Monzeglio era un fanatico in camicia nera».

Ecco, «Gatto magico» si adeguava. Ben detto. Esattamente come faceva la maggioranza degli italiani. Se avessero chiesto a Eraldo cosa pensasse di Olivieri, avrebbe ricordato che lo aveva sentito ripetere più volte – alle consuete cene torinesi degli azzurri nel dopoguerra – la menata della storia che lui era «uno spirito libero» e che per questo la sua «carriera entrò in fase calante dopo pochi mesi dalla vittoria del Mondiale di Parigi per aver rifiutato di stringere la mano al Duce durante il ricevimento della squadra».

Il ricordo nitido che Monzeglio aveva di quel giorno lì a Palazzo Venezia era tutt'altro. Quando fu il momento di salutare Olivieri, Mussolini lo conquistò come solo lui sapeva fare e allo stesso modo con cui sedusse milioni di connazionali: «So che hai salvato l'Italia nella partita con la Norvegia...». «Gatto magico» arrossì e la sua risposta fu esemplare: «Sì, Eccellenza, ma nelle altre partite ci hanno pensato gli altri». Senza dubbio, era vera un'altra cosa rievocata dal portiere alle tavolate dei campioni del mondo: «Purtroppo giocare all'estero per noi azzurri era difficile. C'erano i rifugiati politici che ci insultavano, ci gridavano venduti: al fascismo, alla Germania. A Belgrado, andai a raccogliere il pallone e un tifoso mi puntò la pistola contro: era un italiano, mi insultò a sangue».

Il giorno del match con i verdeoro, il 16 giugno 1938, il Brasile scese in campo senza il fuoriclasse

Leônidas da Silva, il «Diamante nero», che poi sarebbe risultato capocannoniere dei Mondiali. Qualcuno sostenne che d'improvviso bussò a quattrini con la sua Federazione, altri insinuarono che furono gli italiani a pagarlo per non incontrare gli azzurri, simulando un infortunio.

Decisamente più probabile un'altra spiegazione, all'insegna della spocchia brasiliana: in quelle due durissime partite con la Cecoslovacchia, Leônidas si era acciaccato, forse era anche stanco. Per questo il ct Adhemar Pimenta preferì risparmiarlo per un turno, sicuro di impiegarlo a Parigi. I brasiliani erano talmente certi di passare il turno da aver già prenotato il trasferimento aereo.

Ma la Ville Lumière i brasiliani non la videro affatto: con le tradizionali armi della pedata italica – catenaccio impenetrabile, anzi un *verrou* come si diceva all'epoca, e contropiede fulmineo – i verdeoro furono liquidati per 2-1. E tornarono mestamente a casa.

Il clima attorno agli azzurri restava intanto tesissimo. Il 19 giugno, quando arrivarono in pullman a Colombes per la finale contro l'Ungheria, furono circondati da una folla di antifascisti, tra italiani e francesi, che contestarono la squadra, ai loro occhi il biglietto da visita del Duce.

Nel farsi largo verso gli spogliatoi, Pozzo, chissà come, riuscì a scorgere Matthias Sindelar, l'asso austriaco e forse il giocatore più celebre dell'epoca, che stava lontano, appartato. Si sorrisero e poi lo indicò a

Monzeglio, facendogli cenno di raggiungerlo, dato il loro rapporto di amicizia. Matthias era venuto apposta a Parigi con la sua compagna, l'infermiera italiana Camilla Castagnola, di religione ebraica, per vedere la partita, ma non era riuscito a trovare il biglietto. Così il terzino lo trascinò verso gli spogliatoi dove Pozzo lo abbracciò dicendogli queste parole: «È giusto che tu sia qui». Poi Eraldo, Sindelar e Camilla salirono in tribuna attendendo il fischio d'inizio e lo spettacolo successivo.

L'austriaco, alto ed esile, era lo stesso fuscello di sempre. I suoi tifosi, che gli avevano dato l'appellativo di «*Der Papierene*», Cartavelina, sapevano che sopperiva alla mancanza di fisico con l'intelligenza. Pozzo per lui aveva una vera e propria venerazione, diceva che era «il padrone della palla, l'artista della finta».

L'amicizia tra l'attaccante ed Eraldo era nata dopo la semifinale con l'Austria del 1934. Preso di mira e brutalizzato da Monti, Matthias era finito in ospedale. Monzeglio era andato a trovarlo, anche su suggerimento dello stesso Commendatore, che gli aveva consegnato un biglietto in cui gli augurava di rimettersi presto.

Pure il difensore lo aveva malmenato, sebbene non così duramente come Luisito. Per quelle ruvidezze che lo avevano tanto acciaccato, Eraldo si sentiva davvero in colpa. Con Cartavelina si erano incontrati altre volte, in particolare durante un combattuto Bologna-Austria Vienna in Coppa dell'Europa

Centrale, un'antesignana dell'odierna Champions League. I rossoblù furono sconfitti e Matthias fu imprendibile. Eraldo provò a fermarlo in tutti i modi, scorrettezze comprese. Ma da lui, campione anche di signorilità, non era mai giunto alcun lamento.

Se Sindelar non partecipò da giocatore ai Mondiali in Francia fu perché il 12 marzo, circa tre mesi prima dell'inizio dei campionati, c'era stato l'Anschluss: la Germania di Hitler aveva inghiottito l'Austria e i nostri vicini ne furono molto più entusiasti che contrari.

Tre settimane dopo, l'annessione al Reich venne celebrata con una partita tra le due Nazionali. Gli austriaci vinsero 2-0 con un goal di Sindelar che però, prima del fischio d'inizio, venne visto violare platealmente il cerimoniale che prevedeva il saluto al pubblico con il braccio teso, fatto solo dai giocatori tedeschi e forse da qualche austriaco. Matthias si limitò a stringere la mano al capitano tedesco Janes.

Si disse poi che Sepp Herberger, il commissario tecnico della *Mannschaft*, la squadra nazionale tedesca che successivamente portò alla vittoria mondiale del 1954, non avesse convocato il fuoriclasse austriaco per punizione, forse su diretta pressione di Hitler e Goebbels. Ma chissà. Quel che è certo è che, se in Francia ci fosse stato quello straordinario calciatore – o quantomeno questa era la convinzione di Eraldo –, la Germania sarebbe andata avanti nel torneo. Invece gli austro-tedeschi furono clamorosamente eliminati al primo turno dalla Svizzera.

Quel giorno, a Colombes, fu anche l'ultima volta in cui Monzeglio e Pozzo incrociarono Cartavelina.

Il 23 gennaio 1939 Matthias e Camilla furono trovati morti, distesi nel letto nel loro appartamento a Vienna. Si incolpò il cattivo funzionamento della stufa a gas. Di sicuro indagò anche la Gestapo. Ai funerali parteciparono quarantamila persone e l'Austria Vienna ricevette quindicimila telegrammi di cordoglio. Sulle prime Eraldo non ebbe dubbi sul fatto che il suo amico e la sua compagna fossero rimasti vittima di un banale incidente domestico. Ma parlandone con Pozzo a guerra finita, dopo aver scoperto quali fossero i metodi della polizia segreta di Hitler, entrambi concordarono su un'altra possibile spiegazione. Sindelar, accampando mille scuse, non aveva più voluto partecipare agli allenamenti della *Mannschaft*. E forse era stato punito proprio per il suo antinazismo.

Quanto alla finale, fu un 4-2 che vide i nostri dominare. Arrivò fulmineo un goal in contropiede di Colaussi e poi seguì il pareggio di Titkos, che non impaurì la macchina da guerra di Pozzo. Piola e ancora Colaussi misero al sicuro il risultato sul 3-1 e l'Italia non fu affatto impensierita al secondo goal magiaro di quel formidabile attaccante che era Sárosi. Dopo il 4-2 segnato ancora da Piola, gli azzurri diventarono campioni del mondo per la seconda volta nel giro di quattro anni.

Il pubblico esplose in un lungo applauso.

La squadra azzurra è appena arrivata a Marsiglia per il via ai Mondiali del 1938. Eraldo Monzeglio è a destra del giocatore accovacciato. Alla sinistra di questi, Vittorio Pozzo (archivio famiglia Vittorio Pozzo, custodito presso l'Archivio di Stato di Torino)

Le leggi razziali

Arrivarono anche le leggi razziali. Mussolini annunciò all'Italia il via libera all'ignominia nel corso di una soleggiata domenica di fine estate, quella in cui il campionato 1938-'39 prese il via. Era il 18 settembre e, più o meno alla stessa ora in cui stavano per cominciare le partite – tra cui la sfida incrociata Ambrosiana-Lazio e Roma-Milano –, il Duce parlò da un palco montato in piazza dell'Unità a Trieste, città cosmopolita, colta, elegante, mitteleuropea e con la terza comunità ebraica, per numero, dopo quella dell'Urbe e di Milano.

Sbarcato dal cacciatorpediniere *Camicia nera*, il capo del fascismo, davanti a una folla di migliaia di persone – tra camicie nere e fez, fazzoletti e applausi, gente sui davanzali –, gridò che «l'ebraismo era un nemico irreconciliabile» e che per questo si decideva una «politica di separazione». Dopo che Mussolini ebbe parlato di «soluzioni necessarie» per affrontare «il problema razziale», giorno dopo giorno le vessazioni si concretizzarono sempre più ferocemente, cominciando con l'allontanamento degli ebrei dai posti di lavoro e finendo con la Shoah.

Due o tre giorni prima di quel 18 settembre, Eraldo si era infortunato durante un allenamento. Nulla più che uno stiramento, ma sufficiente per fagli saltare l'esordio casalingo contro i rossoneri. Il terzino seguì lo stesso la squadra a Campo Testaccio, incitando i compagni dalla tribuna. A sostituirlo fu Ferraris IV, tornato in giallorosso dopo essere stato perdonato per quella specie di «esilio» durato un anno con la Lazio. Pur avanti con gli anni, trentaquattro oramai, la tigna di Tilio era la stessa di sempre e i tifosi lo applaudirono più volte durante l'incontro vinto per 1-0 dalla Roma. Un risultato che fu la sorpresa della domenica assieme alla sconfitta della Juve a casa della Lucchese, sempre per 1-0.

All'indomani Eraldo, attento lettore dei quotidiani pur detestando i «dottorini» – un po' come il Duce, a pensarci –, sfogliò il «Corriere della Sera», che apriva inevitabilmente con il discorso integrale di Mussolini e con le sue parole sulla «chiara, severa coscienza razziale che stabilisce non soltanto delle differenze ma delle superiorità nettissime». La virata razzista del regime non fu affatto una sorpresa per lui, che ne aveva orecchiato l'anticipo in certi discorsi uditi a Villa Torlonia.

Ne fu scosso, ma lo ammise solo con sé stesso, gettando e nascondendo in fondo alla coscienza le contrarietà e la certezza di non avere mai avuto motivi di animosità verso gli ebrei, italiani qualunque come Jaffe e Sacerdoti, brave persone, addirittura decisive in certi importanti incroci della sua vita. La lacerazione sul senso di quelle leggi calate sui quarantasei milioni di connazionali dell'epoca divenne ancora più pesante quando venne a sapere di come si regolò Pozzo, l'altro suo punto di riferimento assieme al Duce.

Poco più di un mese dopo l'annuncio, il 30 novembre, il Commendatore evitò di votare l'approvazione del comma criminale che introduceva l'abominio razziale nello statuto della Federcalcio, estromettendo gli ebrei da squadre e incarichi. Il commissario unico disertò il consiglio federale convocato a Roma, accampando la scusa di dover allenare una rappresentativa della Lombardia in vista di una partita con l'Alsazia.

Insomma, su quella vergogna la «firma» del cittì non comparve. Questo di Pozzo, che alla propaganda del Duce aveva da poco regalato anche il Mondiale vinto a Parigi, fu forse il primo gesto esplicito di antifascismo. E precedette l'adesione alla Resistenza con l'organizzazione Franchi, messa in piedi dall'avventuriero liberale Edgardo Sogno.

A Monzeglio, la persecuzione degli ebrei parve gettare un'ombra cupa sui trionfi della Nazionale. Lo confidò a Giovanni Arpino, che in *Azzurro tenebra* aveva magistralmente descritto il disastro italiano ai Mondiali del 1974, e ad Alfio Caruso, una vita trascorsa tra «Giornale», «Corriere», «Gazzetta», «Messaggero», «Carlino» e chissà che altro, oltre ad aver scritto certi saggi di storia che paiono romanzi. Quando lo scrittore e il giornalista andarono a trovarlo sul lago di Como, espresse una convinzione sorprendente, probabilmente frutto di quelle confidenze ascoltate dal Duce.

Ancora oggi è nitido e preciso il ricordo che Alfio ha di quella giornata trascorsa a colloquio con un monumento del pallone come il terzino, la stessa con cui avvia il suo *Un secolo azzurro*, la poderosa saga del calcio italiano. «Eraldo ci accolse a casa sua, piccola, ordinata, elegante e zeppa di libri e con un giardino curato. Aveva una vocina flebile e a un tratto ci sbalordì» racconta Caruso «quando ci disse che secondo lui proprio quelle due vittorie mondiali, e soprattutto quella del 1938, avevano fortificato in Mussolini la convinzione di dover accelerare con quelle leggi criminali.» Secondo Eraldo, il dittatore cianciò di «inebriante dimostrazione di forza degli azzurri di Pozzo, della superiorità della pura razza italiana grazie alle linee guida imposte dal fascismo». Poi «quasi timoroso di quel che ci confidò» è ancora il ricordo di Alfio «Monzeglio ci tenne a precisare: "Almeno io ebbi questa netta sensazione"».

Non basta. Un altro inquietante segno dei cupi tempi in arrivo Monzeglio lo colse sempre dai giornali.

Il 6 ottobre – dunque pochi giorni dopo il discorso del Duce a Trieste e a poche ore dall'approvazione all'unanimità delle leggi razziali al Gran Consiglio – lesse dello scandalo che aveva travolto proprio Renato Sacerdoti, il presidente ebreo che lo aveva accolto in giallorosso. «Il Popolo d'Italia» scrisse di una donna arrestata a Bardonecchia mentre cercava di portare un milione di lire (più o meno un milione di euro oggi) in Francia e l'indagine tirò in ballo un «giudeo», proprietario della somma. Nei giorni successivi venne fuori il suo nome, con una soffiata che oggi definiremmo un gossip velenoso: quell'agente di cambio «assai noto a Roma» e che negli «ambienti sportivi si era accaparrato funzioni importanti» era proprio Sacerdoti, «un ebreo contrabbandiere» che portava fuori dall'Italia soldi «con diabolica furberia».

Va aggiunto che il «banchiere di Testaccio», ex fante in grigioverde sul Piave, sincero ammiratore del Duce, era sotto tiro da tempo. Aveva lasciato la presidenza della sua Roma già nell'estate del 1935, dopo che qualcuno aveva insinuato che dietro la misteriosa fuga in Argentina di Guaita, Stagnaro e Scopelli ci fosse proprio lui. L'accusa tratteggiata era la medesima che gli sarebbe piombata addosso tre anni dopo: denaro da trasferire all'estero. Secondo qualcuno i tre oriundi erano scappati con dei soldi, da depositare oltralpe, consegnati da lui. Quello del 1935 non fu altro che un vociare calunnioso, che però a Sacerdoti suonò come un ambiguo campanello d'allarme: era il caso di mollare la guida giallorossa, evidentemente ambita da altri, chissà se più vicini di lui ai gerarchi che contavano.

Ma l'abbandono della Roma non bastò. La morsa attorno a Sacerdoti si fece sempre più stritolante e al definitivo attacco dell'ottobre 1938 seguì un processo durante il quale il banchiere ribadì che no, lui non c'entrava davvero niente con quella storia di Bardonecchia. Tuttavia non fu creduto e venne condannato a cinque anni di confino a Ponza trascorsi, tra l'altro, giocando a carte con Sandro Pertini.[1]

È possibile che Eraldo si fosse interessato presso il Duce riguardo alla sorte del presidente che lo volle con sé, magari consegnandogli a mano una delle tante lettere in cui il romanista ribadiva la sua fedeltà al fascismo? Non c'è una conferma diretta. Mariella, la figlia del patron che oggi ne conserva orgogliosa la memoria, rammenta solo che lui «volle Eraldo come giocatore, questo è fuor di dubbio. Ma quando Monzeglio tornò da dirigente, nel 1941, papà era già al confino. Altri ricordi non ne ho».

Una conferma indiretta forse però c'è. Emerge da un articolo del «Corriere d'Informazione» del 12 febbraio 1957, un martedì. La Roma era allenata da Sárosi, e Sacerdoti ne era tornato presidente su sollecitazione del democristiano giallorosso Giulio Andreotti; due giorni prima, aveva perso alla Favorita di Palermo per 0-1. Una domenica pessima per il banchiere di Testaccio che, come ebbe a dire lui stesso, in aggiunta «vide la Lazio sopravanzarci in classifica di ben quattro punti, non possiamo più andare avanti in queste condizioni. I nostri giocatori hanno lo spirito a pezzi, occorre un provvedimento drastico e immediato». Ovvero quello che prende ogni presidente in questi casi: il cambio del mister.

Fu allora che Sacerdoti ipotizzò la chiamata di Eraldo, esonerato qualche settimana prima – per una catastrofica serie di sconfitte consecutive – dalla Simmenthal Monza che lo aveva preso dopo l'addio al Napoli.

L'accordo tra i due, tuttavia, non andò in porto. Perché? Impossibile saperlo. Ma di una cosa possiamo stare certi: quasi vent'anni dopo l'orrore delle leggi razziali, i segni erano ancora vividi. E sarebbe stato difficile immaginare Sacerdoti rivolgersi a Monzeglio, se non fosse stato convinto dell'integrità morale del suo campione.

L'addio al calcio giocato e lo scoppio del conflitto

Monzeglio giocò l'ultima partita il 28 maggio 1939. Diede l'addio al pallone giocato salutando Campo Testaccio con una vittoria, il perentorio 3-0 con cui la Roma liquidò senza fatica il Novara.

Decisione inevitabile, razionale, neanche troppo sofferta. Il difensore, equilibrato conoscitore delle proprie possibilità atletiche, aveva ben chiaro di aver imboccato la china discendente. Pozzo gliel'aveva già fatto intuire, smettendo di convocarlo in azzurro dopo la mortificazione ai Mondiali dovuta agli ubriacanti dribbling del norvegese Brustad. Poi il resto: domenica dopo domenica, diventava sempre più faticoso contrastare e inseguire gli scatti e le finte degli attaccanti avversari. Senza rimpianti, appese gli scarpini al chiodo a quasi trentatré anni.

Mancavano tre mesi al primo settembre, il giorno in cui Hitler avrebbe invaso la Polonia incendiando il mondo. Il terzino, ormai ex, era convinto che il pallone sarebbe rimasto nel suo futuro, da dirigente o più probabilmente da allenatore: e meglio se alla Roma.

Il bilancio sportivo di quel tempo in giallorosso non era stato disprezzabile, anche se avrebbe potuto essere più lusinghiero. Dopo lo scudetto sfiorato nel campionato 1935-'36, l'anno dopo la squadra non andò oltre un modesto decimo posto, risalendo però a un bastevole sesto e a due consecutivi quinti nei tornei, rispettivamente, 1937-'38 e 1938-'39.

Da subito, al via dei suoi anni da romanista, il casalasco comprese che il derby con la Lazio era l'appuntamento cruciale per entrambe le tifoserie. Lui, va detto, fu sempre orgoglioso di averne più vinti che persi. I biancazzurri furono sconfitti pure in quello del 21 febbraio 1937, che per la prima volta dal 1927, anno di nascita della Lupa, li vide presentarsi in classifica davanti ai giallorossi. Al fischio d'inizio Bernardini e Piola – i due capitani – come sempre salutarono il pubblico con il braccio teso e un istante dopo la partita s'incendiò tra falli continui e colpi proibiti. Finì 1-0 per la Roma. Al novantesimo esplose una colossale rissa tra tutti i ventidue giocatori.

La miccia fu il gesto irridente dell'attaccante giallorosso Otello Subinaghi – dai tifosi del Lodigiano, la terra da cui era originario, detto «Giott» perché pennellava parabole imprendibili – indirizzato a Gipo Viani, poi celeberrimo allenatore. Apriti cielo. Dovettero intervenire i carabinieri e le autorità federali vietarono la divulgazione delle immagini, giudicate troppo eloquenti.

Le polemiche montarono. Nei giorni successivi la stampa bersagliò il difensore giallorosso Gigi Allemandi per aver ruvidamente maltrattato Piola. E qui intervenne Eraldo, sempre più potente. Il terzino del Duce scrisse al «Littoriale».

«Non so spiegarmi questa quasi unanimità di errori di vista da parte dei giornalisti romani» furono le parole di Monzeglio, evidentemente già mal disposto verso la categoria. A scalciare Silvio «fui io, non Allemandi». Un incidente «fortuito», senza conseguenze.

La lettera valse a svelenire l'atmosfera. Le sanzioni furono blande e chissà se non fu anche per la pressione del lazialissimo presidente della Federcalcio Vaccaro, terrorizzato dalle eventuali lunghe squalifiche che avrebbero potuto danneggiare la rincorsa dei biancazzurri alla capolista, quel fortissimo Bologna guidato da Weisz. Nessuno, comunque, riuscì a impaurire lo squadrone che tremare il mondo fa e i rossoblù agguantarono lo scudetto, lasciando i romani al secondo posto, sotto di tre punti.

I mesi successivi all'addio al pallone volarono via velocissimi. Eraldo trascorse l'estate del 1939 interamente in Riviera e nell'inverno andò spesso a sciare al Terminillo. Furono i mesi della temporanea neutralità dell'Italia, mentre il mondo entrava in guerra.

La mattina del 10 giugno 1940, il lunedì in cui

Mussolini annunciò l'apertura delle ostilità contro Francia e Gran Bretagna, Eraldo era al mare, a Ostia, e verso le diciotto ascoltò il discorso alla radio, in diretta. Rassicurò la perplessa amica che era con lui, in un caffè nei pressi del Pontile: «Vedrai, durerà poco, vinceremo presto e facile, ci chiederanno la pace in ginocchio».

Preso dai primi impegni del conflitto, il capo del fascismo per una quindicina di giorni lasciò da parte il tennis e le partite con Monzeglio, abitudine insindacabile e rilassante che ne prevedeva in genere una o due a settimana. Tornò a sfidarlo il 23 giugno. Con risultato a sorpresa, perché Eraldo vinse inaspettatamente.

Vedendolo più tardi nell'appartamentino di Palazzo Venezia riservato ai loro incontri, Clara chiese al suo amante: «Ma perché sei giù?».

«Non parliamone, è meglio.»

Quarantott'ore dopo, il 25, ci fu la rivincita a Villa Torlonia, come sempre al mattino presto. Alle 16.20 il Duce vide ancora la Petacci e ancora a Palazzo Venezia. Stavolta sorridendo, le disse: «È andata come sempre, Monzeglio ha perso».

Tronfio, aggiunse che il giorno prima la Francia aveva firmato l'armistizio. «Abbiamo sfondato, abbiamo vinto.» E poi: «Abbiamo risparmiato tante vite umane preziose, tanti bambini, tanti giovani». Fine del match, almeno sin lì.

Alla favorita delle sue amanti non aveva raccontato la verità, quella forse non confessata nemmeno a sé stesso, quella che avrebbe dovuto far scattare un pesante allarme: sulla Petite Ligne Maginot, il prolungamento della celebre linea difensiva al confine con l'Italia, i cugini transalpini avevano fermato senza difficoltà il disordinato e velleitario attacco grigioverde. Ci furono degli alpini che addirittura gettarono le armi a terra dicendo agli ufficiali di non voler «sparare ai francesi. Perché mai dovremmo, visto che i nostri padri e i nostri fratelli vanno a lavorare da loro?».

Furono i tedeschi, dopo aver sbaragliato i *poilus* con la guerra-lampo, a intimare al maresciallo Pétain che bisognava deporre le armi pure con gli italiani. Sì, era una bella patacca quell'armistizio. Un po' come certe vittorie a tennis contro Monzeglio.

Non bastasse, il 18 luglio, il Duce se ne andò con Clara Petacci a Castel Fusano, una gita che i due amanti facevano di frequente. Dopo una giornata d'amore, lui concluse (sono le parole annotate scrupolosamente da lei): «Non posso pensare di essere qui al mare mentre tanti giovani per ordine mio muoiono». Poi ancora, in qualche modo presago: «Adesso non parla nessuno, ma fra qualche anno bisognerà vedere... Si dirà che mentre il mondo andava a fondo Mussolini stava a passare il suo tempo con una puttana... Si dirà che non sta bene ecc. ma comunque è così!».

La morte di Bruno Mussolini, pilota

Annunciata dal centralinista, verso le 14 arrivò direttamente da Palazzo Venezia la telefonata che più di ogni cosa testimoniava la vicinanza umana tra Monzeglio e la famiglia Mussolini.

Eraldo era nel suo ufficio in via del Tritone 125, nel cuore storico della Capitale. Era la sede della Roma, il cui presidente Edgardo Bazzini, direttore generale dell'Agip, la compagnia petrolifera di Stato, lo aveva chiamato qualche mese prima affidandogli la direzione tecnica della squadra perché – era stata la candida e franca ammissione – «io di calcio non ne capisco niente».

Inconfondibile la voce dell'uomo alla cornetta opposta. Parole secche, lapidarie, essenziali. Sbrigative e lucide anche in quel momento per lui devastante.
«Monzeglio, immagino tu abbia saputo.»

«Sì, Eccellenza, pochi minuti fa. È sconvolgente, un dolore senza pari...»

Dall'altro capo la voce lo troncò bruscamente. «Il breve cammino terreno di Bruno si è interrotto. Il congedo da mio figlio sarà un calvario che serberò per me, dividendolo con sua madre. Non serve aggiungere altro. Ora però la pena mi rende impossibile qualunque azione e lo stesso credo valga per Vittorio e per Edda. Per questo, Monzeglio, dovrai pensare tu ai funerali. Sarai come uno della nostra famiglia e tu del resto a mio figlio eri legatissimo.»

«Certo, Duce.»

«Grazie, Eraldo.»

Clic.

Questo veloce colloquio avvenne il 7 agosto 1941.

La notizia era già rimbalzata per tutta Roma, investendo i palazzi del potere, le ambasciate, i giornali, i corrispondenti esteri, tanti italiani qualunque. A metà mattinata, attorno alle dieci, Bruno, terzogenito di Benito Mussolini, pilota militare, capitano dell'Aeronautica, si era schiantato a Pisa durante il volo di collaudo di un Piaggio P. 108, un imponente bombardiere quadrimotore, la risposta dell'industria militare italiana alle Fortezze volanti americane e ai Lancaster inglesi.

Nell'incidente – avvenuto in fase di atterraggio – avevano perso la vita anche il copilota, il tenente Francesco Vitalini Sacconi, e il motorista, il maresciallo Angelo Trezzini. Cinque i superstiti che miracolosamente riuscirono a cavarsela con poco o nulla. Tutti componenti di un equipaggio affiatato, uniti dai pericoli sfidati in tante missioni. Vitalini e Bruno erano, inoltre, amici cari sin dall'adolescenza e nel 1933 avevano condiviso una specie di lungo viaggio d'iniziazione in Eritrea, raggiunta in piroscafo assieme a Vittorio.

Sin dagli esordi, i prototipi del Piaggio avevano evidenziato pesanti difetti. Nelle prime relazioni del collaudatore Nicolò Lana e nei rapporti riservati indirizzati ai vertici dell'Aeronautica si parlava di instabilità longitudinale, scuotimenti della fusoliera durante le turbolenze, scompensi nei piani di coda, pneumatici inadatti, visibilità ridotta per i mitraglieri.

Le modifiche si sarebbero protratte per tutto il conflitto ma nel frattempo si decise, con un vero azzardo a dir poco sciagurato, di consegnare comunque il bombardiere ai reparti della Regia. Si cominciò a partire proprio da quell'estate del 1941, con l'Italia che il 10 giugno dell'anno precedente aveva dichiarato guerra a Gran Bretagna e Francia, ma non ancora agli Stati Uniti.

La mattina del 7 agosto, Bruno – un ventitreenne pilota «con il manico», per usare il gergo degli aviatori, uno che sapeva istintivamente cosa fare in cabina, il brevetto preso a diciassette anni e con ottocentotrentacinque ore di volo al momento della sciagura – era decollato proprio per un ennesimo test. Nel rientrare per l'atterraggio, per un inconveniente all'impianto idraulico, si accorse di essere arrivato «corto» sulla pista – stava toccando il terreno troppo presto – e diede potenza per risalire.

Spinse le leve con energia, chissà se troppa, o se troppo velocemente, per quella normale manovra, la «riattaccata», da effettuarsi per un anomalo e pericoloso posizionamento all'atterraggio. Fatto sta che i motori non risposero e si spensero contemporaneamente tutti e quattro per la ritardata apertura delle valvole a farfalla, forse dovuta all'ingolfamento dei carburatori.

Tre mesi dopo quel dramma, suo padre – che restava pur sempre un gran giornalista – pubblicò un libro, ma oggi lo chiameremmo un instant book, dedicato al figlio. Il titolo era: *Parlo con Bruno*.

Fu un bestseller, con oltre centomila copie vendute anche in Spagna, Svizzera e Francia. Circa centocinquanta pagine intense, glaciali o commoventi, fitte di ricordi familiari. C'erano anche riflessioni e dubbi su quell'incidente. «Come sia accaduto che non uno dei quattro motori abbia ripreso rimarrà sempre un mistero» scrisse il dittatore – anche lui pilota appassionato – e quando poi Eraldo lesse quelle parole non mancò di concludere come alla guerra che straziò l'Italia anche la famiglia Mussolini avesse pagato un tributo di sangue e dolore.

Già quello stesso pomeriggio del 7 agosto Monzeglio contattò Francesco Pricolo, capo di Stato maggiore dell'Aeronautica, informandolo che la salma di Bruno sarebbe stata trasferita in treno sino a Forlì per essere successivamente tumulata nella tomba di famiglia a Rocca delle Caminate. Poi raggiunse Pisa, dove intanto erano già arrivati il Duce e donna Rachele, entrambi in aereo: lui pilotandolo da Roma e lei partita da Riccione, dov'era in vacanza.

La scena dello schianto, a circa duecento metri dalla pista, era quella che nel libro Mussolini descrisse così: già da lontano si vedeva la «coda intatta dell'apparecchio, ma il resto è tutto un rottame. Tre eliche sono contorte e distanti l'una dall'altra. Un motore è stato proiettato parecchi metri lontano. La cabina di comando è un viluppo di ferraglie spezzate. Il campo di granturco è spianato e il terreno qua e là profondamente solcato».

Eraldo raggiunse subito Vittorio, pure lui pilota di stanza a Pisa, e lo abbracciò in lacrime.

Il secondo dei figli del capo del fascismo era distrutto, al mattino aveva salutato Bruno prima che salisse sul bombardiere e «dieci minuti dopo, da dietro le palazzine del comando, l'ho visto perdere rapidamente quota».

Il padre sostava accanto al rottame, attorniato da alti ufficiali dell'Aeronautica e da specialisti civili della Piaggio. Uno di loro, un ingegnere, spiegò al Duce che se l'aereo non si era incendiato nel toccare terra, dunque limitando miracolosamente il numero delle vittime, era perché Bruno «non ha perduto la calma sino all'ultimo», togliendo i contatti dei motori e tentando l'atterraggio d'emergenza. «Ma un'ala del velivolo ha centrato l'angolo di un casolare, poi si è messo di traverso e a questo punto» concluse il tecnico mentre illustrava con le mani la variazione dell'assetto «non c'è stato più nulla da fare.»

Dopo essere andato in ospedale a visitare i cinque sopravvissuti, Mussolini raggiunse la moglie all'obitorio trovandola mentre, «senza singhiozzare», ricomponeva «quasi religiosamente» la salma del terzogenito, sistemando divisa, medaglie, sciabola e calzini.

«Disperata, stordita», arrivò anche la moglie del pilota, Gina Ruberti, un anno prima diventata mamma della piccola Marina, e anche lei destinata a una fine tragica, in qualche modo legata alla guerra e ai misteri insanguinati di quel lago di Como che pochi mesi dopo la Liberazione la inghiottì, con tre ufficiali britannici, nell'inspiegabile naufragio di un motoscafo.

Monzeglio, devastato dalla perdita di un ragazzo che considerava come un fratello minore, rimase nella camera mortuaria per l'intera notte, vegliando Bruno con i Mussolini e i più intimi. Il mattino dopo, il treno con il feretro fu costretto a procedere verso Forlì a un'andatura lentissima, perché lungo la via ferrata andavano assiepandosi spontaneamente migliaia di persone. Un'incredibile e commossa folla, uomini e donne, giovani e vecchi, che al transito del convoglio salutava il giovane pilota con il braccio teso.

In viaggio il Duce non parlò con nessuno, salvo trovare la forza di affacciarsi dal finestrino e salutare la gente, non solo alle stazioni e ai passaggi a livello, dov'era più numerosa.

Eraldo in quei giorni non poté fare a meno di pensare a Bruno e a quella sua esistenza in prima linea. Ingenua e candida, quella sua continua ricerca della stima degli altri piloti.

Quando già aveva messo all'incasso duelli aerei nei cieli di Spagna, trasvolate atlantiche sulla rotta Guidonia-Dakar-Rio de Janeiro e la vittoria con la squadriglia dei Sorci verdi alla Istres-Damasco-Parigi, una sera il giovane aviatore si era confidato con Monzeglio: «La gente non crede che io ci sappia fare come pilota. La gente crede che io sia uno come tanti "assi" che scroccano la celebrità facendosi portare a spasso da un maresciallone».

Ecco perché, determinato a mostrare chi fosse davvero, metteva un impegno maniacale – lo riconoscevano i suoi colleghi e gli specialisti di terra ai quali gli equipaggi affidavano le loro vite – nella cura di ogni particolare del volo, dalla preparazione ai calcoli della rotta, incamerando con voluttà ogni genere di esperienza aeronautica. Sul Cant Z. 1007 bis, un bombardiere medio di buone qualità, aveva sfidato la caccia inglese nelle numerose missioni nei cieli della Grecia e di Malta. Al ritorno da una di queste, due mesi prima di trovare la morte a Pisa, il padre sul suo diario annotò che Bruno gli aveva detto in gran segreto di essersi «preparato per dare gli esami di licenza liceale. Ma non dirlo a nessuno».

A giugno il pilota si era diplomato, comunicando al Duce che avrebbe voluto iscriversi all'Università di Roma. «Ma non ne avesti il tempo.»

Il primo scudetto a Roma

Sì, Eraldo s'aggiudicò un campionato con il Bologna, con lo squadrone che tremare il mondo fa.

Sì, Eraldo giocò una finale mondiale – il sogno di ogni calciatore – schiantando la Cecoslovacchia.

Sì, quattro anni dopo, Eraldo fece parte della spedizione azzurra vittoriosa a Parigi.

Però pure quello scudetto che nel torneo 1941-'42 vinse con la Roma – il primo della storia giallorossa – fu davvero indimenticabile.

Sì, Eraldo non giocò in campo, restò dietro una scrivania, quella del direttore tecnico. Ma le sue intuizioni furono decisive quanto i goal di Amadei e le scelte tattiche del santone magiaro Schaffer. Ovviamente va premesso che erano giorni da inserire in un altro contesto, ben più importante di un campionato e soprattutto drammatico. Un contesto che, se visto da una prospettiva legata al pallone, risultava nel complesso surreale: è vero, stavamo entrando nel conflitto in modo sempre più massiccio – prendendo sberle pressoché ovunque con i caduti che si moltiplicavano e le città che stavano assaggiando i primi bombardamenti –, eppure, intanto, le partite andavano avanti come se nulla fosse. Stadi pieni dal Nord al Sud, incassi record.

«Il gioco del calcio è vivo e vegeto in Italia: bene si è fatto a non privare il pubblico di questo sano diversivo in tempo di guerra.» A scriverlo sul «Calcio Illustrato» – favolosa bibbia sportiva dell'epoca – fu addirittura il Commendatore. Parole a dir poco incaute, apparse l'8 settembre 1942, assurdamente lontane dalla tragedia che stava per investirci. I bollettini – tra censura, stravolgimento della realtà e propaganda – ancora non ne parlavano, ma proprio in quei giorni i sovietici stavano cominciando l'eroica resistenza a Stalingrado e il successivo 23 ottobre il generale britannico Montgomery avrebbe ribaltato nel deserto egiziano di El Alamein le sorti della guerra in Nord Africa. Per dirla restando nel gergo calcistico: dopo quelle due battaglie, l'Asse non avrebbe toccato più palla e il gioco lo avrebbero imposto gli Alleati. Quanto all'Italia e agli italiani, arrivare al fischio finale sarebbe stato un calvario.

Comunque, nel primo scudetto romanista, Eraldo fu risolutivo già dal benvenuto dato all'allenatore, Alfréd Schaffer, quello che aveva guidato l'Ungheria sino alla finale mondiale persa contro gli azzurri a Parigi. Per Monzeglio questo gigante con un improbabile humour tutto suo e dalle sembianze simili a quelle dell'*umazz* austriaco Felsner, aveva «il pregio di non guardare in faccia nessuno. E io concordo: nello spogliatoio non deve esserci nessuna possibilità di sgarrare. Sì, coi giocatori serve tatto. Ma soprattutto polso».

Schaffer approdò in giallorosso anche grazie a una lettera scritta a «Herr Pozzo» il 12 ottobre 1939, quando la Polonia era già stata sbranata da nazisti e sovietici e le spoglie divise a metà tra Hitler e Stalin. Gli scrisse in tedesco, lingua che il Commendatore parlava correntemente assieme ad altre cinque o sei. «Non vorrei infastidirti» fu la sua supplica «ma ti prego di ascoltarmi: a causa della guerra ho preferito lasciare la Germania e ora mi trovo a Budapest. Non ho mai chiesto nulla, però ora mi ritrovo a domandarti: c'è qualcosa per me in Italia?»

Qualche mese dopo Guido Ara, mister che senza entusiasmare stava dirigendo la Roma in quel periodo, fu esonerato e sulla panchina atterrò l'ungherese. Monzeglio di lì a poco sarebbe stato chiamato dal presidente Bazzini a svolgere un ruolo di consulenza tecnica e fu proprio lui, con favolose antenne in grado di intercettare tutto quel che di buono veniva dai campetti di provincia, a impostare la campagna acquisti che plasmò la squadra scudettata.

La consegna tassativa fu quella di evitare «spese folli», senza pensare alla «frenesia del primato» e restando nella «linea di un comportamento misurato».

Ne venne fuori un mezzo miracolo, simile a quello che Osvaldo Bagnoli avrebbe compiuto con il Verona nel campionato 1984-'85, quando fu costruito uno squadrone acquistando gli scarti lasciati dalle grandi, Fanna, Guidetti, Sacchetti, Marangon.

Complessivamente la Roma a quel calciomercato sborsò quattrocentomila lire (oggi sarebbero circa duecentosettantamila euro), cifra non lontana da quella con cui sei anni prima era stato preso l'ex terzino che aveva fissato gli sparagnini compensi per la squadra.

Il giocatore risolutivo fu Edmondo Mornese, sconosciuto centrocampista che aveva oltrepassato la trentina e che aveva giocato solo nel Novara. Qualcuno lo segnalò a Monzeglio, che lo fece prendere subito. In quell'entusiasmante campionato questo metronomo proveniente da Alessandria «tenne in piedi la squadra» disse poi Eraldo «con un'azione continua, con quel suo modo di giostrare con acume tattico e con forte spirito agonistico».

Il terzino del Duce confermò in porta l'esperto Guido Masetti, l'azzurro che pensava già al ritiro dopo i due Mondiali del 1934 e 1938 visti dalla panchina guardando i titolari Combi e Olivieri.

E ancora: Monzeglio diede fiducia ai ragazzetti, in primis Amedeo Amadei – sì e no ventenne, «er Fornaretto de Frascati» perché i genitori facevano il pane ai Castelli – che «si era depresso perché gli dicevano che era troppo giovane per addossarsi la responsabilità dell'attacco. Ma io lo rassicurai: vedrai che segnerai almeno venti goal in questo campionato. Difatti arrivò a diciotto e fu il capocannoniere». Saggiamente, frenò le esuberanze di Luigi Brunella, un ruvido difensore di Garlasco, nel Pavese, che poi si stabilì a Roma aprendo un bar in viale Eritrea. Dopo una vittoria a casa del fortissimo Bologna, la squadra si stava gasando. Troppo. Alla stazione il terzino lo strattonò, euforico e incontrollabile: «Signor Monzeglio, se andiamo avanti così vinciamo lo scudetto».

Il direttore tecnico lo gelò: «Calmati, maschietto, c'è tempo per montarsi la testa».

Poi salirono sul treno, tornando a Roma con tutta la squadra in seconda classe.

Sempre più felpato, sempre più accorto ed esperto nel suo muoversi nei corridoi del potere, Monzeglio riuscì nell'impresa di riportare a Roma cinque calciatori, tra titolari e riserve, che – trasferiti nel Nord Italia proprio nell'imminenza del campionato – stavano per essere spediti al fronte, chi in Russia, chi in Grecia e chi in Nord Africa.

Si trattava di Renato Cappellini, detto il «Barone» per quanto era elegante in campo, del caporalmaggiore Mario Acerbi e dei genieri Aldo Donati, Mario De Grassi e Cesare Benedetti. Preoccupatissimo, il presidente Bazzini chiese a Eraldo se per quella pratica fosse possibile interpellare direttamente il Duce. Monzeglio lo fece, ma Mussolini, come con altre squadre, si oppose tassativamente per lettera: «Nessun militare-atleta deve essere messo a disposizione, sia pure temporaneamente, del giuoco del calcio».

Un «*niet*» che il determinato Eraldo, conformista coraggioso, dribblò sul crinale dell'insubordinazione antifascista percorrendo altre strade. Rivolgendosi a qualche pezzo grosso al ministero della Guerra, riuscì a far rientrare i giallorossi in una caserma romana dei bersaglieri, dove tra l'altro erano parcheggiati anche dei giocatori laziali. Tutti al servizio delle due squadre capitoline più che dell'Esercito.

Il 14 giugno 1942, regolando il Modena per 2-0, la Roma vinse lo scudetto con quarantadue punti, lasciando il Torino a trentanove e il Venezia a trentotto. Missione compiuta: il campionato esisteva dal 1898, ma il titolo non era mai andato a una squadra a sud di Bologna. Amadei e gli altri arruolati salutarono il folto pubblico sugli spalti con il cappello da bersaglieri. La sera tutta la squadra andò a festeggiare, folleggiando in un locale dalle parti di via Veneto.

Monzeglio però non c'era. Circa quattro mesi prima era partito per il fronte russo. Nel momento in cui la guerra sembrava diventata un groviglio inestricabile, si era arruolato come volontario.

In grigioverde

Un'idea su come fu la campagna di Russia del terzino del Duce la può rendere il racconto di un incontro sfiorato che diede Mario Fossati, grande cantore del ciclismo e del calcio. Fu pure lui fantaccino in grigioverde, seppur, diversamente da Monzeglio, con riluttanza e solo perché obbligato, in quella steppa in cui fu inutilmente mandata a morire la meglio gioventù italiana. Andando in prima linea, Fossati fu a un passo dall'incrociare l'ex azzurro. «Il giorno che una cigolante tradotta ci sbarcò in Russia, per affrontare la campagna più folle che si potesse immaginare, venimmo a sapere che, alle spalle del fronte, allora in movimento verso est, c'era un italiano che giocava a calcio, con i gerarchi sempre, che aveva nome Eraldo Monzeglio» raccontò Mariòn, l'appellativo con cui lo rese celebre l'amico fraterno, anzi «carnale», Gianni Brera.

Fossati, appassionato sportivo già da giovinetto,

aveva più volte visto il terzino all'Arena di Milano. Eraldo «era elegantissimo. Di un'eleganza non voluta, perché l'eleganza è come il folclore, che se è voluto infastidisce. Lo stile di Monzeglio era naturale. Le ali dell'Inter, le punte, non già Meazza, indugiavano nell'egocentrismo del dribbling: e Monzeglio interveniva. Ogni suo intervento non sembrava un atto casuale ma il risultato di un pensiero, di una riflessione: un pensiero lucido, corrente, rapido, immediato». Però lì, nelle retrovie, in attesa della ferocia della guerra, l'ammirazione «nei suoi confronti era di molto impallidita anche perché Monzeglio giocava ormai a calcio soltanto con i gerarchi, che presso i richiamati e le reclute (com'ero io) dell'esercito italiano non godevano sicuramente di una simpatica popolarità».

Comunista duro e puro, il giornalista che poi avrebbe trasformato in romanzi le sue cronache al Giro e al Tour finì al fronte per uno spintone inflitto a un professore della seconda liceo. Perso lo status di studente, fu arruolato. «Ben ti sta» gli disse il padre, un sindacalista cattolico dei popolari di don Sturzo. Dei quattordici amici dell'osteria Robbiati di Monza, Mariòn fu l'unico a rientrare.

Sulla decisione di partire volontario, Eraldo raccontò che allo scoppio del conflitto «fui convocato nel suo ufficio a Roma» dall'allora capo di Stato maggiore dell'Esercito Ugo Cavallero, casalasco come il terzino. Il generale, eroe di Vittorio Veneto poi nominato maresciallo d'Italia e di cui era sin troppo nota la feroce rivalità con l'altro maresciallo d'Italia Pietro Badoglio, propose a Monzeglio un ruolo che oggi potremmo definire di testimonial. «C'era bisogno che anche lo sport partecipasse alla guerra» sono ancora le parole del difensore «e non solo perché tutte le società tentavano ogni mezzo per non perdere i giocatori richiamati. Io fui scelto per un fattore simbolico: ero stato un nome e potevo far ben figurare il calcio italiano.» Esattamente come per quelle in azzurro di Pozzo, alla convocazione in grigioverde non si poteva dire di no e «fui arruolato nel Genio con il grado di caporale».

Una decisione, sempre improntata al dovere, di cui possiamo figurarci l'annuncio, con toni sinceri e convinti, a Mussolini appena terminata una partita di tennis a Villa Torlonia: «Duce, dopo la morte di Bruno e di tanti altri italiani a me cari, tra cui il mio vecchio allenatore Luigi Barbesino abbattuto in volo dagl'inglesi, ho deciso che non posso più starmene fermo qui. Vestirò la divisa dell'Esercito, andrò a combattere».

La guerra di Eraldo cominciò ufficialmente il 29 gennaio 1942, quando fu assegnato al quartier generale del comando supremo presso il Csir, il primo Corpo di spedizione italiano in Russia. Verso il fronte, fu un viaggio in treno di circa un paio di settimane assieme a centinaia di ragazzi. Alcuni spaventati, altri entusiasti, di sicuro tutti ignari di quel che avrebbero incontrato. Certe scene che videro già all'andata, dalla tradotta, dovettero scioccarli, come quella di cui fu testimone Mariòn, più pudico che reticente nei suoi brevi ricordi su «la Repubblica»: «Sbarcato in Russia, transitando per la Polonia, a Biala Podlaska, il mio reggimento di schietta fanteria assistette all'eliminazione di mille tra ebrei e zingari».

Quello che è sicuro è che per Monzeglio i primi mesi di guerra furono tranquilli. Inizialmente si acquartierò con il 1° Autotreno Comando dalle parti di Stalino, l'attuale Donetsk, nell'Ucraina orientale. Una notte uscì dal baraccamento per pisciare. Fuori faceva freddo, il terreno era un pantano di fango e neve. Nell'area puzzolente della ritirata circondata dai teli mimetici, sostava anche un ufficiale che, dopo essersi abbottonato la patta, lo fissò per qualche istante, prima curioso e poi cordiale. «Ma voi non siete Eraldo Monzeglio, il calciatore?» chiese il tenentino, sui vent'anni, piuttosto alto e magro.

Il terzino lo guardò annuendo, per nulla stupito che qualcuno, come altre volte del resto, lo avesse riconosciuto anche lì, a una manciata di chilometri dalle linee sovietiche. L'ufficialetto proseguì: «Mi chiamo Gianni Agnelli, sono di Torino, aggregato al comando del Csir. Vi ho visto giocare diverse volte, quando voi con il Bologna e con la Roma venivate a sfidare la mia Juventus». A Eraldo non ci volle molto per ricollegare quel volto bello e vivace al padre del ragazzo, Edoardo Agnelli, il proprietario della Fiat e il presidente dei bianconeri sino al luglio del 1935, quando morì schiantandosi in un incidente aereo a bordo di un idrovolante pilotato dall'asso dell'aviazione Arturo Ferrarin.

Nei giorni successivi Monzeglio, finendo con l'alloggiare anche nella stessa camerata, si ritrovò spesso, sul filo di un'immediata e istintiva simpatia, a parlare di pallone con quel giovane che in seguito sarebbe divenuto «l'Avvocato». Una ventina d'anni più tardi, Agnelli lo avrebbe chiamato alla guida della Juve, indicandolo come «il perfetto sergente sabaudo» che serviva per placare quel rissoso spogliatoio il cui leader era l'indomabile gaucho argentino Omar Sívori.

Circa un mese dopo quell'incontro nella maleodorante latrina del Csir, da Roma informarono Eraldo che bisognava istruire una pratica per il rimpatrio di Agnelli, ignaro sino all'ultimo di quel che si stava stabilendo attorno a lui. L'ex terzino si adoperò con successo telefonando e recuperando le scartoffie necessarie. Agnelli dunque lasciò il Corpo, tornando in Italia. Molti anni dopo lo stesso Avvocato gli svelò che fu il nonno, il senatore Giovanni, a sollecitare il suo rientro, terrorizzato all'idea di perdere il nipote in quell'inutile carneficina sulla steppa.

Quel giovanotto era però risoluto a combattere per il suo Paese. Assegnato nell'estate del 1942 al reggimento Cavalleggeri di Lodi, tanto fece che riuscì a ripartire per il Nord Africa, dove comandò delle autoblindo. Salvò miracolosamente la ghirba in alcune azioni di guerra e per il coraggio mostrato in una di queste – mitragliando i caccia inglesi che avevano preso di mira il suo mezzo – ricevette la Croce di guerra. Dopo varie peripezie – le stesse di migliaia di ragazzi in grigioverde dopo l'8 settembre – Agnelli raggiunse l'esercito di Badoglio, che risaliva la penisola a fianco degli Alleati, aggregandosi al Gruppo di combattimento Legnano. Il 25 aprile sfilò a Bologna, appena liberata dai bersaglieri e dai partigiani.

Il campione del mondo nel frattempo era costantemente seguito dalla propaganda di guerra. La sua presenza in Russia al pari di tanti altri giovanotti italiani fu debitamente documentata anche da «Dovunque», uno di quei giornali di trincea che volonterosi soldati-giornalisti – tra cui Virgilio Lilli, nella doppia veste di tenente e penna raffinata del «Corriere», e l'alpino Antonio Baldini-Rualis – pubblicavano allo scopo di tenere alto il morale della truppa, distraendola con piccola posta, barzellette, enigmistica e sport. «Agli sportivi del Csir farà certo piacere di apprendere che è qui tra noi, in grigioverde, Eraldo Monzeglio, il famoso asso del calcio» scrisse «Dovunque» nel numero del 21 febbraio 1942.

Nel reportage del giornale si illustrava l'impegno di Eraldo nelle retrovie, organizzando partitelle tra reparti. In campo scendevano squadre come il quartier generale della Celere, la 73ma sezione Sanità, la prima batteria del IV gruppo d'armata, il Genio della Pasubio, i sottufficiali scapoli e quelli ammogliati. Ma si tenne pure la sfida per eccellenza, programmata a Stalino il 6 giugno 1942: vale a dire Italia-Germania. Anzi, meglio: la rappresentativa del nostro Comando Genio contro quella della Panzerarmee. Sugli spalti affollati c'erano ufficiali della Wehrmacht e del Regio, soldati semplici, donne ucraine vestite chi in verde, chi in bianco e chi in rosso. A suonare gli inni, la fanfara del Savoia cavalleria. Eraldo in campo, ma anche allenatore. Finì 1-0 per gli italiani, goal su rigore segnato da un certo Battaglini.

All'Archivio centrale di Stato sono custodite quattro foto di quell'incontro. Una ritrae Monzeglio stretto tra giovani in divisa, in testa bustine e «piatte». I loro volti sono sorridenti, quelli dei tifosi entusiasti accanto al celebre campione. Ma è assai probabile che qualcuno di quei ragazzi non abbia fatto ritorno a casa visto che dei duecentotrentamila soldati dell'Armir (l'Armata italiana in Russia che subentrò al Csir) circa novantamila furono i caduti e i dispersi.

Qui e là compaiono altre foto di Eraldo che danno il senso di quello scorcio iniziale di guerra. Sono istantanee per nulla diverse da quelle di tanti altri soldati inviate a casa nelle stesse settimane. Scatti nei pressi del Don. Ancora a Stalino. Foto allegre, in posa con i commilitoni tra la neve e nella steppa. Presumibilmente risalenti a un periodo che non va oltre il maggio 1942 e l'eco dei combattimenti forse era ancora lontana. Negli anni successivi e fino alla morte, Eraldo non volle mai parlare di ciò che gli accadde davvero dopo che le divisioni italiane, travolte e falcidiate dalle micidiali folate delle truppe sovietiche al contrattacco, si sfaldarono nell'inverno 1942-'43 dando inizio alla via crucis della ritirata. Di come e quando lasciò la Russia e del rientro in Italia disse solo, limitandosi a una parola con il suo amico fraterno Claudio Cimnaghi – i cui ricordi sono stati risolutivi in questo libro –, che fu «terribile». Poi però, orgoglioso, confidò di «non aver mai ucciso nessuno». Nient'altro.

Poco aiuta, nella ricostruzione di quell'odissea che ghiacciò pure le gavette, quanto scritto nel foglio matricolare che il terzino del Duce era riuscito più volte ad aggiornare meticolosamente dopo il conflitto. Lasciato l'iniziale incarico presso una sezione trasporti del Csir, il 2 giugno 1942 fu «aggregato al nucleo collegamento dell'Ottava Armata con le armate germaniche» e il 15 settembre di quello stesso anno da caporalmaggiore fu promosso sergente. La mobilitazione in zona di guerra cessò il 10 marzo 1943 quando, in salvo in Italia, fu trasferito al 36mo battaglione distrettuale di Roma, con foglio autorizzativo risalente al 30 aprile 1943.

Poi le ultime righe, che Eraldo spesso rileggeva scacciando certi pensieri dubbiosi aggrappati alla coscienza: «SBANDATO» scritto proprio così, in maiuscolo «in seguito agli eventi sopravvenuti all'armistizio» ma «considerato in servizio dal 9 settembre 1943 al

25 aprile 1945». Un'insolita posizione militare per uno che in altre carte ufficiali, ma stavolta quelle della Repubblica sociale, era definito come «addetto alla segreteria particolare del Duce».

Di una cosa Eraldo era certo: se l'era guadagnata, quella Croce al merito di guerra che gli avevano appuntato al petto. Una medaglia finita nelle due casse di documenti custoditi a Como, mezza nascosta tra le altre dei Mondiali, le coppe e i cimeli degli scudetti.

A Caminiti, che gli chiese del conflitto, confidò: «Ti posso dire soltanto che io sono andato volontario in Russia. *E stop*». Non aggiunse altro, «non era più quello di venti secondi prima, la nebbia del lago gli scese sugli occhi». Ma a un tratto, forse per liberarsi di un peso lacerante, il campione sillabò: «È la prima volta che lo dico… Mio fratello Umberto ha fatto tutta l'Africa». Parole dal senso chiaro: pur potendo, Eraldo mai avrebbe chiesto a Mussolini di risparmiare il fronte a un familiare. I Monzeglio, tutti, avrebbero fatto il loro dovere sino all'ultimo. *E stop*.

Quanto a Mariòn, finì nella sacca del Don, accerchiato dai sovietici perché i generali della Wehrmacht vollero sacrificare gli italiani, considerati un ultimo e utile intralcio davanti al dilagare dell'Armata rossa, per proteggere la ritirata tedesca. Dall'incubo cominciato il 17 dicembre 1943 Fossati si sottrasse, marciando a piedi, «il 5 aprile del 1943. Allora ero forte, andavo in montagna e poi ho avuto una fortuna grande come una casa. Nella sacca si moriva, a quaranta gradi sottozero. Si camminava giorno e notte, mangiando semi di girasole o quello che trovavi, non so come ho fatto. Se mi fosse capitato anche solo a venticinque-ventisei anni, sarei morto. Un bel giorno ci hanno mandato a spidocchiarci in Italia, con l'ordine di non parlare troppo».[1]

Finita la guerra, Mariòn ed Eraldo si rividero molte volte allo stadio, al Breda di Sesto, al Marassi, al Vomero. Il giornalista lo ritrovò «alla guida della Pro Sesto. È un uomo semplice, mi diceva il presidente, è un signore. È convinto che tutto possa essere fatto, domato dalla lealtà, dall'onestà». E ancora, le interviste a Napoli dove «gli smaliziatissimi allievi, che non erano più i ragazzi bruciati del dopoguerra, rispettavano soprattutto il suo candore. Ognuno è libero di fare quello che vuole, diceva, purché lo diriga il ragionamento e non rompa i vincoli che la società gli impone. Si arriva a essere campioni, semplificava, attraverso l'esame di sé e dei fatti. Delle amicizie difficili (e particolari) Monzeglio non approfittò mai. Alla Liberazione non c'era alcuna ragione di torcergli un capello. Al più, qualcuno alzò il ciglio. Il gentiluomo diventò un gentleman». Sì, un *gentleman*, all'inglese. O forse un gentiluomo, all'italiana. Se ci fu differenza, si vedrà.

Dal 25 luglio all'8 settembre, nascosto a Fregene

25 luglio 1943, ore 23 circa.

Da un paio d'ore, Monzeglio stava provando a telefonare, ma Villa Torlonia pareva irraggiungibile. D'un tratto, ecco il *clic* della linea disponibile. Voleva parlare con Vittorio Mussolini ma rispose la madre, donna Rachele. Il tono era quello di un'*arzdora* furibonda, grintosa e lucida.

Esordì con insulti irriferibili, in romagnolo, indirizzati al marito, caduto ingenuamente nella trappola «com'un *tord*», un tordo. Ma soprattutto insulti contro i gerarchi, «quei *stargion*», quei maiali, che avevano dato vita al pronunciamento contro il Duce.

Sintetica e sbrigativa, riassunse quello che era successo qualche ora prima, verso le 17.

«Lui è uscito tranquillo come sempre, come se dovesse andare a fare il bagno a Ostia e non a un incontro a Villa Savoia. Ma io gliel'avevo detto e ridetto: non doveva andare a quell'appuntamento dal re! Però, testone com'è, non ha voluto darmi ascolto! Avrebbe dovuto farli arrestare tutti, quei traditori!»

«Donna Rachele, è bene che ora andiate via da lì...» provò cautamente a suggerire Eraldo.

La moglie del dittatore lo troncò bruscamente: «Ma dove vuoi che vada! Resto qui a Villa Torlonia, non credo proprio che oseranno toccarmi».

Cos'era successo?

La voce s'era sparsa in un lampo e a Roma già si brindava: nella notte precedente, il Gran Consiglio del fascismo aveva sfiduciato il Duce che poi, convocato per un colloquio da Vittorio Emanuele III, era stato arrestato dai carabinieri, caricato su un'ambulanza e trasferito chissà dove. Eraldo ne era stato informato da una telefonata ricevuta a casa.

Quel che stava accadendo era semplicemente inimmaginabile sino al giorno prima. Anche uno come Monzeglio, più avvezzo alle ruvidità semplici dello spogliatoio che non alle cose complicate della politica, ne aveva colto appieno l'enormità: il fascismo si era afflosciato in un istante. Nello sgretolamento fulmineo del Ventennio, erano state decisive le ripercussioni demoralizzanti dello sbarco alleato in Sicilia, nella notte tra il 9 e il 10 luglio, e qualche giorno dopo, il 19, del terrificante bombardamento su Roma.

Proprio quel mattino, al suono delle sirene, Eraldo era corso a rifugiarsi nella solida cantina di palazzo del Traforo. La devastazione dal cielo portata da quattrocento Fortezze volanti e Liberator al comando di James Doolittle – lo stesso pilota dell'audacissimo raid su Tokyo del 18 aprile 1942 – andò avanti per ore. San Lorenzo sventrato, martoriati i quartieri Tiburtino, Prenestino, Casilino, Labicano, Tuscolano, Nomentano. Il bilancio fu di tremila morti, cifra che salì a settemila, considerando le vittime complessive dei circa cinquanta attacchi subiti dalla Capitale sino alla Liberazione, il 4 giugno 1944, due giorni prima dello sbarco in Normandia.

Nel pomeriggio di quel 19 luglio, papa Pio XII era andato tra le macerie – un gesto di pace di enorme significato – e i romani si erano stretti attorno a lui, chiazzandogli di sangue la tonaca bianca. «È il sangue di Roma» aveva detto il pontefice, quasi scusandosi con la folla. I romani non accolsero allo stesso modo il re: fu insultato, addirittura preso a sputi, e per questo rientrò subito al Quirinale. Una contestazione che preoccupò Mussolini al punto da indurlo, per evitare un'umiliante ripetizione, a visitare i feriti solo la mattina del 25 luglio, poco prima dell'incontro al Gran Consiglio.

Non ci voleva un gran generale per capire come l'esito della guerra fosse segnato. Esito che Monzeglio aveva compreso già da un pezzo nel vedere a distanza ravvicinata, in Russia, l'insensatezza di una scelta che aveva mandato allo sbaraglio migliaia di reclute e veterani. Un'inutile strage.

Pensieri scacciati quando, tornando dal fronte,

Eraldo era rientrato nel suo mondo, quello del calcio, illudendosi, almeno per qualche mese, che potesse essere quello vero. Mentre s'avvicinava l'estate aveva brigato per avere l'incarico di selezionatore della rappresentativa dell'Aeronautica. Ma, prima dell'ufficializzazione della nomina, cercando una scusa cortese per inviargli un saluto, si era premurato di chiedere a Pozzo se potesse essere interessato all'opportunità.

Il Commendatore aveva risposto di no, con un rifiuto forse volto a rimarcare la distanza da un ambiente fascista che trovava sempre più estraneo. Eraldo era così finito per ritrovarsi, tra maggio e giugno, coinvolto in un torneo tra forze armate, nel quale la rivale più accreditata era la Marina, timonata da Fulvio Bernardini. In quelle stesse settimane Monzeglio ricevette anche l'offerta della panchina del Como.

Tutto però, anche il trasloco in riva al lago che stava già preparando, perse di senso con l'arresto del Duce. L'istante successivo il re nominò il generale Pietro Badoglio, il conquistatore dell'Etiopia, alla guida del governo. Alle 22.45 di quel 25 luglio l'Eiar mandò in onda il giornale radio con il proclama, letto dallo stesso Badoglio, scolpito nel Dna della storia d'Italia: «La guerra continua».

Due giorni dopo, Vittorio Mussolini avvertì Monzeglio che Hitler lo aveva convocato in Germania. Eraldo non badò troppo al fatto che quanto stava ascoltando era il racconto di una fuga: «I tedeschi sono i soli a poter fare qualcosa per papà. Devo partire al più presto. Mamma resterà per ora a Villa Torlonia. Tu però devi cercarti un posto sicuro via da Roma, qui è partita la caccia ai fascisti».

Senza perdere un istante, il terzino si rifugiò in una villa che da tempo aveva a disposizione a Fregene.

Dal litorale romano, il casalasco assistette a quella sconvolgente serie di eventi che si snodarono sino al collasso dell'8 settembre. Dalla Capitale rimbalzavano solo incertezze e terrore. Del Duce non si sapeva più nulla, qualcuno diceva fosse al confino su un'isola, in esilio, scappato, nascosto chissà dove. Un po' ovunque, nelle città italiane, le statue di Mussolini venivano abbattute e dai muri furono strappati i manifesti di propaganda. Fuori da Villa Torlonia la gente intonava a gran voce cori di scherno e Rocca delle Caminate fu razziata.

Con un voltafaccia fulmineo, i giornali cominciarono a denunciare le ruberie del regime, seguendo la rotta della commissione d'inchiesta subito opportunamente promossa da Badoglio per far luce sugli intrallazzi. Innumerevoli gerarchi e capataz furono incarcerati e nel Novarese fu arrestata tutta la famiglia Petacci, Clara compresa.

Per alcuni, il regolamento di conti fu mortale.

Il 24 agosto Ettore Muti – il pilota ed eroe di guerra che era stato segretario per circa un anno del Pnf, tra il 1939 e il 1940 – venne ucciso in circostanze misteriose, mai del tutto chiarite, appena uscito da una villetta a Fregene, in via Bagnoli verso la spiaggia, dove si era nascosto dopo il 25 luglio, nel corso di una sparatoria con i carabinieri che avevano l'ordine di arrestarlo. Sotto choc, sempre più terrorizzato, Eraldo, che dimorava a poche centinaia di metri da «Gim dagli occhi verdi», il soprannome di Muti, comprese di dover riparare altrove e si eclissò ai Castelli, dalle parti di Velletri.

Dopo l'8 settembre, il re scappò precipitosamente e vergognosamente a Brindisi.

La truppa grigioverde rimase priva di ordini e circa seicentocinquantamila soldati caddero nella colossale retata nazista estesa tra Italia, Francia e Balcani. Internati nei campi di prigionia in Germania, circa quarantamila non fecero ritorno, torturati, fucilati, morti per fame e per malattie, addirittura inghiottiti nelle camere a gas. La divisione Acqui si difese con eroismo a Cefalonia e quando i nostri firmarono la resa furono massacrati in una strage terribile. Oltre cinquemila i caduti, passati per le armi. Eccidi simili avvennero in altre isole dell'Egeo. La corazzata *Roma* che stava cercando rifugio in Sardegna fu centrata dalle bombe e si inabissò portando con sé oltre milletrecento marinai.

Il 9 settembre gli Alleati sbarcarono a Salerno, mentre il 12 un commando di paracadutisti tedeschi liberò il Duce dalla prigionia a Campo Imperatore, dove nel frattempo era stato portato dopo il confino, prima a Ponza e poi alla Maddalena. Il 13 un altro fatto di sangue dovette sconvolgere Monzeglio. Il generale Cavallero fu trovato morto nell'albergo Belvedere di Frascati. La sera prima era stato a cena con il feldmaresciallo Albert Kesselring, il comandante della Wehrmacht in Italia. Furono dei medici tedeschi a effettuare l'autopsia, dissero che fu un suicidio ma è difficile crederci. La Beretta che impugnava era nella mano destra mentre lui era mancino. Inoltre i colpi alla nuca furono due. Mistero mai chiarito, colossale, legato forse alla punizione nazista per la fedeltà mostrata a Vittorio Emanuele III.

Il legame che univa Eraldo a Cavallero, forse non estraneo ai complotti che precedettero il 25 luglio, era solido, cementato dalle comuni radici del Monferrato. Impossibile dire se il terzino di quegli intrighi sapesse qualcosa, anche se c'era quell'amicizia con il figlio del generale, Carlo, pure lui ufficiale dell'Esercito, che lo volle con sé per un incarico presso l'ambasciata italiana a Berlino. Monzeglio raccontò poi che in Germania, «al rientro dalla Russia, vi rimasi soltanto per un mese circa. Ciò avveniva nell'estate del 1943». Quella in cui tutto precipitò.

Intanto, risollevato per la liberazione del Duce, il Führer, senza perdere tempo, chiese all'amico italiano di adoperarsi per la formazione del governo della nascente Repubblica sociale italiana. Impresa non semplice: Mussolini, visibilmente stanco, dimagrito di circa dieci chili, non aveva alcuna voglia di tornare ad avere responsabilità. Poi c'era la difficoltà di trovare nomi all'altezza. Quando la lista fu compilata, nel suo diario, il ministro della Propaganda nazista Goebbels la bollò con queste parole: a parte il generale Graziani «non c'è una sola personalità importante». Era così. In quella scommessa platealmente incauta e perdente, il Duce riuscì a trascinare, e non solo nell'esecutivo, perlopiù figure di secondo piano, fedelissimi e ubbidienti signorsì, feccia criminale, avventurieri senza scrupoli, idealisti furibondi per la resa badogliana, romantici vecchi e giovani alla ricerca della bella morte.

Il primo problema da affrontare fu quello di trovare personale di fiducia da destinare alla sede del governo ancora da localizzare al Nord. Per questo, per reclutare funzionari, spedì a Roma il figlio, incaricato anche di prelevare le carte segrete rimaste a Palazzo Venezia.

Vittorio atterrò all'aeroporto di Guidonia il 18 settembre. La capitale, dichiarata «città aperta» dal governo Badoglio prima della fuga, era piombata nel terrore dell'occupazione nazista. Dall'8 al 10 settembre soldati dell'esercito, partigiani e cittadini qualunque, tra cui donne e ragazzi, provarono a opporsi con tutto quel che avevano – Sandro Pertini fu visto addirittura lanciare dei sassi – all'ingresso delle truppe tedesche che stavano intanto affluendo in gran quantità dal Brennero.

Nei combattimenti furiosi, estesi in tutta la provincia, gli italiani contarono oltre mille caduti e la resa fu inevitabile. La tensione restava comunque altissima e Vittorio si mosse con circospezione, alloggiando in un anonimo appartamento a piazzale delle Muse e badando a non farsi vedere in giro. Da qui, con Pavolini e Fernando Mezzasoma, e tenendosi in contatto con Villa Wolkonsky, l'allora sede dell'ambasciata tedesca, distribuì gli ordini che il padre inviava da Monaco di Baviera, «cercando disperatamente di riannodare le fila coi gerarchi più fidi» fu la testimonianza di Vito Mussolini, nipote del Duce, «e di formare le liste di quello che poi divenne il cosiddetto governo di Salò».

Vittorio fu incaricato di sbrigare un'altra incombenza decisiva per la sopravvivenza della Rsi. A svelarne le circostanze è Federico Fubini in un libro recente, *L'oro e la patria*, che racconta la vita di Niccolò Introna, dirigente settantacinquenne della Banca d'Italia.

L'8 ottobre il figlio del dittatore andò al Viminale, sede del ministero dell'Interno, dove incontrò un funzionario della Banca d'Italia mandato dal governatore Vincenzo Azzolini. Consegnò un paio di assegni e su due piedi, durante l'incontro predisposto per lettera da Mussolini, ricevette poco più di dieci milioni di lire, una somma (corrispondente oggi a una cifra tra i venti e i quaranta milioni di euro) proveniente da una dotazione che il Duce aveva quando comandava a Palazzo Venezia. Soldi depositati poi nelle filiali di Brescia e Verona della banca centrale e che, almeno per metà, servirono per mandare avanti in qualche modo la vita a Gargnano. Vedremo più avanti la sorte dell'altra metà.

In quegli stessi incerti e pericolosi giorni tra il settembre e l'ottobre 1943, Vittorio organizzò anche un convoglio di auto e camion. A bordo, il personale della segreteria da trasportare al Nord. Alla partenza dalla Capitale riuscì ad aggregarsi anche Monzeglio.

Dovette rivelarsi una scena davvero avventurosa. Lo raccontò il cameriere del Duce, Quinto Navarra, in una celeberrima intervista-scoop concessa a Leo Longanesi e Indro Montanelli subito dopo la guerra. Eraldo, rientrato intanto a Roma da Velletri, «in modo piuttosto movimentato» riuscì a impadronirsi di una delle vetture e raggiunse il Duce.

Una determinazione, quella del terzino, che testimonia la saldezza delle sue convinzioni. Avrebbe, infatti, potuto attendere serenamente l'arrivo degli Alleati, standosene al riparo ai Castelli. Era un azzurro famosissimo, due volte campione del mondo, nessuno gli avrebbe torto un capello. Avrebbe potuto «inabissarsi» per un po', regolandosi magari come Bernardini, fascista né più né meno come tanti altri, ma poi addirittura nominato commissario reggente della Federcalcio, sia pure per pochi mesi dal luglio al dicembre 1944, dopo la convocazione da parte del commissario straordinario del Coni Giulio Onesti.

In attesa di tempi più tranquilli, Eraldo avrebbe potuto allenarsi con i compagni di squadra giallorossi Ferraris e Allemandi, entrambi, al pari di lui, con la tessera del Pnf in tasca e ai quali nessuno rinfacciò mai nulla. Men che meno i tifosi laziali.

Invece, decise di salire al Nord. E come quando l'anno prima andò in Russia, ancora una volta partì volontario, senza che nessuno lo avesse obbligato. L'iniziale momentanea destinazione fu Rocca delle Caminate, sede della prima seduta informale del neonato esecutivo della Rsi.

Quell’ultimo incontro tra Arpinati e il Duce

Attorno al 25 settembre la composizione del governo fu terminata. I membri della raccogliticcia lista furono convocati alla Rocca. Ad accompagnarli fu Eugen Dollmann, il colto interprete degli incontri ufficiali tra Hitler e Mussolini e potentissimo colonnello delle SS protetto direttamente da Himmler, numero due del regime nazista.

Dollmann, con insospettabili contatti in Vaticano e frequentatore dei salotti romani, era uno *charmant* quarantaquattrenne di bell’aspetto e dai modi eleganti, omosessuale, e chissà se in quei giorni già «agganciato» dagli americani dell’Office of Strategic Services (Oss), il servizio segreto antesignano della Cia, con cui poi, a partire dalla metà del 1944, cominciò a trattare la resa delle forze armate tedesche in Italia.

La partenza della delegazione da Roma, a metà mattinata del 26, non fu un esempio di efficienza tedesca. L’ambasciata aveva promesso all’ufficiale delle SS degli Junkers da trasporto, ma gli aerei, nel disastrato scalo di Ciampino preso più volte di mira dalle bombe alleate, non si videro.

Il colonnello, un insolito tedesco di fantasia latina, non si perse d'animo e improvvisò una soluzione all'italiana recuperando qui e là diverse auto a bordo delle quali fu raggiunta la Romagna. Quando il gruppo, introdotto dallo stesso gioviale Dollmann, giunse alla Rocca – è il racconto di Vito Mussolini –, fu accolto da Monzeglio, già lì da qualche giorno, che li portò a salutare il Duce, rientrato intanto dalla Germania.

Consapevole della scarsezza dell'organigramma di governo, fu inevitabile per Mussolini giocarsi un'ultima briscola – ma quella che considerava l'asso – per provare a portare nell'esecutivo il nome di maggior rilievo: Leandro Arpinati, che dieci anni prima era considerato uno dei suoi delfini.

Per Eraldo, Arpinati era soprattutto il punto di riferimento che lo aveva reso grande al Bologna e che aveva imposto Pozzo alla guida degli azzurri vittoriosi a Roma e Parigi.

Ma da tempo il profilo di Leandro non era più quello di un fascista. Lo stesso Mussolini non sapeva che Arpinati fosse entrato, e in modo piuttosto corposo, nella fitta rete di contatti che avevano portato agli intrighi, convergenti e paralleli, conclusi con il voto al Gran Consiglio e con il proprio arresto a Villa Savoia.

Con Galeazzo Ciano Arpinati si era incontrato almeno cinque volte, tra il 16 ottobre 1941 – quando il genero del Duce lo descrisse nei suoi diari come «anticorporativo, anticomunista, antitedesco» – e il 24 settembre 1942. Poi, un paio di volte con Dino Grandi, il quale concordava che Mussolini fosse da abbattere, anche se per l'ambasciatore «il tempo non era ancora maturo». A Napoli, Firenze e Bologna, Leandro vide il principe Umberto e il duca Pietro d'Acquarone, che era il ministro della Real Casa e soprattutto il «regista» indiscusso delle manovre contro il Duce. Incontri coordinati come in un romanzo di spionaggio: incroci apparentemente casuali, lunghi giri per depistare eventuali pedinamenti e infine il cenno veloce di salire su un'auto arrivata d'improvviso. Ai due ambasciatori del re, Arpinati ripeté sempre le stesse idee: serviva abbattere al più presto il fascismo e subito dopo mandare tutto l'Esercito a bloccare il Brennero. «Se non si farà così, prevedo una lunga guerra civile.»

Il faccia a faccia tra gli ex amici Benito e Leandro si risolse per intero in un melodramma romagnolo, con il secondo che inizialmente snobbò le richieste di incontro portate avanti da emissari italiani e tedeschi. Per sbloccare lo stallo, il Duce comprese di dovergli scrivere direttamente: «Caro Arpinati, domattina, giovedì 7, ti aspetto alla Rocca. Parleremo insieme della situazione. Saluti cordiali. Mussolini».

Quando all'indomani Leandro scese dalla camionetta della Wehrmacht passata a prelevarlo nel suo podere a Malacappa, la scena in cui si imbatté chiarì subito l'aria che tirava al Nord: alla Rocca c'erano solo guardie tedesche, trenta o quaranta militari armati sino ai denti. Poi due italiani: il Duce e Monzeglio.

L'ex rossoblù si avvicinò per primo all'ex ras di Bologna e lo abbracciò con calore.

Leandro sorrise: «Ritrovarti qui, che bella sorpresa inaspettata...».

Eraldo gli disse semplicemente che «questa è la mia famiglia, io sono un fascista e questo è il mio dovere».[1]

Il Duce ricevette Arpinati nel suo studio, lasciando la porta aperta e permettendo a Monzeglio di entrare e uscire, portando acqua, carcadè, frutta e ascoltando le loro parole.

Discussero a lungo, di sicuro oltre un'ora, sovente in romagnolo.

Mussolini esordì più amabile che ironico: «E allora, vuoi che parliamo del passato?».

«Ci son cose più importanti delle questioni tra te e me» fu la risposta, neutra.

Il dittatore proseguì palesando la sua irriducibile antipatia per Hitler, ma chiarì come la Germania fosse imbattibile nei suoi confini: «Hanno delle armi segrete». Ammise che dei tedeschi si sentiva prigioniero e aggiunse: «Ma se pensano di trasformarmi in un fantoccio, si sbagliano».

«Sei un illuso» replicò Arpinati.

Mussolini lo guardò pensieroso per qualche istante; Arpinati era il solo, come una volta Italo Balbo, l'eroe delle trasvolate atlantiche ucciso in Libia dal «fuoco amico», a potersi permettere con lui il dono della franchezza più rude. Poi proseguì illustrando la strategia di difesa dei tedeschi, che prevedeva addirittura l'allagamento della pianura padana, con la distruzione di tutti i bacini montani dell'Emilia e della Romagna e degli argini del Po, per fermare l'avanzata alleata.

Leandro inorridì: «Ma è un piano criminale!».

Preso in contropiede, Mussolini, che evidentemente su quel «piano criminale» sino a quel momento non aveva trovato nulla da eccepire, sgranò gli occhi: «Concordo, farò di tutto perché non vi si ricorra».

Poi il Duce virò sul cuore dell'incontro, proponendo ad Arpinati la carica di ministro dell'Interno. Sarebbe stato un incarico temporaneo. «Perché» spiegò «tu poi farai il capo del governo e io il presidente della Repubblica.»

Il rifiuto fu netto: «Saremmo sempre sotto lo stivale del tuo Hitler». E prendendo il carcadè preparato da Monzeglio (dopo la razzia degli antifascisti alla Rocca, il caffè era sparito), concluse: «Per capirlo basta guardarsi attorno, Benito. Qui son tutti tedeschi, salvo tu, io ed Eraldo. Non servo al tuo scopo, ora sono solo un agricoltore».

Il Duce comprese che l'incontro era al termine e

nel congedare l'ospite, accompagnandolo fuori dallo studio, gli mise bonariamente una mano sulla spalla: «Una volta o l'altra verrò a vederla questa tua azienda che ti tiene lontano da me».

Finì tutto lì. I due romagnoli, un ex socialista e un ex anarchico che si erano ritrovati nel fascismo, si salutarono come un tempo, quando erano amici, con calore.

Monzeglio scortò Arpinati alla camionetta che l'avrebbe riportato a Malacappa.

Si abbracciarono nuovamente.

Leandro sorrise: «Campione, guarda che ci rivediamo».

«Certo che ci rivediamo» rispose Eraldo.

Successe, forse, un'altra volta.

Terra rossa a Villa Feltrinelli

Mentre l'Italia si apprestava a vivere il periodo più drammatico della sua storia, tra le principali preoccupazioni del Duce c'era quella di dove poter giocare le sue partite di tennis nella sua nuova dimora a Gargnano. Bisognava trovare il posto adatto, recuperare la terra rossa, impiantare la rete, sistemare il campo. Incombenze che da subito ricaddero su Eraldo e sul nascente governo della Rsi, che nell'ottobre 1943 cominciò a insediarsi nelle sedi sparse soprattutto sul Garda.

Una localizzazione imposta dai tedeschi, che non volevano fascisti tra i piedi a Roma. La capitale era troppo difficile da difendere e ben presto – era chiaro – sarebbe caduta. Quanto a Milano, la sede dell'esecutivo sarebbe stata improponibile, inevitabilmente esposta ai bombardamenti.

Per questo si pensò al lago, fuorimano, allora come oggi meta turistica con alberghi ed edifici spaziosi, in grado di accogliere le delegazioni. Per Mussolini fu individuata Villa Feltrinelli, a circa un chilometro da Gargnano. Vi si stabilì con donna Rachele, i figli Romano e Anna Maria, la vedova di Bruno con la piccolina, un folto gruppo di altri familiari e l'ex terzino, che trovò dimora nella Casa del Custode, dépendance a poche decine di metri dall'edificio principale. Piuttosto sorprendente la sua qualifica negli elenchi degli ospiti: capomanipolo, un grado della Milizia volontaria per la sicurezza nazionale. Le camicie nere, insomma.

La più immediata delle emergenze da risolvere – lo raccontò sempre Navarra a Longanesi e Montanelli – era la mancanza di un campo da tennis nel bellissimo parco della villa. «C'erano molte ore al giorno disponibili» rammentò il custode dei segreti di Palazzo Venezia «c'erano Monzeglio e Mussolini: mancavano terra rossa e rete».

Il Duce non perse tempo «e dette subito ordine alla segreteria di fare i necessari passi finanziari e immediatamente fu stanziata una somma per la costruzione». Poco tempo dopo, «isolati dalle pericolose intenzioni dei partigiani», Eraldo e il Duce ripresero i loro incontri su una superficie costata centomila lire.

Come in un club esclusivo, nel campo di Villa Feltrinelli, curato direttamente da Monzeglio, presero a giocare anche gerarchi fascisti e generali nazisti. Partitelle continue d'estate e d'inverno, dall'alba al tramonto: un impegno che rese necessario, nell'estate 1944, un ordinativo di dodici quintali di terra rossa.[1]

Ma oltre a interessarsi del *court*, che ruolo ebbe il terzino campione del mondo in quegli iniziali giorni di vita repubblichina?

A darne un'idea sono le parole del capo della segreteria particolare del Duce, il prefetto Giovanni Dolfin, un passato di squadrista e poi divenuto, se non parlassimo di Salò, una specie di preparato *civil servant* della Rsi. Mussolini lo chiamò con sé ed ecco la cronaca, direttamente dalle pagine del suo diario, del suo arrivo, il 12 ottobre 1943, nella dimora di Gargnano, individuata chiedendo informazioni qui e là per il lungolago, dato che nessuno sapeva che da quelle parti si stava insediando il nuovo governo. «Ore 15 e 30. Il Duce vuole vedermi. Salgo di corsa lo scalone che porta al primo piano. Monzeglio mi indica la porta; busso ed entro. Gli uscieri non sono ancora giunti: la conduzione del quartiere generale è più che familiare!»

E ancora, poco tempo dopo: «Nell'ambito privato i personaggi son per ora ben pochi. Al di fuori della servitù, ridotta al minimo, e di Monzeglio – che è in dimestichezza con tutti i familiari di Mussolini, e non so quali specifiche incombenze abbia – non vi sono che i due medici, l'uno italiano e l'altro tedesco, e l'ufficiale di ordinanza germanico del Duce».

Non diverso dal tratteggio che Dolfin dedicò a Eraldo è ciò che, sebbene con toni da romanzo di

Liala, scrisse Clara Petacci raccontando il suo ingresso, scortata sin lì dai tedeschi, a Villa Feltrinelli. La favorita del Duce era tornata in libertà dopo l'arresto nel Novarese. L'intero clan familiare attorno a lei era finito nel mirino della stampa badogliana, che ne stava denunciando ruberie, intrallazzi affaristici, spese folli. Per stare alle parole di Mussolini, il suo nome era diventato quello della «donna più odiata d'Italia». Ma quel 28 ottobre 1943, anniversario della marcia su Roma, la considerazione dei suoi connazionali era l'ultimo dei pensieri di Clara.

«Sono pervasa da un tremito» scrisse emozionata nel diario visionato dallo storico Mimmo Franzinelli.[2] Lungo la strada, prima degli sbarramenti, comparve il capo delle SS Karl Wolff, «gentilissimo, compìto, cortese». Ad accompagnarla in auto nell'ultimo tratto fu il tedesco, un uomo di bell'aspetto, decisivo nelle trattative segrete che poi, all'insaputa di Hitler, portarono alla resa nazista in Italia. «All'arrivo nella villa che indovino fra gli alberi, biancheggiante, troviamo Monzeglio, il quale sorveglia ed è in grande ansia».

Il generale nel frattempo si era congedato con galanteria baciandole due volte la mano e augurandole in italiano «ogni cosa felice». «Facciamo le scale di corsa. Monzeglio fa strada. Arriviamo a un piccolo ripiano, voltiamo, mi trovo in una penombra di tende di pesante velluto. Non vedo nulla. Monzeglio mi dice piano: "Ecco, il Duce è qui". Lo vedo avanzare lentamente nell'ombra.» Vertigini, «mi sento mancare, lo vedo, lo rivedo... mi afferra la mano». Parlano, «tremiamo violentemente. Monzeglio scivola via...». Il resto nella stanza, abbracciati, senza parole, fu «un'estasi sublime».

La considerazione di Clara per Eraldo si trasformerà presto in un odio feroce e implacabile. Ma prima di provare a spiegarne le ragioni, torniamo al tennis e alla routine giornaliera di Gargnano. Da «custode» dell'impianto, Monzeglio era a disposizione un po' di tutti. Romano, il più piccolo dei Mussolini, era diventato adolescente; a lui Eraldo dava lezioni un paio di volte a settimana. Sempre con Romano faceva spesso coppia, nel doppio, contro il padre e Vittorio. Incontri che potevano avvenire, se il tempo era buono, anche due o tre volte a settimana, al mattino o dopo le 17. Il casalasco giocava anche contro i tedeschi, tra cui un generale della Wehrmacht che voleva essere in campo alle sei, l'ora migliore sul Garda, temperatura ideale e la meraviglia del sole che sorge. Un appuntamento rituale che era anche un'occasione per scambiare pettegolezzi e notizie importanti, al riparo da occhi indiscreti, su Villa Feltrinelli e sull'andamento della guerra.

Il calciatore spesso accompagnava il figlio del Duce nei suoi spostamenti. Una testimonianza che viene da Marcello Zanfagna, allora ufficiale delle truppe delle Rsi e poi parlamentare Msi, colloca Eraldo a Milano. Vittorio Mussolini e «l'eroe nazionale della squadra di calcio» erano «qui di passaggio». I tre parlottarono, Vittorio «mi disse che il Duce si è commosso allorché ha saputo che anche i soldati italiani [quelli badogliani del Corpo italiano di Liberazione, N.d.A.] – tornano al combattimento». Un riferimento alle coraggiose, e sanguinose, offensive delle truppe comandate dal generale Umberto Utili durante la risalita della Penisola tra la primavera e l'estate del 1944.

Altre incombenze svolte dal terzino erano quelle che gli chiedeva donna Rachele: andare a Verona a reperire olio e burro. «Ma bada bene, Eraldo, soltanto con la tessera annonaria» era l'intimazione dell'*arzdora* che cercava di far quadrare i conti della famiglia «e senza ricorrere ai prezzi criminali della borsanera».

Eventi bellici a parte, fu involontariamente Rachele – la «polveriera», come la chiamava il personale di servizio a Villa Feltrinelli – a terremotare i placidi equilibri sul Garda. Quando venne a sapere che la rivale Clara si era definitivamente installata a Gardone, a Villa Fiordaliso, le sue scenate di gelosia, con tanto di lancio di borsette davanti ai figli e vetri rotti, divennero sempre più insopportabili. Come poté, Mussolini trasferì la sua sede operativa a Villa delle Orsoline, una sorta di Palazzo Venezia a seicento metri da Villa Feltrinelli. E, soprattutto, posto assai più tranquillo, al riparo dalle sfuriate della moglie.

Le segreterie del Duce, composte da circa duecento persone comprese le famiglie, divennero due, finendo col litigare e pestarsi i piedi. Oltre a quella «particolare» – l'ufficio più puntuale che gli preparava l'agenda quotidiana – si sovrappose quella politica, il clan dei parenti e dei loro amici, capeggiata da Vittorio, che ne pretese la guida anche per poter meglio controllare il padre. Monzeglio si barcamenava tra l'una e l'altra, addetto però agli «incarichi speciali».

Pare che questo secondo gruppo, quello dei famigli e del parentado, non si impegnasse granché e ben presto venne preso di mira persino dalla stampa di Salò, tra inaspettati titoli corrosivi – come «nepotismo e carriera» riferito all'incarico assunto proprio da Vittorio – e velenose descrizioni dell'entourage mussoliniano che viveva, mentre gli italiani erano stremati, «nelle ville del Garda in cui si mangia in bianco e dove i motoscafi fanno da traghetto».

«Gente simpatica venuta su in un ambiente mezzo sportivo e mezzo giornalistico, in buon parte romagnolo» e un «falansterio di segretari nepoti che volevano salvar Mussolini e sé stessi.» Fu questo il caustico ritratto complessivo che nelle sue memorie diede della segreteria politica l'ambasciatore presso il Reich Filippo Anfuso, uno che sino alla resa si spese coraggiosamente per aiutare i soldati italiani internati in Germania. Tra i volti più noti della ghenga c'era quello di Renato Tassinari, ex giornalista della «Gazzetta dello Sport», poi direttore del «Littoriale», biografo di Tazio Nuvolari e, dopo la guerra, una volta entrato in gran confidenza con l'ingegnere

Enrico Piaggio, primo presidente del Vespa Club d'Italia e tra i promotori dei motoraduni che sancirono il successo dello scooter. Va menzionato anche Vanni Teodorani, inviato del «Popolo d'Italia» e negli anni Cinquanta consigliere comunale a Roma. Un nome, questo, che ritroveremo assieme a Eraldo poco più avanti, in circostanze drammatiche a Como, dopo il 25 aprile.

Al di là di questo scenario, un fatto è certo.

Già dall'arrivo a Gargnano, Mussolini fu calato in una sorta di reality show televisivo, una vita origliata in diretta, consegnata alla storia e ai tanti che ne ascoltavano le conversazioni. Sorvegliato dalla moglie, manipolato dall'amante, spiato dai tedeschi che, non fidandosi, ne registravano ogni telefonata. Un controllo, quest'ultimo, di cui era perfettamente a conoscenza, ma di cui finì col disinteressarsi, sempre più spossato e svuotato d'energie. Infine, spiato pure e per ragioni ignote dagli stessi servizi di sicurezza della Rsi riusciti a piazzare, all'insaputa dei rivali nazisti, dei microfoni a Villa Mirabella, l'ultima dimora di Clara Petacci, presso il Vittoriale dannunziano.

Se non altro, Mussolini aveva come ancora di salvezza il lavoro e quelle giornate in ufficio riempite dalle udienze. Il Duce riceveva un'umanità varia, i capi della Wehrmacht e delle SS, Kesselring, Rommel, Wolff, madri di caduti e vedove di eroi di guerra, soldati in licenza dal fronte, lo stuolo delle ex amanti, giornalisti, vecchi amici del tempo in cui era un socialista battagliero, prefetti e federali provinciali, filosofi, intellettuali, persino tenori come Tito Schipa. Riceveva spesso anche Giorgio Almirante, all'epoca capo di gabinetto al Minculpop. I due si videro «parecchie volte». Il futuro leader del Msi raccontò la grande emozione del loro primo incontro e ammise: «Non fui nemmeno capace di pronunciare il mio nome». Capitava sovente anche un altro personaggio che della Fiamma sarebbe diventato il presidente: Pino Romualdi, allora comandante di un reparto delle Brigate nere e vicesegretario del Partito fascista repubblicano, che ritroveremo nei giorni della resa firmata proprio da lui a Como.

Pur potendolo incrociare senza difficoltà a Villa Feltrinelli, anche Eraldo fu ricevuto quattro volte in udienza ufficiale da Mussolini. La prima il 7 luglio 1944, quando il Duce gli concesse addirittura mezz'ora, dalle 10 alle 10.30. Seguirono altri due incontri tra ottobre e novembre e poi il quarto, il 19 dicembre. Inevitabile chiederselo: mentre il destino della guerra era sempre più evidente, di cosa dovevano parlare quei due a tu per tu nell'ufficio di Villa delle Orsoline?

Edda, Galeazzo e il cianuro in carcere

«Fu Eraldo Monzeglio ad accompagnare Edda Ciano al carcere veronese degli Scalzi nella notte in cui lei consegnò a Galeazzo Ciano, suo marito, il cianuro che lui le aveva chiesto per uccidersi. Partirono da Gargnano, in macchina. Eraldo sapeva bene che dentro la borsetta c'era la fiala, glielo aveva rivelato la stessa Edda forse lungo il tragitto, o forse prima. Il Duce era a conoscenza di quel veleno? No, questo non sono in grado di dirlo. Di questo Eraldo non mi raccontò mai nulla. Propendo a ritenere che Mussolini non ne fosse stato informato.»

Il ricordo del novantasettenne Claudio Cimnaghi, emerso dalle lunghe ore di colloquio nella sua casa non lontano dalla riva del lago di Como, tra la cattedrale di Santa Maria Assunta e la strada-belvedere che si snoda verso Bellagio, è nitido e categorico.

Questo anziano dalla memoria ancora prodigiosa, risolutivo nel racconto della vita di Monzeglio, parla stando seduto su una poltrona del salotto zeppo di cimeli calcistici, almanacchi della Panini, portachiavi della Figc, le foto ricordo di Eraldo, Meazza e Giovanni Ferrari, vecchie riviste di sport, cartelline con documenti, ritagli, altre immagini di allenatori e campioni, Helenio Herrera, Omar Sívori, Paolo Rossi, Marco Tardelli.

Scovarlo non è stato difficile. All'indomani della morte del terzino del Duce, il 3 novembre 1981, sulla «Gazzetta dello Sport» e su «La Provincia» di Como comparve un necrologio firmato con il suo nome. Per recuperare il suo numero fisso, quarantadue anni dopo, è bastato sfogliare un elenco telefonico.

Alla prima chiamata è stato suo figlio Alberto a rispondere: «Lei vorrebbe sapere di Eraldo Monzeglio? Mah... più che con me dovrebbe parlare con mio padre. Come? Ma certo che sta bene, ora glielo passo».

Oggi Claudio dice di sé: «Per tutta la vita ho costruito mobili, avevo una mia azienda. Sono un appassionato di calcio, anzi del Como Calcio. Ho fondato un'associazione che coordinava i club dei tifosi di tutta Italia. Prima di ogni elezione, Silvio Berlusconi mi chiamava regolarmente per chiedermi una mano, anzi i voti...

«Il *sciur* Eraldo? Siamo stati amici per oltre trent'anni. Veniva a cena a casa mia, ma lui mi dava del tu e io sono sempre rimasto al lei. Come si usava una volta. Di calcio ne sapeva, Monzeglio, caspita se ne sapeva. Sapeva tutto, conosceva chiunque. Parlavamo di pallone per ore, grazie a lui ho incontrato tanti campioni, gente come Peppin Meazza dico, il più grande di tutti. Con Monzeglio andavamo a caccia assieme, qualche volta lo accompagnavo nei suoi giri, andammo anche a trovare Artemio Franchi a Firenze. Con un colpo di telefono era capace di raggiungere pure Gianni Agnelli».

Di quella sera imprecisata tra il novembre e il dicembre 1943, da Cimnaghi affiora un altro particolare: Edda, dopo un incontro con il prefetto di Verona Piero Cosmin – fascista sino al fanatismo, uno che i congiurati del 25 luglio avrebbe voluto «farli fuori subito» –, entrò «in carcere, vi rimase a lungo ed Eraldo restò fuori ad attenderla. Mi disse che ebbe paura, sia per lei che per sé. Edda non usciva più da quella prigione. I tedeschi la sospettavano di tante cose, era la moglie di un traditore, c'era un clima di terrore».

Prima di proseguire nel solco di questi ricordi, è però meglio tornare brevemente a ciò che accadde ai coniugi Ciano nei giorni drammatici che seguirono il 25 luglio.

In sintesi, ecco i fatti, per quanto è possibile in una vicenda che ha segnato la nostra storia e dalle innumerevoli ricostruzioni: Galeazzo appose con coraggio la firma sull'ordine del giorno che defenestrò il dittatore. L'ispiratore, il conte Dino Grandi, l'ex ambasciatore in Gran Bretagna che aveva raccolto un numero sufficiente di adesioni, sino all'ultimo cercò di dissuaderlo, rimarcando la sua posizione delicata e sul ciglio del pericolo. Ma l'ex ministro degli Esteri, dal precedente febbraio «retrocesso» dal suocero alla carica di ambasciatore presso la Santa Sede perché sempre più antinazista e inviso al Führer, insistette. E arrivò a definire «criminale» la permanenza dell'Italia «su quella strada» della guerra insensata.

Mise così il suo nome in calce agli altri, senza immaginare di aver anche siglato la sua condanna a morte. Durante le dieci ore di discussione, terminate alle 2.40, Ciano fu implacabile – sempre sfidando lo sguardo che il Duce teneva poggiato su di lui, roteando minacciosamente gli occhi – nell'esposizione delle ragioni per le quali sfilarsi dal conflitto non sarebbe stato un disonore per l'Italia. «Non saremo giammai dei traditori ma dei traditi» visto che i tedeschi «ci hanno nascosto sempre tutto; le operazioni di guerra contro Polonia, Norvegia, Olanda, Belgio, Francia e Russia non ci vennero mai comunicate.»

I voti favorevoli furono diciannove, otto i contrari e un'astensione. Il Ventennio si dissolse così. Ma all'indomani Galeazzo si accorse di essere stato lasciato praticamente da solo. Mentre Grandi era già decollato verso il sicuro Portogallo, il re gli chiese di lasciare l'incarico di ambasciatore e la Santa Sede si rifiutò di accogliere lui e Edda, sempre più esposti al furore popolare che intanto stava eruttando in quei quarantasei giorni tra il 25 luglio e l'8 settembre.

Con il passaporto ritirato, sorvegliato dai carabinieri e asserragliato con la moglie in casa per circa un mese, Galeazzo ritenne, ingenuamente, che una via di fuga potesse essergli garantita dai tedeschi. I Ciano, con i tre figli Fabrizio, Raimonda e Marzio, partirono per la Germania illusi da Dollmann e Herbert Kappler – il massacratore delle Fosse Ardeatine – che, nel mettergli a disposizione uno Junker, gli diedero l'assicurazione di poter presto raggiungere la Spagna del caudillo Franco.

Era una trappola.

Una volta atterrato a Monaco, Galeazzo comprese di essere prigioniero del Führer, già deciso a vendicarsi ferocemente del gruppetto di golpisti al Gran Consiglio, tutti *Verräter*, traditori del suo amico Benito. Il 19 ottobre il maggiore delle SS Wilhelm Höttl comunicò all'ex delfino del Duce che sarebbe rientrato in Italia, «ma per esservi arrestato».

Da qui in poi l'intrigo s'infittì. Diventa una *spy story* e un ruolo importante lo giocò Monzeglio.

Sull'aereo che riportò Ciano a Verona c'era un'affascinante tedesca di ventidue anni, Hildegard Beetz. Di buona famiglia, colta, l'italiano parlato perfettamente. Lavorava al Rsha di Berlino, il Reichssicherheitshauptamt, ossia il potentissimo ufficio centrale di sicurezza delle SS.

Era una spia, in altre parole. Una spia del sesto dipartimento, quello del «servizio segreto informativo politico per l'estero» con competenze sull'Italia.

Neanche un paio di mesi dopo la fine della guerra «Felicitas» – così tutti la chiamavano per quella sua aria naturalmente radiosa – fu interrogata dall'Oss, che poi la reclutò nei suoi ranghi per impiegarla come 007 nella Guerra Fredda. Lo stesso destino – non fu certo un caso – di diversi nomi nazisti incontrati sinora in queste pagine.

Edda, che di Felicitas divenne confidente, se non proprio amica, descrisse così l'agente tedesca: «Graziosa, dagli occhi grigio chiari e dalle unghie laccate di rosa. È in missione speciale per conto di Heinrich Himmler, il capo delle SS». Lo scopo della sua presenza a Verona? Stare appresso a Galeazzo, accaparrarsi la sua fiducia e scoprire dove fossero nascosti i suoi diari, quelli aggiornati meticolosamente da ministro degli Esteri. Il loro contenuto – tra humour, dicerie, illazioni, gusto per il pettegolezzo e il retroscena – metteva in apprensione alcuni alti gerarchi nazisti, soprattutto quelli che avevano parlato male di Hitler. Tra questi non certo Himmler, il primo a volersi impossessare di quelle pagine per affondare i rivali a colpi di dossier.

Ma Monzeglio? Il terzino irruppe in questo romanzo stando sempre dalla parte di Edda. Stando sempre dalla parte di Galeazzo. Stando sempre sul crinale sottilissimo tra ciò che gli dettava la sua coscienza e le indicazioni arrivate dal Duce.

Va subito ricordato che Eraldo per Edda aveva un debole, forse ricambiato, nato durante quelle estati a

Riccione in cui cominciarono a conoscersi. Lei piaceva e lo sapeva: era una donna vera, di una bellezza ruvida, magnetica, affascinante. Soprattutto, era colta e coraggiosa: da crocerossina fu in prima linea in Russia e in Sicilia, come un soldato. Poi in Grecia, viva per miracolo dopo che un sommergibile inglese silurò la nave ospedale su cui era imbarcata.

Con suo marito detenuto nella cella 27 degli Scalzi, la figlia di Mussolini più volte si fece ricevere dal padre a Gargnano. Vi arrivava sovente da Ramiola, un borgo nel Parmense dove dimorava presso una casa di cura, cercando di scacciare gli incubi che la stavano prostrando in quei giorni terribili.

Potevano essere, quelli, incontri tranquilli oppure improvvisate furiose con insulti e minacce. Ma era sempre lo stesso il senso delle richieste: «Papà, fa' qualcosa, tira fuori Galeazzo dalla prigione».

A uno di quei colloqui – uno dei primi, uno di quelli non conclusi tra urla e ingiurie pesantissime – assistettero anche Eraldo e altri componenti della segreteria politica.

Benito disse alla prediletta primogenita che il genero era stato «incarcerato per la sua sicurezza. Però non ti preoccupare, io interverrò».

«Puoi farmelo incontrare?»

«Non c'è nessuna ragione per impedirtelo.»

Edda, in quei giorni sotto stretta sorveglianza dei nazisti, si guardò attorno e s'accorse che «nessuno della mia famiglia e dei collaboratori di papà si fece avanti per accompagnarmi». Nessuno salvo «Eraldo Monzeglio, l'unico che ebbe il coraggio di offrimi il suo aiuto. Partimmo per Verona in quello stesso giorno», il 22 ottobre.

Una testimonianza affiorata circa trent'anni dopo nelle memorie che Edda affidò al giornalista francese Albert Zarca. La lunga intervista pubblicata nel 1975 fu un bestseller in tutta Europa. Ma curiosamente i precisi riferimenti al terzino, «il celebre giocatore di calcio dell'epoca, amico dei miei fratelli e che aveva seguito mio padre al Nord per fedeltà», comparsi nelle edizioni francese e spagnola, sparirono da quella italiana. Una «sforbiciata» non da poco. Indicativa di un'attenzione certosina, ossessiva, a nomi da indicare o non indicare e particolari da raccontare o da omettere.

Perché in quelle pagine edite da Rusconi il ruolo di Monzeglio scomparve?

Si possono solo azzardare ipotesi. L'elogio istintivo a Eraldo fu forse incauto, da parte della generosa e passionale Edda. Sì, il mister veleggiava sulla settantina, il meglio della carriera calcistica lo aveva lasciato alle spalle: ma restava pur sempre una riveritissima leggenda azzurra. Uno capace con una elefonata, come ricordava Cimnaghi, di raggiungere Gianni Agnelli, il signor Fiat, e Artemio Franchi, all'epoca, da presidente della Figc e dell'Uefa, una potenza del calcio e non solo, grazie ai mille rapporti coltivati pure con l'aiuto della loggia P2, alla quale risultò iscritto.

Ma Monzeglio fu soprattutto l'unico della ghenga Mussolini, di cui custodiva ogni inconfessabile segreto, ad aver attraversato indenne, come una salamandra, il rovente e sanguinoso crollo del fascismo. Ci riuscì agganciandosi con naturalezza all'avvento della repubblica nata sulla Resistenza. Lo fece anche grazie a una talentuosissima capacità di cancellare ogni traccia del proprio passato, nascondendolo sotto il tappeto di un'inappuntabile carriera da allenatore.

Dunque meglio evitare di farle riaffiorare, quelle tracce. Esattamente come accadde nelle altre memorie di Rachele e Vittorio Mussolini, dove il calciatore non è praticamente mai menzionato. Un legame da coprire. Per il bene di tutti e, in primis, dello stesso Monzeglio.

Si può immaginare Eraldo al telefono con Edda per interromperla con queste parole, educate ma ferme: «Grazie del pensiero, però togli assolutamente il mio nome dal libro, non serve a nessuno citarmi». Un tono che semmai fu puntiglioso, lo stesso con cui il terzino del Duce, vorace lettore di libri storici e giornali non solo sportivi, chiamava direttori dei quotidiani e capiredattori delle pagine del calcio, a molti dei quali dava del tu sin da prima della guerra, per spazientirli con le richieste di rettifica, persino sui voti in pagella assegnati ai calciatori delle sue squadre.

Ma spostiamoci di nuovo al 22 ottobre 1943. Fu quella la prima volta in cui Edda vide suo marito in carcere, dopo averlo salutato oltre un mese prima a Monaco, quando lei era rientrata in Italia da sola per cercare di recuperare i diari, preziosa merce da scambiare con la salvezza di Galeazzo.

Si incontrarono ancora, e forse fu sempre il terzino a scortarla, portandola agli Scalzi da Gargnano o addirittura andandola a prendere a Ramiola, alternandosi con Emilio Pucci, il pilota della Regia, e poi rinomato stilista, coraggiosamente intervenuto più volte in aiuto della figlia di Mussolini di cui era amico sincero e forse innamorato, chissà se ricambiato.

Eraldo attendeva in auto fuori dal carcere, mentre Edda entrava, accompagnata da Felicitas, che aveva invece ben più ampie possibilità di incontro. La spia tedesca vedeva Galeazzo tutti i pomeriggi, trascorrendo ore sola con lui tra scacchi, dama, letture, chiacchiere, risate. Un'intimità sempre maggiore, che la portò a innamorarsi dell'affascinante detenuto. Edda era invece costretta a parlare con il marito davanti a una guardia carceraria italiana e successivamente alle SS, che ne avevano preteso la sorveglianza.

A parte le visite della moglie e della spia nazista, a Ciano non restava altro da fare se non attendere il processo imbastito ai soli cinque malcapitati congiurati del 25 luglio presi dai fascisti. A favore della pena di morte non c'era solo l'intransigenza del Führer, ma anche quella delle camicie nere più fanatiche, come Alessandro Pavolini e il ministro dell'Interno Guido Buffarini Guidi. Per non parlare dell'irriducibilità di donna Rachele, che il vanesio genero non lo aveva mai sopportato, anzi «lo odiava», per stare al ricordo di Edda, arrivando a diventare addirittura «una sua acerrima nemica» dopo il voto al Gran Consiglio.

Galeazzo «non voleva essere fucilato, pensò anche al suicidio». In seguito la moglie ammise: «Cercai allora di procurargli del veleno» fornito da un medico a Ramiola.

La figlia del Duce tentò in ogni modo di far uscire dal carcere il marito, addirittura con l'ipotesi di un'evasione. Ma a orchestrare il piano più articolato – tutto tra sponde naziste – fu Felicitas, giunta a un passo dall'ottenere il rilascio in cambio della consegna dei diari, intanto recuperati da Edda. Saltò però tutto quando addirittura Hitler in persona, all'oscuro delle macchinazioni e informato all'ultimo, si oppose con un «*nein*» categorico.

Un secondo tentativo maturò a Gargnano e secondo lo storico Arrigo Petacco – in possesso di fonti confidenziali – fu Monzeglio a mettere in contatto Mussolini con Frau Beetz e con Nicola Furlotti, uno squadrista a capo della polizia a Verona, che si impegnarono per un finto trasferimento di Ciano in un luogo sicuro. Il piano, del quale era a conoscenza anche un ministro della Rsi poi fucilato e di cui Edda non rivelò mai il nome, sarebbe dovuto scattare alla mezzanotte del 24 dicembre 1943. In quella Vigilia, con una sorveglianza minore, d'accordo con il direttore degli Scalzi Sergio Olas, «il prigioniero sarebbe stato prelevato» ricostruì Petacco «e portato al vicino aeroporto di Villafranca dove un trimotore Sm.79 avrebbe portato in Spagna sia Ciano che Felicitas».

Ma l'evasione naufragò per la comparsa in carcere di «tre ufficiali tedeschi ubriachi con tre prostitute altrettanto ubriache» – così racconta gli istanti di quella notte Giordano Bruno Guerri, sconfinato narratore dei segreti del fascismo – che, Luger in mano, si fecero aprire la cella dalle SS di guardia solo per «deridere e insultare» Ciano, convinto, sulle prime, che lo volessero ammazzare. Fatto sta che poi la sorveglianza sull'ex delfino del Duce aumentò e le condizioni per farlo evadere non si presentarono più.

Il mattino dell'11 gennaio, Galeazzo fu fucilato assieme agli altri quattro condannati a morte, Emilio De Bono, Luciano Gottardi, Giovanni Marinelli e Carlo Pareschi.

Qualcuno riuscì a gridare «Viva l'Italia». Ciano, ancora una volta tra coraggio e dignità, rifiutò la benda nera agli occhi. La scarica del plotone d'esecuzione non bastò per ucciderlo. Per finirlo, con due colpi di pistola alla tempia, dovette intervenire Furlotti, fascista intransigente e contraddittorio: sebbene convinto che con quell'esecuzione bisognasse «dare un esempio», in precedenza era entrato, per ragioni sconosciute, nel piano per salvare Galeazzo.

Ma il cianuro? Che fine fece la fialetta?

Partiamo da ciò che Felicitas raccontò all'Oss. Dalle carte dell'interrogatorio – rese pubbliche dalla Cia nel 2005 – si scoprì che Frau Beetz rimase accanto a Galeazzo dalle «14.30 del 10 sino all'esecuzione» e quella fu «la notte più terribile della mia vita». Prima di uscire dalla cella 27, Galeazzo le regalò il suo orologio, una penna e un anello-talismano. Poi prese «il veleno che gli era stato dato da Edda ma il veleno non funzionò».

Cosa accadde?

La spia delle SS non lo rivelò mai e il dubbio della figlia del Duce fu sempre questo: «Fu il medico a ingannarmi o fu Frau Beetz a sostituire il cianuro? Non lo so».

Ma secondo Petacco a operare quello scambio fu proprio Felicitas, al centro dei due intrighi paralleli – quello nazista e quello con il cauto benestare di Mussolini ottenuto da Monzeglio – volti a liberare Ciano. Arrigo lascia intuire che con quell'ipotesi a un passo dalla riuscita fosse inutile regalare a Galeazzo la possibilità di togliersi la vita e la spia tedesca, agendo di testa sua, glielo impedì cambiando la fiala.

Però i tempi esatti di questa tragedia eschilea scanditi dai verbali della Cia inducono a motivare i passi predisposti da Felicitas con un'altra sfumatura. Se Galeazzo, già dopo averlo ricevuto forse a novembre, avesse deciso in un qualunque momento di debolezza di usare quel cianuro, allora la sua morte avrebbe spazzato via all'istante ogni possibilità di recuperare i suoi diari. Meglio dunque evitarlo, quel suicidio.

Perché Felicitas era, sì, innamorata di quel fascinoso italiano, ma restava pur sempre una spia tedesca agli ordini di Himmler.

Quanto ai diari, va ricordato che Edda riuscì a venderli agli americani, discutendone direttamente con Allen Dulles, il capo della sezione europea dell'Oss, con sede a Berna. Il feroce anticomunista Oss 110 (questo il suo nome in codice) dalla figlia del Duce ricavò un'ottima impressione. Da quell'eventuale pubblicazione lei si aspettava solo «di rischiarare la memoria di mio marito» e dopo quelle parole l'agente segreto, che poi divenne il potentissimo capo della Cia, in un rapporto scrisse che Edda «voleva trattare», ma «non parlare di denaro» e per questo «debbo francamente ammettere che si è comportata con grande dignità e in maniera molto più ragionevole di quanto mi aspettassi. A quanto pare, le avversità le avevano fatto bene».

Nel dopoguerra Monzeglio rivide più volte Edda Ciano. L'ultima fu forse a metà degli anni Settanta durante una soleggiata mattina di primavera. Eraldo e il suo amico Cimnaghi erano seduti al tavolino di un bar a piazza Cavour, l'elegantissimo affaccio di Como sul lago, quando a un tratto comparvero Edda, Alida Valli – la diva che proprio da quelle parti visse a lungo – e un loro amico.

Cimnaghi ricorda che Eraldo si alzò per raggiungerle, fece il baciamano alla dea Alida e abbracciò la figlia del Duce. Nell'assistere alla scena, il volto dell'amico delle due donne si corrugò in una smorfia visibilmente gelosa. Era del tutto solare che avesse riconosciuto il due volte campione del mondo.

«Stiamo andando in Svizzera» spiegò Edda, trascinando in disparte il terzino per parlargli fittamente una decina di minuti al centro della piazza. Si salutarono con un abbraccio e lei s'allontanò con gli altri. Cimnaghi non riuscì a trattenere la curiosità, ridacchiando: «E allora: avete ancora rievocato il fantasma di Ciano e il mistero del veleno?».

Ma Monzeglio troncò il discorso, secco come sempre quando non aveva voglia di parlare: «È meglio che tu non ne sappia niente, Claudio».

Tra donna Rachele e Clara

«Un vigliacco spia», «un essere spregevole e miserabile», «un fannullone ozioso», «un perfido cialtrone» e persino «un macrò», il vocabolo importato dalla Francia, piuttosto desueto ma elegante, con cui una volta si indicavano i papponi. Sono solo alcuni tra gli insulti, in un elenco assai lungo,[1] con cui Clara Petacci appellava Eraldo nelle lettere inviate ogni giorno al Duce da Villa Fiordaliso, una delle dimore in cui alloggiò presso il lago di Garda nei mesi della Rsi, quelli che precedettero il loro incontro con la morte sul lago di Como.

Prima di addentrarci nelle ragioni di quest'odio, va chiarito che nella feroce guerra tra donna Rachele e la favorita di Mussolini, Monzeglio era schierato, e senza ombra alcuna di dubbio, con la prima. E questo per una ragione conclamata: Rachele fu la donna che gli permise di entrare in famiglia sin da quel giorno dell'estate 1928 in cui lo squadrò cauta mentre l'allora rossoblù firmava gli autografi a Vittorio e Bruno, incontrati per la prima volta a Riccione.

L'intuito dell'*arzdora* la portò a fidarsi istintivamente di quel giovanotto, un fascista dall'aria semplice e perbene, e fu lei a consentirgli di comparire sempre più spesso a Villa Torlonia per le lezioni di tennis ai due figli. Gli permise di diventare uno di casa, avvalorandolo presso il marito incuriosito da quell'insolita figura di calciatore tanto benvoluto dai ragazzi.

Di ciò Monzeglio fu sempre riconoscente a donna Rachele. Anche per questo, stando ai ricordi di Ghirelli, «l'aiutò generosamente nei primi tempi dopo la Liberazione, quando la situazione finanziaria della vedova del Duce era poco allegra». Un altro flash giunto dalla memoria di Cimnaghi ne certifica devozione e fedeltà: «Una mattina Eraldo, sconvolto, comparve nel mobilificio. Mi disse: "È morta la mamma... è morta la mamma...". Sulle prime non capivo... "*Ma sciur Monzeglio, cus l'è sucess?*" Lui poi si calmò e mi spiegò: "È morta la mamma dei due ragazzi, è morta Rachele, è morta la mamma di Vittorio e Bruno».

Vitreo in volto, Eraldo chiese a Claudio di accompagnarlo al più presto alla stazione e raggiunse Predappio, dove il primo novembre 1979 si celebrarono i funerali della moglie del Duce davanti a cinquemila persone. Tra queste Giorgio Almirante e Pino Romualdi, rispettivamente segretario e presidente del

Msi, gente con i fez e altri con i caschi coloniali, signore con il fazzoletto tricolore al collo e giovanotti con anfibi, camperos, piumini scuri dell'Ellesse e baschi da parà.

Accanto alla bara, Edda, Vittorio e Romano. Da tutta Italia una valanga di corone, tra cui quella inviata da Sophia Loren, cognata di Romano, e dal marito, il produttore Carlo Ponti. Poi un'infinità di braccia tese all'uscita del feretro dalla chiesa, tra gli «eja eja alalà» e i labari della Repubblica sociale. Eraldo, pensieroso e distrutto, rimase a lungo in un angolo del sagrato, appartato da quel vociare, a distanza da quei giovanotti e anche dai notabili missini.

A Gargnano, a primavera inoltrata del 1944, quel che contrapponeva donna Rachele a Claretta non era solo la violenta disputa dello stesso uomo, ma uno scontro tra due clan rivali e speculari, ciascuno con i propri fedelissimi, i cortigiani e persino i propri servizi d'informazione. Di fronte, due donne agli antipodi, unite solo dall'incontenibile e morbosa gelosia riguardante l'uomo che entrambe amavano.

Da una parte la moglie del Duce, una pratica romagnola di umili origini, abituata a lavorare l'orto sia a Villa Torlonia sia a Villa Feltrinelli. Sempre accanto a lui sin dalla gioventù, in apparenza lontana dal marito nei fatti pubblici, ma che nei giorni della Repubblica sociale, forse perché già presaga della fine in arrivo, si era risolutamente calata in un ruolo più ampio, addirittura politico, proprio per proteggere la famiglia, i figli, sé stessa.

Dall'altra un'avvenente figlia della buona borghesia romana, una madame Bovary di quasi trent'anni più giovane del dittatore, colta, sofisticata, femmina. Una figura di donna che però la storiografia più recente ci restituisce con un altro volto, diverso dalla stereotipata «cartolina» dell'ingenua e sentimentale amante rimasta accanto al suo uomo sino all'ultimo unicamente per amore. No, Clara era una fascista fanatica e «antisemita» come scriverà lei stessa «per un istinto razziale: direi per dignità di razza». Non solo: avveduta e spregiudicata affarista, concorse, tra l'altro, al traffico di certificati falsi da vendere agli ebrei più facoltosi e divenne filonazista per porsi come diretta interlocutrice di Hitler nella vita della Rsi. Subito dopo il 25 luglio, i giornali badogliani cominciarono a raccontare ruberie e corruzione da parte del suo clan familiare, circostanze perfettamente note al Duce da tempo.

A Salò, Petacci venne demonizzata dai fascisti più intransigenti per i quali distoglieva dalle cose importanti le energie del capo.

Sulla faccenda del tradimento, donna Rachele disse sempre di esserne stata a lungo ignara. Sostenne di aver saputo dell'amante di suo marito solo per caso, da una confidenza che il 25 luglio le fece Ines, la cameriera di Villa Torlonia. Ma chissà se era vero. Tutti da anni erano al corrente di quel legame, compresa

Edda, che nel 1942 squadernò al padre un dossier sull'affarismo di Marcello, il fratello della favorita. «Ti ringrazio, la metterò fuori dalla mia vita» fu la risposta alla figlia, che più tardi raccontò: «Ma non poteva farlo. L'amava troppo. Non fece nulla».

Monzeglio finì inevitabilmente nel mirino di Clara. Al pari di lei, era l'unico a poter brandeggiare il corpo del capo, oltre ovviamente a Rachele e a Georg Zachariae, il medico inviato a Gargnano da Hitler e che, dall'ottobre 1943 all'aprile 1945, ne curò – piuttosto efficacemente, va detto – la salute sempre più traballante.

Dopo ogni partita sulla terra rossa di Villa Feltrinelli, l'ex difensore azzurro aveva infatti l'abitudine di praticare una mezz'ora di massaggi alle gambe del Duce, rinvigorendone il tono muscolare. Tempo e persino cameratesca e virile intimità che suscitavano l'invidia di tutta la corte sul lago. La gelosissima Clara ne era addirittura furibonda: così divenne un problema – a testimoniarlo sono sempre le lettere di Petacci al suo «Ben» – persino il tennis, visto che c'era «anche il dileggio di Monzeglio che giuoca ancora con te dopo quanto ti ha fatto, mi ha fatto e mi fa». Un concetto ribadito in un'altra missiva, sempre di quel luglio 1944: «Tanto poco mi ami e mi rispetti» che «giochi ancora con quello sporco venduto lazzarone mascalzone di Monzeglio, la nostra prima causa e non ultima di tutti i nostri mali e di tutte le mie lagrime».

Mica è finita. Livida per quelle partitelle che lo impegnavano sempre più con quel ceffo insopportabile, Clara rilanciò il predicozzo. Rabbiose domande di questo tenore: se hai «un po' di dignità» com'è possibile che tu stia regolarmente con Eraldo in campo? Come puoi «accettare e sopportare ancora un essere spregevole e miserabile come quello?». E di seguito: «Se tu mi avessi sputato in faccia, avrei accusato un colpo meno forte e duro». Gioco, partita e incontro.

Parole che però chiariscono, è evidente, come dietro quell'odio ci fosse molto, molto più di una banale questione di amore e possessività. Ed eccone la prova su altri fogli: «Tutti sanno chi è e che fa, Monzeglio; chi ci rimette nel frequentarlo sei tu, non è di certo lui». E ancora: «Domanda a Monzeglio come vive, chi paga la sua vita, chi le sue macchine, con quale diritto ne ha quattro e gira tutto il giorno con donne e amici». Oppure: «Chiedi a quel mantenuto di Monzeglio come mangia». Erano le stesse accuse di bella vita, tra giri in motoscafo, la servitù folta e le mattinate al caffè, inoltrate al parentado, tra cui Vittorio e la sua prima moglie Orsola Buvoli. Poi una domanda che illustra molto di quel crepuscolo: «Ma perché non carceri anche loro e con quale diritto hanno più di me?». Nell'additare il suo Ben di egoismo e disinteresse, Clara infilzò ancora il terzino: «So anche dell'altro sul conto di questo macrò, ma ho taciuto perché ti voglio bene, ma ti dirò, ti dirò anche se ti farà male perché lo meriti, perché è troppo».

Non bastasse, c'era pure la vicinanza di Eraldo a Rachele, un'ossessione per Petacci, che venne a sapere di un loro viaggio, il 9 marzo 1944, a Brescia, forse per orchestrare qualcosa contro di lei. Ne chiese conto a Benito e lui convocò proprio Buffarini Guidi, il ministro dell'Interno che gli era inviso, anche perché troppo fedele ai tedeschi e imposto direttamente da loro. Dopo le verifiche, scrisse all'amante per rassicurarla: «Non credo alle manovre di cui mi parli. E poi un fatto rimane sicuro: niente e nessuno può separarmi da te che mi hai dato prova della tua fede e del tuo amore».

A fine ottobre quella guerra tra donna Rachele e Clara raggiunse l'apice. La prima, sempre più insofferente, mossa da istinto e ragione, fece irruzione a Villa Fiordaliso.

Una svolta nel romanzo d'appendice, un appassionante *coup de théâtre*, un violento scontro, politico e di potere. Stando a una voce risalente al dopoguerra, Eraldo sarebbe stato presente a quella scena, il 24 ottobre 1944. Forse fece parte anche lui del gruppetto di almeno tre persone, tra cui Nino Martini, uno spiccio costruttore di Cesenatico amico di Rachele, che accompagnò l'*arzdora* con due auto. O forse arrivò più tardi, inviato dal Duce, informato dalla stessa moglie delle sue bellicose intenzioni, per vedere cosa stesse accadendo. Ma sono dettagli.

E comunque andò così.

Ore 15, circa.

Nel raid, Rachele reclutò anche il riluttante e pavido Buffarini Guidi, prelevato dal suo ufficio quasi a forza e costretto a seguirla per testimoniare poi l'accaduto al capo della Rsi. Impetuosa, con un foulard legato sotto al mento, scavalcò il cancello mentre pioveva a dirotto. La favorita si rifiutò di aprire. Sempre più pallido, e mentre per strada si affacciava già qualche curioso, provò a convincerla anche Buffarini Guidi, obbligato dal minaccioso Martini che lo strattonava.

Ci fu pure la «mediazione» di Franz Spögler, il tenente delle SS, belloccio ventottenne addetto alla sicurezza personale di Clara. La notte dormiva da lei, scatenando così la gelosia di Mussolini. Il tedesco chiese a Rachele se fosse armata e solo dopo il no – ma intanto se n'era già andata un'oretta – Clara si decise a entrare sul palcoscenico, turbante in testa, vestaglia bordata di piume.

Mentre scendeva dalle scale, fu accolta con una battuta consegnata alla storia d'Italia.

«Ah, veste bene la puttana» esclamò la consorte del Duce.

Nelle due ore successive Rachele le gridò che «ti odiano tutti, fascisti e partigiani» e l'avvertì, ma il tono era quello di una minaccia, «che alcuni fedeli della X MAS hanno giurato di ucciderti». Parole credibili, confermate da più fonti e non solo nelle lettere di Clara a Mussolini in cui si accennava a due tentativi di omicidio, o di sequestro. Dietro, però, s'intravedeva lo zampino della stessa *arzdora*, che non aveva mancato, in precedenza, di mostrarsi dalle parti della villa con tanto di mitra appresso.

L'esortazione a «non vedere più mio marito che in questo momento ha bisogno di pace» finì ovviamente nel nulla. Clara continuò a incontrare il suo Ben, che tra l'altro comparve direttamente nella pièce, ma come voce esterna, visto che Spögler gli telefonò più volte per chiedergli come regolarsi. Il dittatore, spossato, esausto, estenuato, parlò con entrambe per rabbonirle. Esistono pure i suoi virgolettati perché i tedeschi avevano piazzato microfoni ovunque e registravano tutte le conversazioni telefoniche a Villa Fiordaliso.

«Spögler, cercate di tenere il colloquio nei limiti del ragionevole...»

«Spögler, se mia moglie seguitasse a offendere la signora Petacci imponetele di tacere...»

«Spögler, non avrei mai pensato che l'incontro potesse degenerare.»

«Spögler, fate il possibile perché almeno si concluda in maniera corretta.»

Intanto Clara urlava. A un tratto strappò la cornetta di mano al tedesco per riferire al suo Ben queste parole: «È tremendo. Che offese, che calunnie! E dirette non solo contro di me, ma contro tutta la mia famiglia. Ha tentato di aggredirmi!».

Durante il duello, Petacci ebbe un paio di svenimenti mentre Rachele, una volta rientrata a Villa Feltrinelli, tentò di uccidersi. Lo fece però ingerendo una dose risibile di candeggina e per salvarla bastò una banale lavanda gastrica.

Sipario.

Ma spostiamo ora lo sguardo su Eraldo. Cosa poteva aver scatenato quell'implacabile odio impastato con insulti, insinuazioni, sospetti e certezze, mostrato da Clara verso di lui? Difficile in quella prosa torrentizia decifrare la bussola dei pensieri della sempre più filonazista trentaduenne romana, anche perché nell'epistolario dei due amanti nessun accenno a Monzeglio arriva dal Duce. Non certo un caso. Consapevole che ogni sua telefonata fosse registrata e ogni suo spostamento controllato, Mussolini teneva per sé gli argomenti più delicati, riservandosi di parlarne con la favorita unicamente nei suoi incontri *vis à vis*. Incontri nei quali forse nemmeno le diceva dei segreti più pesanti, dalle trattative con gli Alleati alla localizzazione delle risorse finanziarie occultate immaginando un futuro dopo la guerra.

Ma è indubbio che anche la semplice ombra dell'ex terzino rappresentasse un incubo, per l'amante del dittatore.

La certezza viene da un'altra lettera stavolta indirizzata a Buffarini Guidi. Nel definire l'ex calciatore «un pezzente farabutto», Clara implorò così il ministro dell'Interno, un altro che s'inginocchiava davanti alla sensualità di lei: «Fai di tutto perché Monzeglio vada via da qui, che se ci frega il passaggio siamo perduti e allora si fa il patatrac. Quel vigliacco spia maledetto dovrà pagare un giorno».[2]

Cosa sapeva davvero Clara riguardo a Monzeglio? E soprattutto: spia per conto di chi?

Quei bigliettini consegnati al Duce

Se ci sono parole che colpiscono, nel flusso di ricordi che arrivano da Claudio Cimnaghi e che tratteggiano Monzeglio, sono queste: «A Villa Feltrinelli spesso, alla sera, prima che il Duce si ritirasse nella sua stanza per coricarsi, si vedeva questa scena: Eraldo gli si avvicinava e gli dava dei bigliettini, Mussolini li prendeva in mano e, riposti in qualche tasca dopo una velocissima occhiata, se ne andava».

Cosa c'era scritto su quei foglietti?

Il mobiliere comasco non ha dubbi: «I nomi di persone da salvare, da tirar fuori di prigione e da strappare alle condanne a morte».

Dopo un attimo di silenzio stupefatto nel salotto di casa Cimnaghi, pongo subito queste domande a quell'elegante signore che sto intervistando: chi segnalava quei nomi a Eraldo? Forse la Resistenza? Conoscenze calcistiche di vecchia data del calciatore? Magari alcuni contatti con la segretissima «rete

Nemo», l'organizzazione spionistica messa in piedi dagli Alleati e dai partigiani e con impensabili infiltrazioni tra i vertici nazifascisti? Altri settori dell'antifascismo, come quel mondo industriale che dopo l'8 settembre si barcamenava con un piede di qua e un altro di là?

Cimnaghi sgrana gli occhi, allarga le braccia: «Questo non lo so, *me ricordi pu*. O forse Monzeglio non me l'ha mai detto».

Prima di proseguire, inquadrando meglio lo scenario di quei giorni a Gargnano in cui tutti erano consapevoli della fine incombente, va assolutamente ricordato che di quei bigliettini consegnati al Duce dal suo insegnante di tennis parlò anche, sia pure con altre parole, il direttore della «Gazzetta dello Sport» Gino Palumbo in una favolosa intervista-testamento stesa da Enrico Parodi.

Siamo a pagina 36 di un libro dalla copertina rosa, il titolo è *Nove colonne in prima*. Palumbo – che morì per una malattia incurabile il 27 settembre 1987, poco tempo dopo l'annuncio della sua nomina alla direzione del «Corriere della Sera», a cui rinunciò – rievocò quei tempi in cui, giovanissimo cronista assieme ad Antonio Ghirelli, aspettava Monzeglio fuori dagli spogliatoi. Quel mister era «un galantuomo anche se lo avevano visto spesso con i figli del duce». Caffè dopo caffè, la frequentazione gli valse qualche confidenza sui giorni della guerra civile. Palumbo poté così affermare, probabilmente trovando altre conferme, che Eraldo «rimase al fianco di Mussolini fino agli ultimi momenti, e grazie a quell'amicizia aveva salvato molte vite». A riguardo, nient'altro. Nessun nome. Gino forse non glieli chiese, ma è davvero improbabile. Più convincente l'ipotesi che Monzeglio, per come era fatto, non glieli abbia rivelati di proposito. Chissà.

Un altro ricordo viene da Alberto Cimnaghi, il figlio di Claudio, che il terzino se lo ricorda bene: «Era un 2 novembre di qualche anno fa, andai al cimitero di Casale Monferrato per lasciare un crisantemo sulla tomba di Eraldo, quella che lui volle proprio accanto a quella del suo grande amico Umberto Caligaris. A un tratto comparve dietro di me un uomo sui sessant'anni. Mi chiese se conoscessi Monzeglio e risposi di "sì, bene, lo vedevo spesso". Lui mi disse queste testuali parole: "Io no, ma ha salvato mio padre durante la guerra. Sono qui per ringraziarlo". Depose un mazzo di fiori e si allontanò».

Nelle mani del Duce finivano spesso altri foglietti simili a quelli lasciati dal suo «uomo di fiducia». Indicazioni giunte da mille canali, da certi capi della Resistenza che avevano contatti con i fascisti moderati, con curati di campagna e con alti prelati, con federali e podestà che non volevano rogne con i *pistoleros*. Se poteva, Mussolini interveniva per evitare fucilazioni, liberare i prigionieri nelle mani dei tedeschi, mitigare la durezza delle detenzioni e degli interrogatori feroci delle Brigate nere, evitare deportazioni. Indulgenza e clemenza il più delle volte motivate dalla consapevolezza pragmatica di dover spendere crediti a favore degli avversari a un passo dalla vittoria. Nient'altro che un baratto, ti concedo qualcosa ora e tu, magari, mi risparmi più avanti.

Tra i nomi più conosciuti di chi raccoglieva questi elenchi c'era Carlo Alberto Biggini, il ministro repubblichino dell'Educazione nazionale, uomo perbene a cui i partigiani chiesero di salvare diverse vite e per questo mai preso di mira quando sulla sua Aprilia si muoveva sul Garda per spostamenti noti a tutti. Mussolini riponeva in lui una fiducia tale da avergli lasciato copie fotografate del suo archivio, prima della precipitosa fuga verso Como. Carte volatilizzate nei giorni della morte di Biggini per un improvviso tumore al pancreas – da qualcuno ritenuto dubbio, adombrando altri scenari, tipo l'avvelenamento – il 19 novembre 1945.

Poi, Carlo Silvestri, un ex giornalista del «Corriere» che fu implacabile fustigatore di Mussolini al tempo dell'omicidio Matteotti. Per questo finì al confino, avvicinandosi però al Duce durante il periodo della Rsi. Socialista sognatore e utopista, Silvestri incontrò Mussolini a Gargnano almeno una quarantina di volte, raccogliendone le ultime confidenze. Ma per il giornalista milanese quelle visite erano anche l'occasione per consegnare al dittatore liste di gente da graziare e da tirare fuori di prigione. Un'organizzazione umanitaria con un nome preciso, «Croce Rossa Silvestri», che tolse dai guai decine di persone e forse di più: partigiani democristiani, azionisti, socialisti e comunisti, leader di spicco della Resistenza, ebrei.

E, ancora, il ruolo di Arpinati. Alcuni mesi dopo l'incontro del settembre 1943 alla Rocca, di cui si è già detto, Mussolini ricevette in udienza il giornalista Alberto Giovannini, all'epoca direttore del «Carlino». Parlarono di Leandro. «La colpa fu mia. Se non ci fossimo incontrati, sarebbe rimasto un bravo e innocuo anarchico» fu la sprezzante riflessione, riferita alla loro antica amicizia, del Duce, ancora inviperito per il no squadernato alla proposta di un ingresso nel governo della Rsi. Ossessionato da quell'irriverente risolutezza, Mussolini disse, riguardo l'ex ras bolognese: «Si è trasformato in un cattivo fascista e ora è un liberale, in ritardo di cinquant'anni. Mi dicono che treschi coi partigiani. Non so se spera in qualcosa: in tal caso non ha capito niente».

Leandro aveva capito tutto, invece. E su un punto il dittatore era perfettamente informato: Arpinati davvero aveva rapporti poderosi con la Resistenza. A Malacappa, sotto il naso dei tedeschi, aiutava e sosteneva, nascondendoli, partigiani braccati e soldati alleati paracadutati da quelle parti sulla Linea Gotica. Non solo. Continuò a dribblare le insistenti e minacciose richieste delle SS di dare un cenno, almeno formale – come addirittura una possibile passeggiata in centro a Bologna a braccetto con qualcuno con la svastica – di adesione alla Repubblica sociale. Usò, inoltre, la sua influenza presso le autorità fasciste e tedesche in favore di antifascisti e cittadini rastrellati, ottenendone sovente la liberazione.

Quando il 7 agosto 1944 il suo fraterno amico Tonino Spazzoli, partigiano, fu catturato dai nazisti a Forlì, Leandro per cercare di salvarlo si giocò la carta della disperazione, quella di un nuovo contatto con il Duce. Salì in macchina con un altro amico tra i più cari, l'avvocato Giorgio Maccaferri, anche lui attivo nella Resistenza, e partirono a tutta velocità in direzione Gargnano.

In quest'occasione, tuttavia, il Duce mostrò il suo volto maligno e vendicativo. Si rifiutò di ricevere Leandro a Villa delle Orsoline e per Eraldo – è impossibile che Arpinati non si fosse rivolto proprio a lui per favorire l'incontro, o che perlomeno non gli fosse arrivata un'eco – quel «*niet*» risultò di certo umanamente lacerante e lo obbligò a guardare la guerra civile da un'altra prospettiva.

Privato di ogni possibilità di salvezza, Spazzoli, che già aveva perso il fratello appeso dai repubblichini a un lampione a Forlì con altri partigiani, non evitò la morte, che arrivò tra atroci torture. Lo stesso Maccaferri, la notte del 22 novembre, fu preso dalle Brigate nere assieme all'industriale Francesco Pecori, al medico Pietro Busacchi e all'avvocato Alfredo Svampa. Li trascinarono in strada e li finirono con dei colpi alla nuca.

Attorno a Gargnano c'era anche, se non soprattutto, un mondo di spionaggio incorniciato in un complesso e incomprensibile gioco di specchi ed equilibri, che passava sopra la testa di Mussolini. Con la moglie Rachele, davanti al lago in una sera di normalità, lui stesso ammise: «Se solo volessero, potrebbero togliermi di mezzo con estrema facilità». Una riflessione riferita al fatto che i bombardieri alleati non avevano mai picchiato duro su Villa Feltrinelli.

Quanto agli accenni alla presenza delle spie americane e inglesi sul Garda, e anche di emissari inviati da Roosevelt e Churchill, sono tutti di fonte repubblichina e considerati con la dovuta cautela dagli storici.

Ma l'elenco è lungo e comincia con la consorte del Duce, che fece addirittura dei nomi, tra cui quello di un certo Edward Como, un cameriere dall'aspetto «innocuo e banale» e che invece era uno 007 dell'Oss. Fu ancora donna Rachele a rivelare dei contatti tra suo figlio Vittorio e l'intelligence Usa finalizzati alla possibilità di salvare il padre. Poi il ruolo misterioso di Virgilio Pallottelli, un ufficiale pilota affascinante e «mattacchione», fratello di Duilio, il grande fotografo che divise la sua vita professionale con Oriana Fallaci, e soprattutto figlio di Alice De Fonseca, un'italobritannica che, in gioventù, fu nello stesso tempo amante del Duce e di Gabriele D'Annunzio. Nel maggio 1943 Pallottelli fu fatto prigioniero dagli inglesi dopo che un'avaria a bordo del suo aerosilurante lo obbligò a un miracoloso ammaraggio d'emergenza davanti ad Annaba, in Algeria. Chissà come, e chissà con che ruolo, otto mesi dopo era di nuovo nell'Italia del Nord, probabilmente sbarcato da un sommergibile della Royal Navy davanti a Riccione.

Ricomparve addirittura a Gargnano. Nelle sue udienze, Mussolini – nel frattempo tornato a vedere pure sua madre, provocando le ire di Clara: «guarda che io non sono la Pallottelli...» – lo ricevette almeno una ventina di volte, affidandogli incarichi speciali non dissimili da quelli assegnati a Monzeglio: staffetta, 007 privato, consigliere, ispettore presso i reparti in prima linea. Nelle ore drammatiche di Dongo, il tenente pilota, che aveva anche la responsabilità dei due *Sparvieri* sempre pronti al decollo all'aeroporto di Linate, fu preso dai partigiani e rinchiuso al carcere San Donnino di Como. Riuscì però a salvarsi dalla fucilazione e chissà se non fu per un intervento del Secret Intelligence Service. Dopo la guerra, si vide spesso sul lago con una giovanissima Virna Lisi, sua fiamma dell'epoca, sulle tracce dei documenti che Mussolini aveva portato con sé.

Di trattative segrete con il nemico scrisse anche Ermanno Amicucci, al tempo della Rsi direttore del «Corriere della Sera» nominato direttamente dal Duce, che riferì di incontri con delegazioni alleate in una villa nel Bresciano. Incontri che durarono sei giorni, tra il 10 e il 15 luglio 1944, e ai quali Mussolini si presentò da solo, alla guida di una Balilla. E ancora: ci furono tesi colloqui con emissari britannici secondo Sergio Nesi, ufficiale della X Mas, e l'addetto alla sicurezza del Duce Pietro Carradori. Questi, al pari del sottosegretario al Minculpop Alfredo Cucco, ricordò che al lago d'Iseo, esattamente sull'isola di San Paolo presso la villa dell'industriale Carlo Beretta, di incontri ce ne sarebbero stati altri.

Ma proprio sul nome di Beretta, quello del più grande costruttore di armi in Italia e uno fuori di testa per il calcio, bisogna ora soffermarsi per un po'. Anche perché da qui in poi il cammino di Eraldo in quei drammatici giorni tra il crollo della Rsi e la Liberazione si snoda sempre più sul crinale della spericolatezza, come in un canovaccio tra l'*action movie* e la *spy story*.

A chiedergli del *siòr* Pier Carlo Beretta, per tutti «Carlino», Claudio Cimnaghi s'infiamma d'entusiasmo. «Ma certo, era uno di quelli salvati da Monzeglio» sbotta, quasi sollevandosi dalla poltrona. Poi racconta di quando – ma saremo già negli anni Settanta – andò con il terzino a trovarlo nel suo ufficio a Gardone Valtrompia, il borgo nelle Prealpi bresciane che dal 1526, da quando vennero costruiti i primi archibugi, vive di tutto ciò che ruota attorno alla produzione di schioppi da caccia, pistole, fucili e mitra.

Beretta, che a lungo fu il presidente del Brescia Calcio e, dal 1951 al 1953, addirittura commissario tecnico della Nazionale in «commissione» con gli ex azzurri Combi e Peppin Meazza, «abbracciò forte Monzeglio e poi, più tardi quando ci salutò, ci regalò una doppietta a testa».

Quanto all'arresto di Carlino da parte delle SS, andò così.

Che Beretta, al pari di suo fratello Giuseppe, fosse un uomo che sapeva come stare al mondo è indubbio. Da una parte era in affari con i nazisti, vendendo armi in quantitativi colossali. Dall'altra sosteneva la Resistenza e a dirlo fu proprio Carradori, il già citato bodyguard del Duce, che nelle sue memorie raccontò di aver ricevuto in regalo un mitra corto con incisa in argento «la M mussoliniana. Quella volta lo ringraziai. Non potevo immaginare che con altrettanta generosità rifornisse di mitra e pistole i partigiani».

I modi per sostenere la Resistenza erano tanti. Carlino consegnava semiautomatiche e Mab direttamente o indirettamente ai garibaldini, chiudendo magari un occhio quando questi in fabbrica davano il via ai loro «prelievi», allestendo come su un set finti attacchi commando di cui l'industriale era stato preventivamente informato. In sostanza, erano vere e proprie messe in scena con il fine di depistare le SS e servivano per assegnare il ruolo di «vittima» all'armaiolo, che invece era una sorta di complice.

Erano comunque imprese rischiosissime, va detto, visto che la produzione di pistole e mitra era finita sotto lo stretto controllo dei tedeschi, che presidiavano gli impianti con guardie armate sino ai denti.

Ma il *siòr* Carlino, peraltro spesso in visita a Villa delle Orsoline, era anche un padrone che amava dividere lo spogliatoio con i suoi – giocava regolarmente a pallone con gli operai, pure in guerra – e per questo risoluto nel difendere le sue maestranze dalle vessazioni dell'organizzazione Todt, quella che schiavizzò l'Europa sotto il tacco di Hitler per mandare avanti la produzione bellica. Al primo bombardamento che sfiorò la fabbrica, consentì a tutti non solo di correre al riparo, com'era ovvio, ma pure di stare a casa per un certo periodo, anche perché era davvero pericoloso girare per utensilerie e reparti con le Fortezze volanti sopra la testa. Queste «interruzioni del lavoro durante gli allarmi», unite a ritardi in altre importanti progettazioni, gli valsero l'accusa di «sabotaggio alla produzione» da parte delle sospettosissime SS, che già lo tenevano sotto tiro per quelle tresche con i partigiani.

Gli imbufaliti tedeschi fecero scattare l'arresto il 22 agosto 1944 quando vennero a sapere che era stato appena lavorato un lussuoso lotto unico di venti Beretta 34 dalle finiture degne di Benvenuto Cellini. Erano pistole trasformate in gioielli con incisioni dorate, monogrammi, corone, intarsi in madreperla. A volerle furono con ogni probabilità i gerarchi più importanti della Rsi, smaniosi di mostrare uno status symbol in quei giorni del loro effimero potere. Ma per le SS le ore dedicate dai cesellatori della Beretta a quelle armi erano state tutte sottratte a quelle necessarie alla produzione dei moschetti semiautomatici, ben più risolutivi per l'esito della guerra. Mancanza imperdonabile.

Il *siòr* Carlino fu così arrestato. E se dopo venti giorni venne liberato fu grazie, secondo Cimnaghi, all'intervento di Monzeglio, che si prodigò con il Duce, a sua volta interceduto con le SS, forse addirittura con il loro capo supremo in Italia, Karl Wolff, spendendo l'esiguo potere che gli era rimasto.

Chi chiese a Eraldo di adoperarsi per Beretta?

Si può supporre un avvertimento da parte di qualche fascista preoccupato per l'industriale. Ma è altrettanto probabile una sollecitazione dagli stessi garibaldini della Valtrompia. O addirittura la chiamata di un altro gardonese, il portiere azzurro Giuseppe Peruchetti, amico del terzino, come abbiamo visto in precedenza, dai tempi delle convocazioni di Pozzo e a sua volta assai vicino al *siòr*, tanto da allenare, ma dopo la guerra, le sue squadrette aziendali nei campionati minori. Per i tifosi era la «Pantera nera», il soprannome che gli aveva dato il giornalista Nino Nutrizio quella volta che scrisse di «uno scattante e vigoroso estremo difensore che para l'imparabile». Anche Peruchetti era un partigiano e quasi certamente è quello a cui si riferisce Cimnaghi accennando a «un portiere salvato da Monzeglio».

L'anziano mobiliere non riesce a ricordare altro. Ma è sufficiente. La memoria di Claudio ancora una volta si muove come una palla da bowling che centra uno strike. Trovare la conferma di questo flash è stato incredibilmente semplice. È bastato inoltrare una richiesta di ricerca – con queste parole chiave: «Monzeglio» e «Peruchetti» – a Cristina Bariani, a lungo responsabile del possente archivio Rcs, che custodisce la memoria del «Corriere della Sera» e della «Gazzetta dello Sport». Dalle carte digitalizzate inviate nella risposta è spuntata a sorpresa una dirompente e decisiva svolta in questa storia, tra pallone e guerra civile.

Prepariamoci. Si decolla verso la Liberazione.

Bepi Peruchetti, il portiere partigiano

Prima di planare al 25 aprile di Monzeglio e ai giorni dell'insurrezione, concediamoci un salto in avanti nel tempo. Arriviamo al 31 gennaio 1987. Era un sabato, vigilia della sedicesima giornata del campionato di Serie A il cui calendario avrebbe proposto l'indomani un Brescia-Inter piuttosto importante per la classifica. I nerazzurri di Giovanni Trapattoni speravano ancora nello scudetto, agguantato invece dal Napoli di Maradona. Quanto alle rondinelle di Bruno Giorgi, coltivavano l'obiettivo, non raggiunto, di evitare la retrocessione.

La «Rosea» mandò a Brescia un giovane inviato, Xavier Jacobelli, ventisettenne destinato a una gran carriera, a intervistare Giuseppe Peruchetti. Il portiere era infatti un «doppio ex» avendo giocato, negli anni Trenta, in entrambe le squadre lombarde. L'articolo che ne venne fuori è custodito nell'archivio Rcs a cui abbiamo accennato poco fa.

L'appuntamento fu a metà mattinata presso lo storico caffè Principe, in centro. Il Bepi, che veleggiava verso gli ottant'anni, disse: «Gli ho insegnato ad andare a dormire presto», parlando di Evaristo Beccalossi, a fine carriera tornato a giocare proprio con i bresciani e proprio nella sua città. Poi si chiese come facesse Nils Liedholm a sopportare Silvio Berlusconi, che già spadroneggiava negli spogliatoi dettando la sua formazione al Milan, e si mostrò fiducioso nel rivedere in quell'Inter trapattoniana lo spirito battagliero della sua vecchia Ambrosiana.

Ma, a un tratto, Xavier deviò dalle domande sul calcio. Incalzò e stimolò Peruchetti sul suo passato, cavandogli di bocca verità che non aveva mai raccontato a nessuno. Ovvero i suoi trascorsi da partigiano. Pur gioviale, anzi ciarliero e burlone, in famiglia Giuseppe ne aveva sempre parlato pochissimo e malvolentieri, la stessa ritrosia pudica di tanti altri reduci di guerra, internati in Germania, ex prigionieri dei russi e degli Alleati. Lo stesso riservato silenzio di donne e uomini sopravvissuti alla Shoah. Sempre il medesimo, il motivo: troppo doloroso, se non sconvolgente, il ricordo di ciò che avevano visto e subìto.

Bepi cominciò così: «Lasciai Brescia per Milano nel 1936 e nel 1941 passai alla Juve. Poi la guerra spazzò via anche il calcio. Sfollato ad Alba con i bianconeri, venni arrestato dai fascisti e condannato a morte perché accusato di fornire armi ai partigiani.

Per nove mesi rimasi nelle carceri Nuove di Torino. Le settimane passavano nell'attesa di una fucilazione annunciata alla quale riuscii a scampare per miracolo».

E adesso il colpo di scena, pazzesco, da immaginare con un piano sequenza di Spielberg: «Ricordo che nei giorni della Liberazione bussarono alla mia cella e intimarono: "Preparati". Pensai: ecco, ci siamo, stavolta vado a morire». La macchina da presa segue il portiere che attraversa i bracci della prigione, lo riprende nello scendere le scale a passi lenti, ne inquadra il volto che incarna gli ultimi istanti di vita e poi l'inquadratura si allarga «fuori. Dove invece c'era Eraldo Monzeglio. Mi disse: "Bepi, sei libero", poi Eraldo mi abbracciò piangendo. All'esterno ci aspettava una macchina del Comitato di liberazione nazionale. L'aveva mandata Ferruccio Parri».

Insomma: lì a pagina 4 della «Gazzetta dello Sport» appariva una notizia che con il senno del poi e a rileggerla trentasette anni dopo da un'altra prospettiva, più storiografica che non giornalistica, e tra sorpresa ed emozione, è ora sbalorditiva. Incorniciato nero su bianco in un «fogliettone» basso – l'apertura in alto a nove colonne era dedicata a un'ennesima lite tra gli argentini Passarella e Maradona – c'era scritto, in sintesi, che l'uomo di fiducia del Duce, anzi l'addetto agli incarichi speciali, attorno al 25 aprile era andato a Torino per liberare un partigiano.

Un blitz, tra coraggio e pathos, scattato in piena «zona Cesarini», poco prima che spedissero il portiere juventino davanti al plotone d'esecuzione. Un blitz dove a un certo punto Eraldo tirò fuori dalla tasca, e non può essere andata diversamente, un pesantissimo lasciapassare del Cln grazie al quale si allontanarono con un'auto messa a disposizione da uno dei leader della Resistenza che di lì a poco sarebbe diventato il primo presidente del Consiglio dell'Italia liberata.

Da Mussolini a Parri, che incredibile sgroppata sull'out, quella di Monzeglio.

Prima di proseguire raccontando come il Bepi venne arrestato, bisogna chiarire che non esistono tracce documentali che aiutino a individuare Eraldo tra l'ultimo incontro con il Duce, il 19 dicembre 1944 in udienza ufficiale, e la sua comparsa davanti alle Nuove di Torino in quei giorni attorno al 25 aprile 1945 (stando alla testimonianza del portiere). In mancanza di altri riscontri, in quei quattro mesi di buio è possibile immaginare Monzeglio accanto a Vittorio Mussolini. Questi, proprio in quel lasso di tempo, decise, dopo aver messo al sicuro la famiglia a Como, di trasferirsi a Milano «con alcuni amici» che come lui pensavano che la «città lombarda sarebbe stata l'ultima tappa del nostro lungo peregrinare».

Ma forse Milano era più rassicurante – sono ipotesi – anche perché vicina alla Svizzera, approdo di salvezza in caso di improvvisi uragani e teatro delle ultime disperate mosse repubblichine per restare a galla, a partire dai segnali lanciati dai fascisti verso i settori della Resistenza più propensi al dialogo.

C'è però dell'altro. Molto altro. È ancora Federico Fubini a collocare con precisione Vittorio a Milano, il 16 aprile 1945. Vi comparve, in uno scenario da «prendi i soldi e scappa», dopo aver estinto un conto presso la filiale di Verona della Banca d'Italia, portando con sé, tra operazioni varie, cinque milioni di lire (un potere d'acquisto tra i dieci e i venti milioni di euro). Erano i soldi accreditati sul conto 846, una somma rimasta praticamente intatta dopo che a Roma, l'8 ottobre 1943, venne consegnata al figlio del Duce da un funzionario della Banca centrale. Il 23 aprile 1945 sarà invece sua madre Rachele a depositare nella sede comasca della banca – a raccontarlo stavolta è lo storico Gianfranco Bianchi – un milione e ottocentoventitremila lire. Contante che successivamente la previdente e furba *arzdora* pretese e ottenne «con l'appoggio degli Alleati».

In un appunto conservato nello sconfinato archivio donato da Bianchi all'Università Cattolica, dove tra l'altro lo storico insegnò, è annotato anche l'ammontare del *cash* che la moglie del Duce avrebbe portato con sé nel tentativo, non riuscito, di espatriare in Svizzera in quei giorni. Erano molti milioni di lire, una confidenza giunta da un alto ufficiale della Guardia nazionale repubblicana che era con lei. In questo caso lo scrupolosissimo storico non ne scrisse nei suoi libri forse perché non trovò le conferme.

Movimenti che, comunque, chiariscono come i passi della famiglia Mussolini, in vista del crollo, fossero stati predisposti con attenzione da tempo. In sintesi: depositando al sicuro danaro degli italiani con cui assicurarsi la fuga. Danaro che, non è escluso, fu forse barattato con la salvezza in occasioni diverse. Quanto a Eraldo e ai suoi «incarichi speciali», non è improbabile che il terzino fosse tra quei componenti della famiglia del Duce che fin dall'autunno 1943 erano stati visti fare avanti e indietro da Bellinzona, dove portavano casse e bauli in un istituto religioso.

Ma la sorpresa arriva ora.

Di sicuro il terzino aveva buoni contatti con le guardie di frontiera al confine di Chiasso alle quali, allo scopo di rabbonirle per un motivo o per l'altro, regalava sacchi di riso recuperati durante le sue periodiche visite alla famiglia, a Casale. Qui un giorno fu raggiunto da Leonino Montiglio, l'amico delle partite da bambini in piazza Dante ed ex ala nerostellata, che lo supplicò di aiutare a espatriare un ebreo, Anselmo Sacerdote. Questi era un docente di Medicina che aveva perso la cattedra all'Università di Torino a causa delle leggi razziali. Era riparato nel Monferrato dopo essere stato internato, con altri antifascisti ed ebrei, nelle Marche, nei campi di Urbisaglia e di San Severino. Il provvedimento venne revocato nel gennaio del 1941 e Sacerdote cercò allora una dimora in un posto più tranquillo, a Casale.

Ma per lui tirava ancora una brutta aria. La prefettura di Alessandria gli aveva fatto portare via il mobilio di casa e i fascisti si presero pure un pianoforte. Una spoliazione, più che un sequestro. L'arresto pareva imminente e per salvare il professore c'era da sbrigarsi. Monzeglio non esitò un istante e «portò a termine la missione» scortando Sacerdote in Svizzera. In seguito fece lo stesso, «impegnandosi più volte» in altri «espatri clandestini».[1] Insomma, Mussolini perseguitava gli ebrei ma il suo «uomo di fiducia» si adoperava per portarli oltreconfine. Salvandoli dalla deportazione nei lager.

Per comprendere le ragioni del suo prodigarsi, stiamo a quanto spiegò lui stesso, sempre con quelle sue parole *naïf*, allo storico Idro Grignolio durante una cena con certe vecchie glorie della squadra nerostellata. «Si cerca per tutta la vita di non far del male a nessuno» fu lo sfogo «e anzi si cerca di fare del bene a tutti, anche agli sconosciuti... Ma è difficile far credere al prossimo che certe cose si facciano senza alcun interesse personale.»

Nel frattempo a Berna, lo abbiamo già detto, Allen Dulles, oltre a incontrare Edda per recuperare i diari del marito, stava corposamente proseguendo le trattative con Dollmann, Wolff e il plenipotenziario tedesco nella Rsi Rudolf Rahn per concludere l'«operazione Sunrise», ovvero la resa separata in Italia dei tedeschi all'insaputa di Hitler. Monzeglio non entrò in quei colloqui segretissimi che investivano solo i nazisti, è ovvio: però la possibilità che in quei mesi avesse avuto dei contatti con gli 007 dell'Oss o dell'Intelligence Service è davvero da prendere in considerazione, come vedremo a breve.

Ecco intanto come andò l'arresto del portiere bianconero, ex Ambrosiana-Inter. Secondo le voci a Gardone Valtrompia, Peruchetti, partigiano nella seconda divisione Langhe con il nome di battaglia di «Beppe», dopo aver caricato in macchina armi ed esplosivi presi direttamente dal *siòr* Beretta, si diresse ad Alba. Qui, nel frattempo, oltre a esservi sfollato con la Juve, aveva incontrato in un campo da tennis la Gloria, solida e affascinante compagna della sua vita, sposata il 25 giugno del 1945. Fu un colpo di fulmine. Lei lo vide a torso nudo, col fisico formidabile, che correva trascinandosi due sacchi. Un amore che durò tutta la vita. Quando gli amici li vedevano ballare alla trattoria del Frio sulle note di *Piemontesina bella* non potevano fare a meno di pensare che quei due fossero una coppia favolosa. Tra i biglietti d'auguri alle nozze, quello di Beppe Fenoglio, il partigiano Johnny, immenso romanziere della Resistenza, anche lui nella Langhe, la formazione badogliana che aveva i contatti più stretti con l'Oss e con il Soe britannico, ovvero lo Special Operations Executive, l'unità speciale dei coraggiosissimi 007 alle dirette dipendenze del «master & commander» Winston Churchill.

Dopo i celeberrimi ventitré giorni in cui Alba fu territorio libero grazie ai partigiani, i fascisti la riconquistarono nel dicembre 1944. Per mostrare un tangibile segno di padronanza, organizzarono un torneo di calcio tra giocatori della Rsi e quelli dell'Albese.

Bepi, sicuramente informato di quelle sfide, fu catturato prima di Natale, di certo dopo una delazione. Fu preso dai repubblichini a Treiso, sempre nelle Langhe, assieme a Mario Fontani, un dirigente della squadra. Capo d'accusa era quell'esplosivo prelevato dal *siòr* Beretta, che serviva per una strage di fascisti durante la partita. Peruchetti fu torturato, ma non disse una parola. Dopo che il tribunale speciale lo condannò a morte, fu portato alle Nuove per l'esecuzione, rinviata di continuo.

Chi intervenne in suo soccorso?

Molto fu fatto dalla Fiat di Vittorio Valletta e dalla Juve. Si favoleggia addirittura di una telefonata di Gianni Agnelli, che intanto era al Sud, nell'esercito badogliano, ufficiale di collegamento nello staff di Umberto II. Più probabile un intervento di Piero Dusio, il presidente bianconero, se non persino di Pozzo, operativo, come già accennato, con la Resistenza nell'organizzazione Franchi di Edgardo Sogno, l'avventuriero liberale in stretto contatto con Ferruccio Parri. Il futuro presidente del Consiglio, nome di battaglia «Maurizio», era stato arrestato dalle SS il 2 gennaio 1945 a Milano. Dopo essere stato torturato, e dopo che per un soffio non fu liberato da Sogno nel corso di un coraggioso ma fallito blitz, fu rinchiuso a San Vittore. Ne uscì a marzo, riprendendo il suo ruolo di leader partigiano, grazie a un'espressa richiesta di Allen Dulles che, per proseguire la complessa «operazione Sunrise», pose a Wolff e a Dollmann la condizione, come gesto di buona volontà, del rilascio di «Maurizio».

Se fosse stato davvero il Commendatore ad avviare la pratica per la scarcerazione del Bepi, si potrebbe in qualche modo spiegare, nell'intervista sulla «Gazzetta», quel riferimento a Parri, forse con un ruolo importante, e magari proprio per il tramite della Franchi, nel rilascio dello juventino per cui si adoperarono i massimi vertici della Fiat. Nient'altro che un'ipotesi, è chiaro. Un'ipotesi a cui, però, seguì una certezza: quella dell'intervento di Monzeglio, uno che, stando ai ricordi tramandati dalla famiglia Peruchetti, stava «un po' di qua e un po' di là».

Una specie di terzino fluidificante, si direbbe oggi: un po' in difesa con il Duce e un po' in attacco con la Resistenza.

In automobile attraverso l'insurrezione

Una folle corsa in auto, accelerando e rallentando in mezzo ai sussulti dell'insurrezione che divampava. Eraldo avrebbe potuto dire con orgoglio di aver aggiunto anche quest'esperienza allo sconfinato albo d'oro della sua vita.

A pensarci, adrenalina come prima del fischio d'inizio, come quando doveva affrontare e marcare campioni, Peppin, Sindelar, Sárosi. In campo, sino a quando aveva giocato, ogni istante era con il rischio che qualcuno gli sfuggisse con un dribbling. Ma lì, in quelle ore tremende di fine aprile del 1945, ogni istante era a rischio della vita, dietro ogni curva un pericolo, dietro le case e le campagne il terrore di un agguato, da ogni finestra la paura di veder spuntare un fucile, un cecchino. Qui e là il crepitio delle raffiche, le sagome minacciose di carri armati e autoblindo, le facce torve dei soldati dietro alle mitragliatrici ai posti di blocco, che al vederle era il terrore.

Quella di Monzeglio fu una folle corsa in due tappe, concluse in un paio di giorni, tre al massimo. Parlassimo del Giro d'Italia, la prima sarebbe la Torino-Milano, circa centocinquanta chilometri. E la seconda, la agile Milano-Como, poco più di una cinquantina, il percorso di una cronometro da fare con i polmoni in apnea e trovando le energie grazie all'incoraggiamento dei tifosi entusiasti sulla strada.

Ma quella volta non si trattò di una festa dello sport. Era invece la battaglia definitiva della guerra civile, la resa dei conti tra chi voleva liberare l'Italia dal fascismo e chi nel fascismo ci credeva.

A guardare oggi su Google Maps quei due itinerari, si stenta a credere all'impresa, anzi alla missione impossibile, del terzino azzurro. Oggi in treno ci vorrebbero non più di un'ora e quaranta minuti tra Tav e regionali e in macchina un paio d'ore. Se si pedalasse sulle placide ciclabili che si snodano da quelle parti, sarebbe una scampagnata meravigliosa.

Ma settantanove anni fa si trattò di una pazzia a metà tra un romanzo di John le Carré e uno di Ian Fleming. Lo si deduce andando a ricomporre quel tragitto e quei momenti, ai limiti dello stupefacente, con ciò che disse il Bepi a Xavier, con le storie custodite dalla famiglia Peruchetti, con gli incredibili ricordi di Claudio Cimnaghi e con certa, strepitosa, memorialistica repubblichina.

Tutto, però, indica un unico punto cardinale: quello della voce della coscienza di Eraldo, pronto a rischiare la vita se lo avesse ritenuto doveroso. O meglio, giusto e sacrosanto.

Lo start fu alla mattina della scarcerazione del Bepi, una data difficile da collocare con esattezza ma di poco precedente, forse addirittura solo di qualche ora, al 25 aprile. Mentre Torino si stava preparando ad affrontare il corpo a corpo per la Liberazione, Eraldo si congedò quasi subito dallo juventino lì in strada, all'ingresso delle Nuove, il carcere che appena due giorni dopo, nel racconto di Pietro Secchia, il vice dell'indiscusso regista dell'insurrezione Luigi Longo, vide un singolare «cambio di ospiti»: fuori i partigiani e dentro i fascisti.

Possiamo immaginare il portiere, in lacrime per la gioia, guardare sbalordito Eraldo che stava già andando via: «Ma adesso dove devi correre?».

Possiamo immaginare anche la risposta, sbrigativa: «Non serve che te lo dica. Ciao, Bepi!».

Una volta salito in auto, Monzeglio si diresse verso l'autostrada Torino-Milano che da circa un mese era sotto il controllo dei garibaldini. Mentre tutto il Nord s'incendiava, con gli Alleati che salivano verso il Po e i partigiani che scendevano dalle Alpi, arrivò a Milano, che intanto stava insorgendo. Una temeraria volata da kamikaze, la sua, da considerare impensabile, anzi improponibile, visti i posti di blocco sia della Resistenza alle porte della città, sia dei fascisti asserragliati tra strade e piazze all'interno. Ma una volata con un pertugio in cui infilarsi sgomitando tra gli sprinter, se in tasca il terzino avesse avuto un paio di lasciapassare: uno del Cln e un altro della Rsi.

Non sappiamo se Eraldo disponesse di entrambi i documenti, però un'indicazione in questo senso, anzi una certezza, viene da Cimnaghi, che la sera del 25 colloca Monzeglio da Vittorio Mussolini. A Milano «erano assieme». Vittorio nel pomeriggio aveva salutato per l'ultima volta il padre, in prefettura a corso Monforte, furibondo dopo aver appreso, nel drammatico incontro di poco prima in arcivescovado con il cardinale Ildefonso Schuster e con il Cln Alta Italia, che i tedeschi stavano per arrendersi senza aver avvertito gli alleati della Repubblica sociale, condannandola così all'evaporazione.

Arrivato nel rifugio del figlio del Duce, in zona Cordusio, i due non persero un istante e quella stessa sera partirono per Como – l'idea era quella di ricongiungersi con la colonna dei gerarchi già in fuga – assieme a Orio Ruberti, il fratello della moglie di Bruno.

Secondo Cimnaghi il terzetto, visto che la strada per il lago era del tutto insicura, s'industriò con un curioso stratagemma, «sistemando in qualche modo due materassi sull'auto». In caso di controlli a un posto di blocco della Resistenza, avrebbero candidamente detto che erano sfollati alla ricerca di un luogo dove passare la notte. Andò proprio così, e quella trovata funzionò. L'auto fu davvero fermata, tra il terrore dei tre a bordo, a un check-point in prossimità di Como.

Risolutivo fu il pallone. I partigiani non riconobbero il figlio del Duce, che forse aveva documenti falsi, e salutarono invece con entusiasmo il campione del mondo, lasciandolo tranquillamente proseguire con gli altri due.

L'arrivo sul lago è descritto da Vittorio in quella parte delle sue memorie che è credibile e non reticente. Un racconto in prima persona: «Verso le 21 giunsi alla Prefettura. Molte automobili impedivano l'accesso al cortile, mio padre era già arrivato da una ventina di minuti e aveva preso alloggio nell'appartamento del prefetto [Renato Celio, l'ultimo di nomina repubblichina, N.d.A.]. Vista la confusione, decisi di andare a mangiare un boccone e a riposare in una villetta dove, da alcune settimane, abitava la mia famiglia. Mi accompagnarono i miei cugini Vito e Vanni Teodorani e alcuni amici».

All'indomani, il 26, tutti i fascisti a Como si accorsero stupefatti che il Duce, senza avvisare nessuno, era sparito già dall'alba, avviandosi con la colonna in direzione alto lago, verso Menaggio. Ecco ancora le sorprese parole del figlio: «Chi diavolo aveva consigliato a mio padre di allontanarsi da questa città calma, dove nella notte erano affluite forze sufficienti per resistere agli eventuali attacchi dei partigiani?». Domanda che ancora oggi non trova una chiara risposta.

Forse si scelse quella soluzione nella speranza di arrivare in Svizzera, le cui autorità, però, da tempo avevano fatto sapere di non voler aprire la porta agli scomodi questuanti.

Forse l'attesa di un «gancio» con americani e inglesi.

Forse nulla di tutto questo, forse solo disperazione.

Forse, chissà.

Fatto sta che nel pomeriggio la prefettura cominciò ad affollarsi di gerarchi e rappresentanti del Cln comasco, tutti armati sino ai denti ma senza troppa voglia di guerreggiare, preferendo intavolare un primo assaggio di trattative. A un tratto tra i corridoi comparvero pure due 007 italiani che lavoravano per gli Alleati. Uno era un capitano di fregata della Regia Marina, Giovanni Dessy, agente segreto del Sim (Servizio informazioni militari), che aveva un ruolo importante, ma lo si seppe poi, nella rete Nemo, l'organizzazione spionistica angloamericana che, con la Resistenza, aveva penetrato in modo impensabile i vertici nazifascisti. L'altro si chiamava Salvatore Guastoni, era un agente di borsa milanese con appoggi in Svizzera e che nel ricordo di Vittorio Mussolini si qualificò come «membro dell'Oss americana».

Non erano millanterie, Guastoni era veramente un uomo di fiducia di Allen Dulles. Era stato inviato sul lago – come Dessy, anche lui con credenziali Oss – per mettere le mani sul Duce prima che ci riuscissero gli altri, in primis il commando partigiano spedito da Longo e agli ordini di Aldo Lampredi e Walter Audisio.

Ma è a questo punto che Vanni Teodorani – un giornalista affermato, a cui abbiamo già accennato, che aveva sposato la figlia del fratello di Mussolini e che a Gargnano rivestiva il ruolo di capo della segreteria militare – nelle sue stuzzicanti memorie pubblicate solo nel 2014, cinquant'anni dopo la sua morte, ritrae Monzeglio in tre brevi righe esplosive.

Un altro colpo di scena: lì in prefettura c'era anche «il fido Eraldo che dava gran pacche sulla schiena di un liberatore, ma terrestre questo e indigeno per di più». Quel «liberatore» era appunto «un certo Guastoni, da molti anni agente dell'Intelligence Service».

Una micidiale istantanea – o meglio, una sorta di «pizzino» postumo perché scritto nel 1947 da Teodorani – che collocava il terzino tra gli affollati cortili, scalinate, uffici e corridoi dell'elegante palazzo seicentesco in via Volta che ancora oggi ospita la prefettura. La prosa di Vanni è elegante, divertita, allusiva, talvolta volutamente criptica. Ricorda tanto quella del giornalista Mino Pecorelli, il direttore del settimanale «Op» assassinato nel 1979 perché al centro dei mille torbidi segreti della Prima repubblica, nata anche in quelle ore drammatiche a Como. Ma soprattutto, è pur vero che con quel giro di parole Teodorani introduce una singolare e forse precedente confidenza con Monzeglio, quella evocata da quelle «gran pacche sulla schiena» con l'inviato di Dulles.

Se fosse stato proprio così, a quando sarebbe risalita la conoscenza con lo 007 dell'Oss? E dove si sarebbero incontrati? A Gargnano? A Milano? Forse in Svizzera?

A quasi ottant'anni da quelle vicende, il ruolo e la figura di questo agente segreto continuano a essere un mistero. Di lui si sa solo che nella Grande Guerra fu capitano degli alpini e ardito. Poi si laureò in Legge. Sino al 1938 aveva operato a piazza Affari e sul finire della guerra fu reclutato da Oss 809, ovvero Donald Jones, il capostazione dello spionaggio Usa in Canton Ticino. Stando alle carte degli archivi Cia, l'italiano «conosceva molto bene la situazione di Como e provincia» grazie anche a un lasciapassare tedesco che gli consentiva di spostarsi agevolmente alla frontiera elvetica. Un appunto di Gianfranco Bianchi, che raccolse le confidenze del commendator Vismara, il titolare del noto salumificio in Brianza dove Guastoni aveva un incarico di copertura, descrive lo 007 come «intrinseco dei tedeschi con i quali sapeva fingere nel modo più convincente. Poi si volse agli americani». Dopo molte insistenze, Bianchi riuscì a procurarsi un incontro – la data è imprecisata, ma fu più o meno nella metà degli anni Sessanta – con l'agente segreto a Milano, in corso Matteotti, presso la «Sartoria Rossi, in realtà una sede del Sifar», la denominazione dell'allora servizio segreto militare italiano. Stop, nient'altro.

Non è escluso, ma siamo sempre nel campo delle ipotesi, che fosse proprio quello riguardante Guastoni uno dei riferimenti di cui scriveva Clara Petacci in quelle sue lettere a Ben piene di insulti nei confronti di Monzeglio, «la spia» di cui «so anche dell'altro». È probabile, e pure questa è un'ipotesi, che il Duce sapesse perfettamente di quei contatti che Eraldo aveva coltivato, di certo con la Resistenza e assai probabilmente con i servizi segreti alleati. Contatti non diversi da quelli che verosimilmente aveva il pilota Virgilio Pallottelli e che avrebbero potuto essere utili allo stesso Mussolini in quella fuga disperata prima della cattura a Dongo. Contatti di cui aveva ritenuto di non dire nulla a Clara, avendo la consapevolezza della sua nociva vicinanza ai nazisti.

Quanto alle certezze, secondo il prefetto Celio e certe carte desecretate degli archivi della Cia, proprio quel pomeriggio del 26 aprile «ci fu un colloquio tra Guastoni e Vittorio Mussolini per trattare l'eventuale consegna del Duce e del suo seguito al comando americano».

Il resto sono fatti elencati uno dopo l'altro. In serata venne concordata, e sempre con un ruolo decisivo di Dessy e Guastoni, quella che suonava come una resa, in vigore dal mattino successivo, quando sarebbero scattati quattro giorni di tregua durante i quali i fascisti avrebbero raggiunto la vicina val d'Intelvi, considerata zona franca, per avviare la smobilitazione. Per Mussolini era previsto che qualcuno, già dall'indomani, dovesse provare a raggiungerlo per convincerlo a spostarsi sempre lì nella valle, aspettando gli angloamericani. A garantire l'accordo, ma chiedendo il consenso a Vittorio e ad altri gerarchi, fu Pino Romualdi il quale, arrivato a Como da Milano quella stessa mattina del 26, in prefettura rappresentava l'intera Rsi visto che, scappati tutti gli altri, era rimasto quello con la carica più autorevole di vicesegretario del Partito fascista repubblicano.

Ma da allora in poi sul futuro presidente del Msi – in seguito, con la Guerra Fredda, sempre più filoatlantista con Giorgio Almirante – pesò per sempre lo stigma appioppatogli da certi irriducibili di Salò. Fu accusato di aver traccheggiato troppo in quei momenti decisivi, incagliandosi sul lago tra ordini vaghi e senza aver mandato, soprattutto, rinforzi a tirar fuori dai guai Mussolini che stava a un tiro di schioppo, girovagando senza meta prima che i garibaldini lo acciuffassero.

Un comportamento, quello di Romualdi, considerato come minimo irresoluto. E al massimo connivente con gli angloamericani posta la veridicità dell'ipotesi, adombrata da alcuni dettagliati studi storici, di suoi presunti contatti con l'Oss risalenti al novembre 1944 e portati avanti da uno 007 italiano che faceva parte della già citata rete Nemo, Giovanni Nadotti.[1]

In effetti, già solo guardando Google Maps, qualche dubbio su certe decisioni di Romualdi affiora: Menaggio non è poi così lontana da Como, sì e no trentacinque chilometri, tra i più belli d'Italia. Sono distesi sulla provinciale della sponda occidentale del lago e, se è bel tempo, la vista dal promontorio di

Bellagio è una meraviglia. In quelle ore, però, la strada non era riservata ai turisti, e a presidiarla erano i risoluti partigiani della 52ma brigata. Non troppi. I fascisti non lo sapevano, ma i garibaldini sull'alto lago non dovevano essere così tanti, cento, duecento uomini, non di più.

A quelle accuse insistenti, nelle sue memorie il leader della Fiamma replicò dicendo che le sue truppe erano scarse e demoralizzate. Ma forse non era questo il reale scenario.

Oltre alla fitta memorialistica repubblichina, è un rapporto firmato dallo 007 Dessy e custodito dalla Cia a dire altro: al lago stavano affluendo molti reparti, tra cui soldati che chiedevano soltanto di menar le mani sino all'ultimo e che non volevano sentir parlare di resa, decisi a trasformare Como in una sorta di Stalingrado.[2] Fatto sta che Romualdi asserì di aver spedito a difesa del Duce i migliori tra i suoi, circa centosettanta militi del battaglione Onore e Combattimento. Questi tuttavia, sempre a detta sua, si squagliarono lungo il percorso, sul più bello, dopo una qualche discussione con i partigiani che li convinsero che a quel punto, per come si erano messe le cose, era inutile continuare a impugnare le armi.

Fu riconducibile a un tradimento quello del drappello di soldati repubblichini che nulla fecero per «cercare la bella morte» assieme a Mussolini? Impossibile stabilirlo oggi. Ma chissà se certe parole sibilline pronunciate a posteriori da Monzeglio non fossero riferite proprio a quell'episodio. Le riporta l'archivio storico del bisettimanale «Il Monferrato», e sembrano provenire da quel colloquio in cui Vladimiro Caminiti provò vanamente a stuzzicarlo sul suo passato a Salò. Eraldo entrò in tackle, uno dei suoi, puntuale, grintoso e risolutivo: «*Stai attento.* Meglio essere stato un fascista "non fascista" come me che un paracadutista fascista repubblicano voltagabbana... *E con questo, stop!*».

In ogni caso, detto della stupefacente resa della Rsi firmata, da entrambi i lati del tavolo delle trattative, da gente in contatto con l'Oss, la realtà è che quei fascisti in prefettura stavano giocando tra di loro una partita a poker. Rilanci e bluff disperati con cui ciascuno all'insaputa dell'altro squadernava sul tavolo le carte migliori per salvarsi la pelle. Il figlio del capo in primis. Dal gruppetto con lo stesso Romualdi e Dessy che all'indomani avrebbe dovuto raggiungere il Duce per avvertirlo della tregua, Vittorio Mussolini si sfilò «all'ultimo momento», facendo sapere che non li avrebbe seguiti.

Il mattino del 27, l'esile delegazione diretta nella val d'Intelvi comprese subito, mentre gli scalmanati insorti comparivano a frotte sul lungolago, che proseguire sarebbe equivalso a un suicidio. Partiti con auto su cui sventolavano dei contrassegni concordati con il Cln, dopo pochi chilometri e sfiorato il linciaggio, rientrarono fortunosamente a Como, rifugiandosi chi nelle sedi fasciste e chi in prefettura.

Quanto a Vittorio, si era già nascosto dalla sera precedente, andando a chiedere protezione ai padri somaschi del collegio Gallio, i quali – va ricordato – dal via della guerra civile si erano coraggiosamente impegnati per mettere al sicuro famiglie ebree.

Ma Eraldo? Dov'era andato, intanto, il due volte campione del mondo?

Il terzino che uccise il Duce

«Dalla piccola radio che avevamo con noi, una voce stridula comunicò con giubilo l'avvenuta esecuzione di mio padre e di molti altri fascisti.» Vittorio seppe così della sorte del Duce, stando nascosto nell'infermeria del Gallio di Como. Con lui c'erano anche Vanni Teodorani e Orio Ruberti.

Secondo Cimnaghi, si era aggregato a loro anche Monzeglio, ma il puntuale archivio del collegio, che riporta la presenza del terzetto, non fa menzione di Eraldo. Non importa, forse si trattò di una permanenza di breve tempo perché è lo stesso mobiliere a ricordare che successivamente il suo amico calciatore andò a rifugiarsi in una soffitta in viale Geno, il lungo stradone che, tra un elegante susseguirsi di ville storiche, costeggia il lago andando verso Bellagio. Molte di queste dimore vennero presto requisite dagli americani. Jeep e carri armati della Prima divisione corazzata entrarono in città alle quattro di mattina del 28, accolti dagli ululati delle sirene fatte accendere dalla prefettura e dalle grida festanti dei comaschi affacciati alle finestre o già scesi in strada.

È possibile che davanti a quei momenti la memoria di Claudio s'inganni, mescoli altre situazioni. O forse è più probabile che il terzino non gli abbia raccontato tutto di quei giorni convulsi, contrassegnati da tradimenti, voltafaccia, ambiguità e segreti inconfessabili. Inoltre, di nuovo a sorpresa, è un bravo storico del calcio, lo scomparso Giancarlo Ramezzana, anche lui di Casale Monferrato e autore di una poderosa saga dedicata alla centenaria squadra nerostellata, a collocare Eraldo a Villa Calderini, nell'incantevole paesino di Brunate, affacciato sul lago.

Eraldo stava lì, in quella dimora mezza liberty e mezza arabeggiante, «nascosto sotto la protezione della bandiera americana». Quale che fosse la sua residenza, i ricordi di Cimnaghi e il dato fornito da Ramezzana hanno un senso convergente: il terzino del Duce era al sicuro, tra le braccia delle autorità a stelle e strisce. Dal suo rifugio che «godeva di inviolabilità, la sua prima preoccupazione fu quella d'informarsi» delle condizioni di donna Rachele e dei figli Romano e Anna Maria, i più piccoli. Presi in consegna dagli Alleati, erano stati portati via da Como, «dove quelle rive mi facevano orrore» disse l'*arzdora*, e trasferiti prima in un campo d'internamento a Terni e poi al confino a Ischia.

Un fatto è comunque evidente: per assicurargli

quella protezione, gli 007 dell'Oss dovevano aver considerato cruciale il ruolo che l'ex calciatore aveva avuto nella partita che si era appena conclusa. Ma in quale delle due squadre avesse effettivamente giocato con più convinzione, forse solo certe carte, per ora blindate, della Cia e dell'Intelligence Service, se non degli archivi tedeschi, potrebbero chiarirlo.

Sotto alcuni aspetti, ciò che intanto stava accadendo a Como in quei giorni attorno al 25 aprile era semplicemente surreale. Mentre il Nord insorgeva e la guerra civile eruttava con l'ultimo sussulto violentissimo, da quelle parti si continuava a giocare a pallone come se nulla fosse. L'attenzione dei tifosi era rivolta al Trofeo benefico lombardo, campionato regionale (ma c'erano anche squadre piemontesi) al quale partecipavano formazioni di Serie A e B, dai nerazzurri dell'Ambrosiana ai rossoneri del Milano. Con il Novara c'era pure Silvio Piola, che con venti goal fu il capocannoniere del torneo, l'unico nella storia dello sport italiano a vantare un insolito percorso temporale iniziato con la dittatura e terminato nella libertà. La prima giornata si tenne, infatti, il 31 dicembre 1944 (ultimo Capodanno di guerra) e quella conclusiva si disputò il 26 settembre 1945, il giorno dopo l'insediamento della Consulta nazionale, la prima assemblea legislativa italiana, non elettiva e solo provvisoria, facente le veci del Parlamento in attesa del referendum del 2 giugno dell'anno successivo.

La classifica fu dominata dal Como, che il 22 aprile, in casa, strapazzò per 4-2 il Varese. Il goleador dei lariani, Franco Pesenti – di Tremezzo e perciò soprannominato il «Tremezzina» –, era poliziotto, e tre giorni dopo incontrò il Duce appena giunto in prefettura. «Ero di servizio quando apparve Mussolini» raccontò poi a Enrico Levrini, autore di una monumentale storia di circa ottocento pagine dedicata al Como Calcio, «che scese dall'automobile. Noi non lo aspettavamo, non ci avevano avvisati e rimanemmo sorpresi.» Il Duce era «spaventato, ma lo ero anche io che lo vedevo per la prima volta. Mi ricordo che siamo rimasti a parlare nel cortile, era molto confuso, mi chiese alcune informazioni sulle strade del Comasco» rivelando «che voleva andare in Svizzera». Però il confine non lo varcò mai: il 27 venne catturato a Dongo dai garibaldini della 52ma e l'indomani fu giustiziato a Giulino di Mezzegra con Clara Petacci.

Da quel momento in poi la città e il lago si trasformarono in uno sconfinato cimitero fascista e la ferocia della storia si mescolò a vicende in cui la giustizia popolare venne sventolata per coprire omicidi, stupri, razzie, rapine, furti. Solo nella settimana tra il 14 e il 20 maggio 1945, secondo un rapporto della questura, nella provincia furono trovati ventisette cadaveri, «tutti assassinati da mano ignota». Cifre destinate a moltiplicarsi velocemente. Eloquenti, anzi sconvolgenti, gli atti del processo sull'oro di Dongo – nient'altro che la colossale ricostruzione giudiziaria di quel periodo insanguinato – da cui emerge che l'opera di «defascistizzazione» fece tra i duecentocinquanta e i trecento morti nel giro di qualche mese. Il bilancio a fine mattanza, con un dato che viene dallo storico e giornalista missino Giorgio Pisanò, sarebbe di quattrocento vittime. Numeri per nulla diversi da quelli di certe province del «triangolo rosso» emiliano.

Le squadracce della «polizia del popolo» comandate dal «Nado» o dal «Lince» entravano nel carcere comasco di San Donnino, prelevavano quattro o cinque fascisti a notte e li ammazzavano nelle camere di tortura a Villa Tornaghi o in una caserma in via Borgovico. Una volta il «Mirko» – detto anche il «Boia», più esplicativo, perché a lui si attribuivano le pagine più spaventose di quel massacro – prelevò dalla prigione quattordici militi delle Brigate nere e li portò al Pizzo di Cernobbio. Qualcuno tra i suoi ex partigiani si rifiutò di sparare, ma il «Boia» non fece una piega e da solo uccise a raffiche di Sten tutti i soldati, scomparsi poi nel lago.

Intanto andavano avanti anche le esecuzioni dei tribunali militari e davanti al muro finirono fascisti che sino a pochi giorni prima del 25 aprile avevano seminato il terrore, ammazzando e stuprando. Tra questi, il torturatore Domenico Saletta, spietato capo della squadra politica della questura di Como – giustificava le sue violenze asserendo di essere «il dito di Dio» – e lo stesso questore Lorenzo Pozzoli, che non si era accorto delle efferatezze contro i partigiani commesse e avallate da Saletta.

Ma nella conta dei cadaveri su cui a Como s'inciampava in quei giorni dovevano essere inseriti anche i nomi – tra i venti e i trenta, forse di più – di gente, in gran parte partigiani, coinvolta nei misteri dell'oro di Dongo. Una faida cominciata con la scomparsa, il 7 maggio, di Luigi Canali, l'integerrimo garibaldino che forse quel tesoro voleva consegnarlo allo Stato e non al Partito comunista. Una faida proseguita con l'eliminazione della sua compagna, Giuseppina Tuissi, che voleva far luce sulla sorte del «Neri» – questo il nome di battaglia di Luigi –, e con l'uccisione di un lungo elenco di uomini e donne. Uomini e donne a conoscenza dei risvolti inconfessabili di quei misteri.

Mentre la città era avvolta nel terrore, Vittorio Mussolini restava nascosto al Gallio.

A padre Giovanni Ferro, il coraggioso preside dell'istituto dei somaschi dove avevano trovato accoglienza famiglie ebree, si era presentato con un salvacondotto firmato dal cardinale Schuster. Nessun dubbio che, se il figlio del Duce si fosse aggregato al padre in fuga, sarebbe finito come lui a testa in giù a piazzale Loreto. Pure Vittorio era nella lista dei fascisti da fucilare e la prova se ne ebbe quando i partigiani fermarono la colonna dei gerarchi a Dongo. Sulle prime, scambiarono Marcello Petacci per lui. Il fratello di Clara, allora, s'inventò di essere un diplomatico franchista, ma uno dei garibaldini che era stato con i repubblicani nella guerra civile parlava bene lo spagnolo e lo smascherò. Petacci finì davanti al plotone d'esecuzione. I gerarchi, però, non lo vollero accanto nell'ultimo istante. Considerandolo un venduto e un malfattore, pretesero e ottennero dai garibaldini che non fosse ammazzato con loro e così fu: la sentenza fu eseguita in un secondo momento.

A Vittorio andò assai meglio, forse ebbe solo fortuna, forse giocò bene le sue carte nella mano conclusiva di quel poker la cui posta in gioco era la salvezza. Gli angloamericani e la Resistenza sapevano perfettamente del nascondiglio al Gallio in cui aveva trovato rifugio con Teodorani (preso un anno dopo, a Roma) e Ruberti. Ne era stato informato il maggiore Cosimo Maria De Angelis, vicequestore appena nominato dal Cln e ufficiale effettivo di area cattolica. Il 30 aprile anche il partigiano Raffaele Pinto, comandante della piazza, chiese ai somaschi se al Gallio ci fosse posto pure per Romano Mussolini, che poi fu internato altrove con la madre Rachele e la sorella Anna Maria.

Ma la protezione migliore era di certo quella del Vaticano. Padre Blangero, un collaboratore di padre Ferro, il primo maggio si fece in bici il tragitto Como-Milano per portare a Schuster una supplica di Vittorio, Vanni e Orio in cui gli chiedevano di adoperarsi per favorire «un onorevole esilio, preferibilmente in un vicino Paese neutrale». Un'altra lettera questuante fu inoltrata il 10. L'arcivescovo di Milano intervenne presso l'italobritannico Max Salvadori, il potentissimo luogotenente del Soe in Italia, che nella riunione del Comitato insurrezionale del 25 chiarì, pur senza dirlo esplicitamente, che per Churchill il Duce doveva sparire. Di fatto, grazie anche a quelle pressioni, «le autorità alleate» scrisse lo stesso cardinale «si dichiarano disposte a prendere in consegna anche Vittorio Mussolini» e questo perché, come venne spiegato all'alto prelato, «il semplice nome non costituisce reato».

Quel che è certo è che anche i comunisti erano sulle tracce del figlio del Duce. Difficile stabilire se per giustiziare pure lui o per chiedergli conto dell'archivio nascosto dal padre e di altri segreti come, più pragmaticamente, la localizzazione dei depositi bancari. Di sicuro lo braccava Michele Moretti, il partigiano che, secondo voci sul lago, aveva posto fine alla storia del fascismo sparando l'ultima raffica al dittatore dopo che il Thompson di Audisio, chiamato all'esecuzione, si era inceppato perché nessuno aveva pensato a pulirlo.

Moretti era il commissario politico della 52ma, un comunista tutto d'un pezzo, un partigiano indubbiamente coraggioso, nome di battaglia «Pietro Gatti». Non è escluso il suo coinvolgimento in quell'orrore a Villa Tornaghi e questo in ossequio agli ordini che riceveva da Dante Gorreri, il segretario della Federazione comunista a Como – «*ul padrun*», il padrone, quello che sapeva tutto dei misteri insanguinati del lago –, e che lui eseguiva.

Non è neanche escluso che in quelle settimane

drammatiche seguite al 25 aprile Eraldo potesse aver incrociato «Pietro Gatti», ma l'ipotesi è assai probabile. I due si conoscevano. Si erano visti almeno un paio di volte allo stadio Sinigaglia, una quindicina di anni prima, quando gli azzurri di Pozzo venivano regolarmente in ritiro a Como in vista delle partite importanti. Come Monzeglio, anche Moretti era stato un calciatore, e anche lui terzino, sebbene non fosse andato oltre la Serie B. Operaio, aveva giocato nella Comense, il primo nome dell'attuale Como Calcio. Figlio di sindacalisti, era un difensore roccioso, risoluto e sbrigativo come lo era pure nella vita.

La prima volta che incontrò Eraldo fu il 27 marzo 1930, quando il commissario unico convocò i titolari della «Nazionale A», con un fuoriclasse già celeberrimo come Meazza, e le speranze della «Nazionale B», a cui Monzeglio era stato appena aggregato e che al tempo di Bearzot sarebbe stata chiamata una squadra «sperimentale». Davanti agli azzurri c'erano quelli della Comense, scelti come *sparring partner* dal Commendatore. Eraldo e «Pietro Gatti» si rividero l'anno dopo, il 19 febbraio, per un allenamento in vista della sfida che l'Italia aveva in programma la settimana successiva con l'Austria, contro il *Wunderteam* di Meisl.

Quanto a convinzioni politiche, Moretti aveva già tutto chiaro sin da ragazzo, come dimostrano certe foto di rito prima delle partite in cui evitava, a differenza dei compagni di squadra, di farsi fotografare con l'obbligatorio braccio teso, lasciato invece vistosamente abbassato. Refrattario alle imposizioni di scuderia, una volta questionò persino con il cittì. Fu a seguito di uno scontro con Attila Sallustro, il goleador idolo del Napoli, spesso convocato in quegli allenamenti in azzurro. «Lui mi aveva dato un colpo fortissimo e io avevo risposto con un altro intervento falloso» fu molti anni dopo la rievocazione del garibaldino «e durante l'intervallo Pozzo mi rimproverò, dicendo che non dovevo dimenticarmi che la domenica successiva Sallustro doveva giocare in rappresentanza dell'Italia.» Moretti gli rispose: «Capivo perfettamente, ero dispiaciuto, ma le mie spalle valevano quelle degli altri e non ero troppo disposto a subire colpi proibiti "gratis"». A quelle parole, nel gruppetto radunato a centrocampo risero tutti; rise anche Eraldo.

A volerle incollare su un album l'una accanto all'altra, dalle figurine dei due terzini si staglierebbero vite quasi opposte. O forse quasi parallele. Intanto erano pressappoco coetanei, Michele era del 1908, di due anni più giovane dell'azzurro. Come Monzeglio, anche lui da ragazzino aveva «la speranza di diventare un giocatore famoso». Poi, però, a differenza di Eraldo, non ci riuscì, ma «senza rimpianti rispetto alla storia di calciatore». L'uno, figlio della piccola borghesia, crebbe come fascista e l'altro, figlio di un ferroviere licenziato per i suoi trascorsi socialisti, divenne comunista. L'uno, per un ideale senza tornaconto, seguì il Duce. L'altro scelse di salire in montagna, rischiando la vita. L'uno, volontario in grigioverde in Russia, disse poi «di non aver ammazzato nessuno in guerra». L'altro, volontario con i garibaldini, riferendosi alle violenze dell'epurazione, «rallentata dalle forze della reazione», sostenne «che vedere gli avvenimenti di allora con la logica di oggi è troppo facile».

Nessun altro dettaglio da mettere a paragone o incrociare, almeno sino all'esecuzione di Mussolini. E comunque: è impossibile stabilire a quando risalissero i primi contatti del terzino casalasco con la Resistenza, quegli stessi contatti che poi gli consentirono di strappare Peruchetti alla condanna a morte. Un rapporto riservato del controspionaggio del Corpo volontari della libertà (il coordinamento militare dei partigiani), datato primo novembre 1944, elenca il cognome del calciatore in una lista, estesa in tutto il Nord Italia, di una sessantina di «agenti del nemico». Monzeglio era segnalato a Como e le sue generalità erano le uniche, tra quei repubblichini, evidenziate con un lapis rosso. Un fascista *most wanted*, insomma.

Ma poi qualcosa evidentemente cambiò. Secondo Antonio Ghirelli, ex partigiano assai informato, «in quei giorni dell'insurrezione» Eraldo «scampò a morte certa grazie al grande prestigio sportivo di cui godeva tra i partigiani del Comasco». E chissà se non fu proprio il terzino comunista a evitare che il terzino fascista finisse davanti al plotone d'esecuzione o sparisse in fondo al lago.

Un'ipotesi che si accompagna a una piccola certezza temporale: più o meno contemporaneamente, a Vittorio Mussolini e a Monzeglio furono consegnati, e forse con una stessa «regia», dei *passe-partout*, chiamiamoli così, per la salvezza e il ritorno a una vita senza il terrore di finire morti ammazzati. La sorte del figlio del Duce fu affidata direttamente a padre Ferro, che il 12 novembre 1945, facendolo uscire furtivamente dal Gallio, lo accompagnò, premunendosi di camuffarlo da barbuto frate, sino a Rapallo, dove l'aria era più salutare, lontana dalle vendette delle «volanti rosse». Per raggiungere la località ligure passarono per Casale Monferrato ed è difficile non vedere in questa deviazione, che allungò incomprensibilmente il percorso di un centinaio di chilometri, e di cui parla Gianfranco Bianchi citando una fonte «in abito talare», una specie di sostegno logistico alla fuga fornito, ma non sappiamo come, dal calciatore.

Vittorio si nascose per circa un anno nella Riviera, o forse anche in qualche convento a Roma e, dopo aver ottenuto dal Vaticano un passaporto falso intestato a Gabriele Bottero, il 2 dicembre 1946 si imbarcò da Genova per Buenos Aires. Qui trovò rifugio sbarcando il 29 dello stesso mese. Dieci anni dopo rientrò in Italia e a Riccione rivide regolarmente i vecchi amici della ghenga, che in un bar in viale Ceccarini lo riaccolsero dandogli del «pataca».

Quanto a Eraldo, al sicuro con gli americani, sappiamo che, sostiene Enrico Levrini, «come poteva, già nei giorni successivi alla Liberazione, si faceva vedere al Sinigaglia probabilmente immaginando un suo rientro nel mondo del pallone». La conferma viene dallo stesso Monzeglio intervistato nel 1977 da Ezio Luzzi, ovviamente ignaro del passato del terzino, per il settantesimo compleanno dei lariani. Davanti al microfono dell'indimenticabile voce di *Tutto il calcio minuto per minuto*, il campione del mondo si limitò a dire, tanto vago quanto *naïf*, di «essere venuto qui che la guerra stava per finire». Poi, come se fosse stato un tifoso-*umarell*, come se non ci fosse stato alcun rischio in quel periodo in cui in città accoppavano un fascista al giorno, aggiunse: «Ho cominciato ad andare a vedere questo Como e pian pianino a un bel momento mi sento chiamare e dire se volevo prendere in mano io la squadra. Io l'ho fatto senza danneggiare l'altro allenatore che era stato licenziato. Eh sì, quel Como era una bella squadra...».

Non è chiaro chi indicò Eraldo alla guida degli azzurri. Forse Gigi Colombo, presidente tra il 1944 e il 1946 e capace di barcamenarsi indifferentemente con le autorità di Salò e con quelle che s'insediarono dopo la Liberazione. Forse lo chiamò il suo successore nel 1946, l'industriale Luigi Ballerini, già consigliere vent'anni prima con il fascismo. Ma nei quadri era riapparso anche Gianni Binda, imprenditore assai noto nel settore del tessile, tessera del Pnf e dopo il 25 aprile con un ruolo nell'assetto societario, già patron della Comense tra il 1930 e il 1933. Ovvero gli anni in cui i lariani schieravano in difesa il roccioso Moretti.

A scegliere Monzeglio fu forse l'ex terzino del Pci

«Pietro Gatti», che a Como era diventato intanto il temutissimo comandante della seconda compagnia della «polizia del popolo»? Nient'altro che una suggestione, questa seconda probabile ipotesi, legata a un ringraziamento per servizi già resi o forse a un inconfessabile accordo. Da una parte una vita da risparmiare, dall'altra un aiuto a recuperare, chissà, certi documenti segreti della Rsi, compresi i carteggi tra il Duce e Churchill. O forse a localizzare depositi bancari e altre ricchezze dei Mussolini custoditi tra Italia e Svizzera. Sì, *cash* e altro che sarebbero venuti utili per sostenere la vita, elettorale e non solo, del Partito comunista. Ma, volendo, anche un baratto suggellato da una visione romantica del calcio dove, dopo il novantesimo minuto, si finisce con lo scambiarsi la maglia e stringersi la mano.

Certezze a riguardo non ve ne sono. Però un sorprendente scenario tratteggiato da documenti mai visti aiuta a farsi un'idea più nitida.

Che il Como volesse a tutti i costi Eraldo in panchina è indubbio, come lo è anche il controverso passato del calciatore. Per evitare noie, il 27 dicembre 1945 il presidente degli azzurri Colombo scrisse direttamente al Cln lariano. Una richiesta indirizzata a Oscar Sforni, l'autorevole segretario cittadino, orientamento repubblicano. «Ci troviamo nella condizione di dovere assumere» Monzeglio e la società «chiede il vostro cortese benestare». La pratica andò garbatamente avanti, ma dovette rivelarsi necessaria una sorta di certificazione antifascista. Così tre giorni dopo, il 30 dicembre, Colombo si rivolse al questore di Como Luigi Grassi.

Sì, certo, la guerra era finita da poco e il feroce regolamento dei conti da quelle parti s'infiammava sempre più. Ma le esigenze del pallone parevano venire prima. C'era «l'urgenza di assumere l'allenatore» casalasco e, oltre a quella dell'autorizzazione, la preghiera fu di «fornire informazioni sulla condotta morale» del mister, il cui «valore sportivo è noto a tutti» così come «la sua intelligenza nel calcio, fuori discussione». Non solo. Monzeglio era «indispensabile per il buon andamento del sodalizio, il principale della città e che della città porta il nome».

La «squadra politica» – la Digos di allora – il 10 gennaio inoltrò un rapporto a Grassi: Eraldo «è sconosciuto all'anagrafe» lariana ma «non risultano pendenze penali a suo carico». Il 2 marzo venne convocato in questura. Un interrogatorio, anzi un «esame», per decidere se concedergli il certificato di residenza e soprattutto il via libera alla panchina. Delle sue parole, esistono due verbali: uno è firmato dal funzionario di polizia, un certo «signor Canetta», e il secondo fu dattilografato da un addetto del Como Calcio, curiosamente testimone di quel colloquio. Entrambi i fogli sono conservati all'Archivio di Stato di Como, presso il «fondo questura» che, oltre a quello del terzino, custodisce un altro mezzo migliaio di fascicoli su partigiani, fascisti, doppiogiochisti e industriali. C'è pure un dossier su donna Rachele, riapparsa sul lago nel 1947 e accompagnata da due funzionari messi a disposizione dall'allora ministro dell'Interno Mario Scelba, alla ricerca delle carte segrete del marito.

Monzeglio spiegò di essersi stabilito a Como dal «marzo 1945. Vivere qui, in Piemonte o altrove è per me la medesima cosa dato che non ho legami con nessuno e non ho i genitori. Ho vissuto con i proventi accatastati in vent'anni da calciatore che adesso purtroppo stanno per finire». Quando il poliziotto gli chiese se davvero fosse stato il «massaggiatore di Mussolini», «come si leggeva sui giornali», la risposta fu tassativa: «No, mai!».

«Allora i giornali raccontano storie?»

«Sì.»

«Dove è rimasto nei due anni di repubblica?»

«Dopo l'8 settembre in Piemonte, un poco a Torino dove vive un mio fratello e un poco a Casale, dove vive un altro fratello, per sfuggire anche ai rastrellamenti. Qualche volta mi sono recato a Gargnano da Vittorio Mussolini, ma era per far sì che i tedeschi non si interessassero a me e tenere lontano il pericolo dell'internamento. In Piemonte era frequente, deportavano in Germania più gente che potevano.»

«Quali rapporti esistevano tra lei e i figli di Mussolini?»

«Solamente per ciò che riguarda la loro partecipazione a eventi di carattere sportivo.»

«Ricopriva cariche? Ha avuto incarichi?»

«Mai, non ebbi mai offerte da alcuna autorità repubblicana, neanche per incarichi di tipo politico.»

Poi, dopo altre domande piuttosto accomodanti, Monzeglio spiegò che «sei o sette mesi prima della liberazione, mio fratello Federico raggiunse il prefetto Celio, capo della provincia di Como, ed ebbe l'incarico di aiutare nella sua segreteria particolare il signor Cannata». Subito dopo il 25 aprile, Federico fu arrestato «ma cinque mesi dopo venne rimesso in libertà in quanto a suo carico non risultò nulla». Solo a fine colloquio Eraldo, forse spazientito o forse per cautelarsi da spiacevoli sorprese, calò sul tavolo l'asso di briscola. Se fossero state necessarie altre informazioni sul suo conto, la questura avrebbe potuto «anche rivolgersi al colonnello Giovanni Sardagna».

Si trattava di un nome pesantissimo. Sardagna, barone di Hohenstein, trentino, era il braccio destro del generale Raffaele Cadorna, il comandante del Corpo volontari della Libertà e poi, dopo il referendum del 2 giugno, primo capo di Stato maggiore dell'Esercito. Come Monzeglio, anche il colonnello si ritrovò nella prefettura di Como in quelle ore convulse e drammatiche seguite al 26 aprile. Fu il regista dell'ultimo disperato tentativo di recuperare Mussolini consegnandolo agli Alleati che avevano sguinzagliato diverse missioni per trovarlo. Dopo la cattura a Dongo, l'idea di Sardagna era quella di prelevarlo e nasconderlo a Blevio, sulla sponda opposta del lago, poco a nord di Como, nella villa dell'industriale caseario

Remo Cadermartori dove, tra l'altro, aveva dimorato pure Gina Ruberti, la vedova di Bruno.

Il piano fu a un passo dalla riuscita avendo trovato la sponda di «Pedro», Pier Luigi Bellini delle Stelle, il comandante della 52ma, l'unico non comunista tra i capi partigiani della brigata. Dalle contraddittorie versioni dei protagonisti si può ricostruire solo che l'operazione venne annullata all'ultimo istante con una telefonata, forse dello stesso Sardagna, a sua volta avvertito da Cadorna che si barcamenava tra gli americani, determinati a catturare il Duce per processarlo, e il Pci e l'Intelligence Service britannico, per i quali la questione andava risolta con un'immediata esecuzione. Verso la mezzanotte del 27, Mussolini fu scortato in auto da Bellini delle Stelle, Canali, Moretti e Giuseppina Tuissi sino a Moltrasio, poco sotto Dongo. Ma qui, al bar Sport, sede di un telefono pubblico e luogo concordato per la consegna del prigioniero da portare in barca sino a Blevio, avrebbe chiamato Sardagna dicendo ai partigiani che la missione «non era più necessaria». Della barca, nessuna traccia. La conclusione fu che il Duce venne giustiziato con Clara a Giulino di Mezzegra.

Qualche tempo dopo quell'interrogatorio in questura, il campione del mondo inciampò anche nell'epurazione. Un processo – «per dovere d'ufficio» fu la voce messa in giro forse da lui stesso – di cui si conosce solo la versione di Eraldo. La raccontò così, tra consueto candore, qualche bugia e una discreta dose di reticenza: dopo che andò «a vedere se potevo riscuotere i miei compensi arretrati per il servizio di moschettiere del Duce» – una qualifica onorifica ricevuta negli anni Trenta – qualcuno gli squadernò davanti, rinfacciandogliela, una foto scattata a Villa Feltrinelli. Un ritratto di una famiglia come tante, con il conflitto che pareva non esistere: lui sorridente dietro al Duce e in fila donna Rachele, Vittorio, Gina Ruberti e altri parenti. Un *clic* che lo portò direttamente alla sbarra. Però in tribunale arrivarono i soccorsi. A testimoniare a suo favore furono proprio coloro che aveva aiutato a espatriare clandestinamente in Svizzera. Forse ebrei, forse partigiani, forse renitenti alla leva della Rsi. L'accusa di collaborazionismo cadde all'istante e il terzino fu prosciolto.[1]

Nel frattempo Monzeglio aveva firmato un contratto triennale con il Como. Stipendio di quindicimila lire mensili, di poco superiore alla retribuzione media degli italiani che in quel 1946 era attorno alle diecimila lire. Il mister esordì ufficialmente sulla panchina del Como il 5 maggio 1946. Lo abbiamo scritto all'inizio: era una partita di Coppa Italia finita 2-2 contro il Genoa. Volendo, si può dire che al fischio finale di quella gara, al novantesimo minuto, terminò anche la guerra civile di Eraldo.

L'esperienza alla guida dei lariani peraltro durò pochi mesi. Poi, con la chiamata di Benvenuto Cossutta e del sindaco Oldrini, cominciò una nuova vita: sulla panchina della Pro Sesto.

La Stalingrado d'Italia

L'iniziale accoglienza che la «Stalingrado d'Italia» riservò a Monzeglio non fu delle più entusiaste.

Quando a Sesto si venne a sapere dell'imminente arrivo dell'allenatore che dieci anni prima entrava in campo salutando romanamente squadre avversarie e pubblico, molti trasecolarono, furibondi. Dopo che il sindaco Oldrini diede l'annuncio, in consiglio, del nuovo mister, qualcuno tra i suoi lo strattonò ruvidamente: «Ma è un fascista! Ti sembra il caso?».

Abramo replicò a tutti, convinto del suo «fiuto» nel valutare le cose e la gente, che quello era il migliore su piazza, che a Como stava facendo bene e che se la Pro Sesto voleva guadagnarsi la salvezza in Serie B, c'era bisogno di «uno come lui, un brav'uomo».

L'eco di quella contestazione arrivò all'orecchio di Eraldo, che all'esordio contro la Pistoiese cercò di restare, spaventatissimo, un'ombra in disparte, quasi non volesse farsi vedere dai tifosi. Dagli spalti presero a insultarlo. Gli gridarono: «Fascista, vattene». Non mancarono sputi e sassate. L'odio era tangibile e sembrava che addirittura stessero preparandosi a una specie di linciaggio.

Monzeglio, guardandoli da dietro al palo di una porta, stava già pensando di scappare, nascondendosi di nuovo nel Comasco, quando, durante l'intervallo, sentì qualcuno toccargli una spalla. Era il sindaco Oldrini che lo prese amichevolmente sottobraccio per accompagnarlo in un giro attorno al campo. E la contestazione degli sbalorditi tifosi ammutolì in un istante.[1]

I calciatori della Pro Sesto erano quasi tutti operai della Falck, della Breda e della Marelli, gente allegra e spiccia, proveniente dallo stesso ambiente. Monzeglio si calò facilmente nel gruppo, plasmandolo con la stessa, solida, concezione familiare mutuata da Pozzo, e ne divenne subito il leader. I più prendevano solo il gettone di presenza e l'unico tra loro che non lavorava in fabbrica, la mezzala sinistra Mario Tosolini, ex della Triestina che alloggiava in albergo indossando sempre lo stesso vestito, estate e inverno, venne presto ceduto al Milan.

Il mister programmò allenamenti più intensi e selettivi e, fedele agli insegnamenti del Commendatore, impostò la squadra facendola giocare con il «metodo», arcigna difesa e veloci contrattacchi. Prese la Pro Sesto che era ultima in classifica e la portò all'undicesimo posto, salvandola dalla retrocessione. Un miracolo calcistico insperato, concretizzato con i risultati positivi ottenuti domenica dopo domenica e che riportò allo stadio Breda i tanti tifosi sestesi che preferivano andare a Milano per vedere l'Inter o il Milan.

Per le trasferte su strade improbabili, senza asfalto e piene di buche, ci si spostava su uno sgangherato camion. Il radiatore e altri parti del motore, usurati all'inverosimile con i ricambi introvabili, si spaccavano di continuo, ma i calciatori-operai della Pro Sesto sapevano sempre come improvvisare fantasiose riparazioni, pur di arrivare in tempo alle partite. «Se servisse, voi oltre alle chiavi inglesi sareste capaci di usare persino il chewing-gum» disse una volta Monzeglio, orgoglioso di quei ragazzi.

Intanto un paio di nomi su tutti: quello di Francesco Meregalli è il primo, era un centromediano coi fiocchi, faceva partire lanci di quaranta metri precisi al millimetro che ricordavano quelli di Giovannino Ferrari, il fuoriclasse decisivo nelle due vittorie mondiali. Poi Giosuè Sanvito, un terzino dalla faccia truce in contraddizione con il carattere mite e gioviale. Era forte davvero, lo volle il Milan ma morì troppo presto, stroncato da un male incurabile.

Eraldo, da abile persuasore, nel campionato 1948-'49 convinse il presidente Merati, piuttosto sparagnino, ad allentare i cordoni della borsa facendogli prendere Lodovico De Filippis, un interno che aveva giocato nella Juve. In seguito arrivarono Sergio

Angelini, un'aletta toscana apparentemente abulica ma che s'infiammava d'improvviso con il pallone tra i piedi, e l'ungherese Árpád Fekete, un centravanti d'impeto, che ricordava certe movenze di Nordahl. Ma l'acquisto più importante fu la riscoperta di Marcello Castoldi, un mediano discontinuo che l'allenatore galvanizzò dandogli fiducia: «La squadra ha bisogno di te, difendi e attacca come ti senti».

La Pro Sesto riuscì in altri due miracoli, centrando un settimo e un sesto posto rispettivamente nei campionati 1947-'48 e 1948-'49.

Cossutta passava spesso agli allenamenti, qualche volta accompagnando Merati, ma più spesso da solo o con Rodolfo Camagni, operaio calibrista alla Breda, partigiano comunista con il nome di battaglia di «Venanzio», dirigente della squadra e, per qualche mese subito dopo il 25 aprile, sindaco nominato dal Cln. Benvenuto si fermava volentieri a parlare di pallone con Monzeglio e, talvolta, assieme lasciavano lo stadio Breda per raggiungere il Caffè Carducci.

Fu un bel periodo.

Se avessero chiesto a Eraldo di scegliere tre date per raccontare quegli anni, di sicuro avrebbe cominciato con il 4 luglio 1948, spareggio tra Crema e Pro Sesto per restare in B. Domenica di caldo africano, si giocava a Melzo. Dalla Stalingrado d'Italia erano venuti a migliaia, molti in bici. Da Crema lo stesso.

Tra gli avversari svettava Meazza, ormai trentottenne e piuttosto acciaccato, all'ultimo ingaggio in vista del ritiro. Eraldo, prima del fischio d'inizio, andò ad abbracciare l'amico fraterno, compagno di infinite battaglie in azzurro. Ma proprio Peppin gli fece il dispetto di pareggiare il goal iniziale dei suoi.

A metà ripresa, il sestese Gigi Corti, centrocampista raffinatissimo, strappò un pallone a centrocampo, dribblò due o tre avversari e, infine, da fuori area calciò una cannonata imparabile sotto l'incrocio dei pali che fissò la sfida sul 2-1 definitivo. Il Rondò, ritrovo storico dei sestesi, si riempì di migliaia di tifosi esultanti, ebbri di gioia.

Lo stesso Rondò si sarebbe riempito di migliaia di persone, forse quarantacinquemila, anche dieci giorni dopo, il 14 luglio, la seconda data che Monzeglio avrebbe ricordato. Ma questa volta c'erano le armi. A tracolla degli ex partigiani, molti con i fazzoletti rossi, si rividero gli Sten, gli Schmeisser, i Mab. A mezzogiorno la radio aveva dato la notizia dell'attentato a Palmiro Togliatti. Eraldo aveva ascoltato la notizia al bar, con Benvenuto e Camagni. Ci fu subito un convulso susseguirsi di telefonate. Chiamarono anche da Milano e da Roma e a un certo punto qualcuno decise: «Bisogna andare tutti in piazza». E andarci armati.

La tensione era altissima. La piazza di Sesto andava affollandosi, e la rabbia era pronta a esplodere. Ma a un tratto, mentre le voci sulla morte del segretario Pci rimbalzavano di bocca in bocca e le notizie sui disordini in tante città italiane facevano temere un imminente ritorno alla guerra civile, Armando Cossutta salì sul palco e al megafono urlò più volte: «Compagni, mi dicono che Togliatti è vivo! Togliatti è vivo! Togliatti è con noi».

L'annuncio parve raffreddare l'atmosfera.

Quando scese, Armando raggiunse il padre, che era accanto a Monzeglio e a un commissario di polizia che continuava a rassicurare Benvenuto ripetendo: «Sono ai vostri ordini». Fatto sta che, con aria piuttosto convinta, il giovane Cossutta raccontò a tutti che da Roma Longo gli aveva riferito le parole pronunciate dal segretario prima di svenire: «State calmi, non perdete la testa».

La terza data, 4 maggio 1949, segnò un dolore che affratellò tutta l'Italia. Anche in quel caso, una notizia che Eraldo apprese alla radio: l'aereo con a bordo il Grande Torino si era schiantato sulla collina di Superga. Monzeglio avrebbe potuto recitare a memoria «l'attacco» del ricordo che Pozzo scrisse all'indomani sulla «Stampa»: «Il Torino non c'è più. Scomparso, bruciato, polverizzato. Una squadra che muore, tutta assieme, al completo, con tutti i titolari, con le sue riserve, col suo massaggiatore, coi suoi tecnici, coi suoi dirigenti, coi suoi commentatori. Come uno di quei plotoni di arditi che, nella guerra, uscivano dalla trincea, coi loro ufficiali, al completo, e non ritornava nessuno, al completo».

Poche ore dopo lo schianto, toccò proprio al Commendatore andare all'obitorio per identificare le salme, tutte irriconoscibili. Ad aiutarlo furono anelli, catenine e i documenti trovati qui e là, tra i rottami.

Il giorno dei funerali, il 6 maggio, mezzo milione di persone accompagnò i campioni nell'ultimo viaggio che si snodò tra Palazzo Madama, dove i feretri erano stati esposti, e il centro della città. Al duomo, il cardinale Maurilio Fossati celebrò le esequie. Monzeglio rimase accanto a Pozzo, devastato dal dolore, per tutto il tempo, portando la bandiera biancazzurra della Pro Sesto sorretta a turno dai giocatori.

È vero che il Commendatore serbava nel cuore, come un padre, tutti i suoi ragazzi, ma quella squadra granata – il solo colore che il cittì amasse davvero oltre all'azzurro – era un pezzo di sé, avendola plasmata lui stesso scegliendo i calciatori uno a uno, già durante la guerra, per poi portarli quasi tutti in Nazionale.

Alcuni di loro, Loik, Ossola, Gabetto, Ballarin e Mazzola, li aveva conosciuti bene anche Eraldo, avendoli incrociati durante le partite del campionato 1943-'44, quello che il Minculpop volle organizzare a tutti i costi nel Nord Italia ferito dalla guerra e dai bombardamenti e che fu vinto, a sorpresa, dall'improbabile squadra dei pompieri di La Spezia.

Perì nello schianto anche l'allenatore dei granata, l'ebreo ungherese Ernesto Egri Erbstein. Monzeglio l'aveva visto tante volte sui campi della Serie A. Di lui sapeva che era stato il presidente del Torino Ferruccio Novo ad aiutarlo a fuggire dall'Italia dopo le leggi razziali. Finito il conflitto, lo stesso Novo gli aveva affidato la squadra scartando Pozzo, che per quel motivo non l'avrebbe mai perdonato.

Tra le trentun vittime c'erano anche tre giornalisti. Di Renato Tosatti e Luigi Cavallero Eraldo leggeva gli articoli sulla «Gazzetta del Popolo» e sulla «Nuova Stampa». Il terzo, Renato Casalbore, una delle maggiori firme dello sport dell'epoca, lo aveva incrociato più volte. Fondatore e direttore di «Tuttosport», era venuto a trovarlo a Sesto qualche settimana prima della sciagura. Si era preannunciato con una lettera inviata direttamente al campo della Pro Sesto. Aveva scritto che prima o poi, giungendo da Torino nell'occasione di qualche impegno a Milano, sarebbe passato per un saluto. Casalbore si fece vedere al Breda pochi giorni più tardi, una domenica dopo una partita casalinga, ai primi di aprile.

Il giornalista era sulla sessantina, un salernitano assai cordiale, trapiantato a Torino da prima della Grande Guerra. L'incontro al Caffè Carducci non durò molto. Le parole schiette e garbate del direttore risuonarono pressappoco così: «Eraldo, noi vantiamo una conoscenza antica e solida. Ma tu di me forse non sai che tra il 1943 e il 1945 sono stato un partigiano con Giustizia e Libertà. So che grazie alla tua amicizia con il Duce hai salvato molte vite. Vorrei raccontare la tua storia».

Monzeglio si irrigidì, rispose solo che era «ancora troppo presto». E poi aggiunse: «Ma forse è meglio dire che lo sarà sempre, troppo presto». Salutò Casalbore con una stretta di mano e se ne andò a passi svelti verso casa.

Tempo dopo, Eraldo ripensò spesso a quante richieste simili gli fossero piovute addosso nel corso degli anni. Se avesse voluto, si sarebbe potuto comprare una villa in riva al lago con le offerte di certi rotocalchi settimanali, quelli che campavano come avvoltoi inventando improbabili ricostruzioni sulle ultime ore del Duce e sceneggiando irrispettosi retroscena sulle liti tra donna Rachele e Clara.

Anche quei due giovanissimi «dottorini» che incontrava allo stadio e di cui aveva seguito con simpatia la carriera – Antonio Ghirelli, ex partigiano, poi portavoce di Pertini al Quirinale e di Bettino Craxi alla Presidenza del Consiglio; e Maurizio Baarendson, l'inventore di *90° minuto* – avevano insistito molto, ma senza successo, chiedendogli di confidare i ricordi di quel tremendo periodo. Ma anche con loro Monzeglio si regolò come sempre aveva fatto con altri bravi giornalisti che lo avevano cercato per incalzarlo sui giorni di Salò: vale a dire minimizzando, riducendo tutto al niente, limitandosi a ricordare apparenti ovvietà e aneddoti non compromettenti, le partite a tennis, la ricerca del burro e del pane quando donna Rachele gli chiedeva di andare a fare la spesa con le tessere annonarie. Nient'altro.

Non diversamente andava con un vero amico, il concittadino comasco Gianni Clerici, con il quale si ripetevano sempre uguali i siparietti sui campi in terra rossa di Villa Olmo, dove i due giocavano a tennis. Terminata la partita che, «come sempre, lo vedeva primeggiare», Clerici esordiva: «Allora, mi racconteresti di quella volta che il Duce...».

Monzeglio lo interrompeva subito: «Mannò, niente da fare, sai bene come la penso. Scusa, sei o non sei mio amico da vent'anni? E cioè da quando eri un ragazzino e mi battesti per 6-1, 6-1 sempre qui a Villa Olmo, ricordi?».

«Sì, e da lì capii molte cose. Di sicuro capii che con quel tuo rovescio orribile non potevi essere stato l'allenatore di Mussolini, a meno che Mussolini non fosse davvero un disastro, come tennista oltre che come uomo.» La replica, sempre quella, divertita ma tassativa, era che il Duce «aveva un rovescio molto migliore del mio». Inutile chiedere altro.

La confidenza tra Clerici e l'ex terzino non fu scalfita nemmeno quando questi scoprì che il padre di Gianni, Luigi, era stato un partigiano, in prima linea proprio nel Comasco. Da lì in poi il siparietto fu aggiornato: «Sì, Eraldo, papà è stato nella Resistenza. Ma anche io ho fatto la mia parte. Ai garibaldini portavo gli Sten, nascosti nella borsa da tennis. Un giorno stavo per essere scoperto. Avevo quattordici anni. Se mi avessero preso, oggi non starei qui a giocare la partita con te».

Lo chiamava spesso anche Silvio Bertoldi, prestigioso e preparato giornalista e storico del fascismo che scriveva sul «Corriere della Sera». Le sue domande su Ciano, Edda, i diari, i generali tedeschi, Rommel, Kappler, Dollmann, gli 007 alleati a Salò e a Como, le ultime ore di Mussolini erano puntuali, insidiose. I silenzi dell'ex terzino imbarazzatissimi. Una volta, all'ennesima risposta negata, Bertoldi lo salutò così, con cordiale ironia: «Eraldo, molti hanno visto pochissimo di quel periodo e hanno raccontato tanto. Lei, che ha seguito tutto nei minimi dettagli, proprio non vuol raccontare niente».

Ci fu un cronista sul punto di convincerlo a scrivere le sue memorie: Stefano Bonetti. Caporedattore alla «Provincia» di Como, scriveva allo stesso modo, chiaro e avvincente, sia che raccontasse una rapina di Renato Vallanzasca, un retroscena del tragico rapimento della giovane erbese Cristina Mazzotti o il derby lariano con il Lecco. Con Bonetti, divenuto nel tempo un amico tra i più sinceri, gli incontri «al solito bar sul lungolago» erano a cadenza settimanale, magari solo per un saluto al mattino. Eraldo, ormai settantenne, parlava a lungo, mostrava tante foto in bianco e nero – tra cui pure quella, strepitosa, di un giovanissimo Giulio Andreotti che seduto su una moto faceva il saluto fascista – portate da casa e Bonetti riempiva di appunti i taccuini.

Poi, un giorno, Monzeglio ci ripensò. Giustificandosi ma con tono perentorio, disse: «Stefano, mi dispiace, ma non se ne fa niente: racconterei fatti che riguardano troppa gente ancora viva. Darei troppi dispiaceri, ci son cose che poi è meglio che non si dicano e che è meglio dimenticare, seppellendole nella tomba».

Innamorarsi davanti al Golfo

Nei quattro anni con la Pro Sesto, Eraldo non ebbe mai affanni con la zona retrocessione. Grazie a quei risultati positivi la sua carriera tornò a impennarsi. Nell'estate 1949 lo cercò la Roma, però il mister, scrisse un'agenzia, «fu scartato per motivi politici». Giustificazione che lasciò perplesso «Il Monferrato», seguitissimo bisettimanale che in quei giorni rivelò l'indiscrezione forse raccolta dallo stesso terzino che da quelle parti dava l'aria di giocare in casa. Stando a quel resoconto apparso in prima pagina – eloquente il titolo: *Il caso Monzeglio* – il casalasco doveva essere stato un repubblichino *sui generis*: pur avendo aderito alla Rsi «mai si fece notare per atti di settarismo e anzi, fornì aiuti sostanziali al movimento partigiano nel Comasco. Attualmente allena a Sesto San Giovanni, cittadina alquanto vivace in cui, se fosse stato un organico fascista, neanche potrebbe farsi vedere».

Sfumato il sogno giallorosso, Monzeglio riuscì ad

agguantarne subito un altro, destinato a restare indimenticabile: quello in azzurro, con il Napoli. Eppure, anche lì le ombre del passato sembrarono inseguirlo.

Cominciamo con una data, quella del 3 febbraio 1952. Mezzogiorno sul Golfo, una domenica piena di sole.

La lite furibonda, che solo grazie all'intervento di alcuni giocatori non si risolse in un violento corpo a corpo, esplose negli spogliatoi dello stadio al Vomero quando Monzeglio, quasi quarantaseienne, scandì i nomi dei titolari da schierare contro l'Udinese. «Casari, Delfrati, Vinyei; Castelli, Gramaglia, Todeschini; Krieziu, Amadei, Granata, Masoni e Astorri.»

Il tempo di rimettere il foglietto in tasca e Antonio Bacchetti, «'O Cammello» per i tifosi che impazzivano nel vederlo dribblare su e giù i difensori avversari con la testa che caracollava, insorse dopo aver capito che sarebbe stato escluso per l'ennesima volta, la settima consecutiva dalla partita con il Palermo in cui era stato inserito nell'undici iniziale.

Afferrò una bottiglia d'acqua poggiata sulla panca tra tute e borse e, agitandola minacciosamente, si scagliò contrò il mister che stava in piedi a cinque o sei metri da lui.[1] «*Ti xè solo un porco fassista, quei come te in guera io li copavo!*» gridò rabbioso la mezzala, un muscoloso friulano ventottenne alto poco più di un metro e ottanta.

Monzeglio non si scompose, cercando di dominare l'ira che in un istante si era impadronita di lui. Rimanendo immobile, urlò: «Tu non sai niente di me, niente! Niente!».

Il giocatore intanto gli era arrivato praticamente davanti, sovrastandolo con lo sguardo inferocito di una belva.

Se i due non arrivarono alle mani, anzi se O' Cammello non colpì in faccia Eraldo, fu solo perché il romano Amedeo Amadei, con un balzo, riuscì ad afferrare il braccio con cui Bacchetti reggeva la bottiglia, che roteava pericolosamente per aria. Poi intervennero pure l'albanese Naim Krieziu, la «Freccia di Tirana», e il reatino Manlio Scopigno, un giovane dall'aria sempre seria, che lo bloccarono, provando ad allontanarlo dal mister.

Ma Bacchetti sembrava un toro indemoniato. «Lo sanno tutti che a Salò eri il servo di Mussolini, dovevi fare la sua fine!» continuò a gridare, mentre cercava di divincolarsi dalla presa dei tre. Tutti gli altri giocatori, in piedi o seduti nello spogliatoio pregno del tanfo di sudore e sporcizia, rimasero immobili, increduli, allibiti.

È vero, 'O Cammello negli ultimi mesi si era fatto improvvisamene strano, sempre più strano, qualcuno aveva pure raccontato in giro che si fosse indebitato e per quel motivo aveva chiesto alla società l'anticipo delle sue spettanze. Poi era venuta fuori la storia di problemi con la giustizia. Lui non ne aveva mai parlato ma, sebbene senza dettagli e senza che se ne capisse molto di più, qualche quotidiano a Napoli aveva accennato al mezzo mistero con frasi vaghe scrivendo di «impegni processuali a Udine». Stop, il segno che gli stessi giornalisti non sapevano altro.

Fatto sta che sempre più spesso la mezzala saltava gli allenamenti e, quando si presentava in campo, capitava pure che d'un tratto, come se gli si spegnesse un interruttore, s'assentasse con la testa. Sembrava su un altro pianeta, stava per i fatti propri, senza scambiare una parola con nessuno.

'O Cammello intento ad aggredire il mister con una bottiglia in mano?

No, impossibile. Eppure era quello che stava succedendo.

«Tu non mi fai giocare perché ero un partigiano! E perché sono un comunista!» gridò ancora Bacchetti, sempre più furibondo, senza controllo, continuando a strattonare per divincolarsi dalla presa di Amadei, Scopigno e Krieziu. Monzeglio, con indosso la camicia bianca che sapeva di bucato appena fatto e come sempre con l'orlo dei pantaloni in gabardine arrotolato sopra gli scarpini da pallone, fece un paio di passi in avanti e guardò dritto negli occhi il calciatore.

Il suo tono di voce si abbassò facendosi normale, ma quello che pronunciò schioccò come un ordine netto, duro e secco, da sergente di fanteria che non ammette repliche: «Bacchetti, prendi la tua roba e mettila nella borsa, poi sparisci. Non ti voglio vedere nemmeno in tribuna».

'O Cammello lo fissò a lungo con occhi rabbiosi,

la settima esclusione consecutiva restava un'ingiustizia. Comunque obbedì: in silenzio raccolse le sue cose e s'allontanò senza che nessuno della squadra l'accompagnasse fuori dallo stadio.

Poche ore dopo il diverbio tra Monzeglio e Bacchetti, contro l'Udinese finì con un'inaspettata sconfitta. Il Napoli andò in vantaggio grazie a Mario Astorri, un solido centravanti che aveva fatto molto bene con la Juve e che Monzeglio aveva voluto in azzurro nonostante veleggiasse sulla trentina. Ma l'attaccante dei friulani, Giuseppe Rinaldi, segnò una doppietta che fissò sul 2-1 il risultato definitivo. L'inciampo imprevisto mandò su tutte le furie Eraldo, che negli spogliatoi strigliò i suoi: «Così non va! Non abbiamo stretto i denti, l'Udinese vale la metà di noi e ci ha dominato. Ma che siete, donnette?».

Quella sera, nel rincasare a piedi verso piazza Fuga, dove abitava in un quieto appartamento non lontano dalla stazione della funicolare centrale, Monzeglio non poté fare a meno di chiedersi come sarebbe andata con 'O Cammello in campo, magari lo stesso, straripante e travolgente, del precedente campionato, in cui era stato protagonista con dieci reti.

Sì, per quel *furlan*, Eraldo aveva un debole. Non solo perché dava del tu al pallone, piazzandolo dove voleva grazie alle carezze dei suoi piedi vellutati. Il fatto è che quelle sue mattane, le stesse che lo rendevano in campo una mezzala geniale, e quei suoi ragionamenti carichi di ideali e passione gli rimandavano un'immagine speculare di quella che era stata la sua, di giovinezza. Certo, barricate opposte, è chiaro: ma era un fatto che Bacchetti oggi era il medesimo puledro indomabile che una volta era stato Eraldo.

Con la mente tornò a una ventina d'anni prima, alla primavera del 1933 – allora indossava i colori rossoblù del Bologna – quando a Vienna i tifosi del Rapid, nel quarto di finale di Coppa Europa, lo bersagliarono a sassate dopo che aveva scalciato uno dei loro centrocampisti, un certo Hans Pesser, un tracagnotto che lo aveva provocato e malmenato per tutta la partita. Quando per quella reazione l'arbitro lo espulse, dagli spalti austriaci riprese quel micidiale e pericoloso tirassegno che lasciò Eraldo indifferente. Anzi, per risposta, d'istinto si irrigidì impettito sull'attenti dopo essersi avvicinato con il ghigno minaccioso alle tribune, a tu per tu con il grugno della folla. Poi sfoderò il saluto fascista per chiarire come fossero fatti gli italiani, gli stessi che nel 1917 avevano fermato quei crucchi sulla linea del Piave. Furono dei robusti gendarmi a trascinarlo via a forza, altrimenti lui sarebbe rimasto lì, continuando a sfidare quegli esagitati. Ritto, impavido, come un fante prima dell'attacco.

'O Cammello era fatto della sua stessa pasta, risoluto e battagliero, semplice, idealista. Rammentò quando gli parlarono di lui la prima volta. «L'ho visto giocare nel Brescia, è fenomenale: se lo prendi non te ne pentirai.» A suggerirglielo era stato proprio Giuseppe Peruchetti durante quella bella giornata di un paio d'anni prima, estate 1949, trascorsa a casa del Bepi, a Gardone Valtrompia, che aveva insistito per invitarlo.

«Eraldo, cucina la Gloria, lo sai che mia moglie ci tiene quanto me ad averti ospite: mi ha detto di farti sapere» fu la preghiera «che vuole prepararti un piatto un po' speciale, qualcosa che mette assieme la mia Brescia e la sua Alba, casoncelli al tartufo bianco, non puoi dire di no...»

Quella sera, nel salutarlo, Peruchetti tornò alla carica: «Guarda che è davvero forte, il Bacchetti. Sì, è una testa calda. Ma guidato da una roccia come te, è un ragazzo che a Napoli può fare benissimo». Quindi accennò ancora allo sfottò, ma bonario, attorno al quale era ruotata l'intera conversazione a tavola: «E poi certo che è forte, è stato un partigiano come me! Non uno di quelli che è corso a nascondersi come voialtri...».

Eraldo per un istante parve inciprignirsi, non aveva mai largheggiato con lo humour, questo era noto. Ma è vero che quel partigiano con lui poteva permettersi tutto, era sempre quel candido burlone che nei ritiri della Nazionale rallegrava chiunque, persino il Commendatore, con le sue barzellette in bresciano e con i suoi giochi di prestigio che allentavano la tensione prima della partita.

Monzeglio scoppiò a ridere d'improvviso.

Rise con il Bepi mentre la Gloria, radiosa e bella con quello chignon che le fermava i lunghi capelli mori, li guardava, felice nel rivederli l'uno accanto all'altro dopo i fatti che precedettero il 25 aprile, quando Eraldo, sul filo dei secondi, riuscì a restituirle il marito sano e salvo, prima che i fascisti lo ammazzassero. Si abbracciarono ancora. Ma poi si lasciarono che quasi piangevano, tutti e tre.

Grazie anche ai goal risolutivi di Bacchetti, nel campionato dell'anno prima, 1950-'51, il Napoli aveva agguantato un insperato sesto posto, dietro agli squadroni del Nord.

I guizzi di 'O Cammello, magie che lasciavano di stucco le difese avversarie, avevano fatto innamorare i napoletani, incendiandoli di passione. Era stato preso come prima riserva in attacco, ma si era imposto subito segnando a fine torneo dieci reti in tutto, un bottino assai oltre le aspettative, un goal in meno rispetto agli undici a testa realizzati dalla coppia di punte, Amadei e Krieziu.

Nell'estate successiva il presidente Achille Lauro, O' Comandante, con lo sguardo rivolto alle elezioni comunali dell'imminente luglio 1952 e già sicuro di vedersi sindaco, avviò una poderosa campagna acquisti prendendo, tra i tanti, gli ungheresi Eugen Vinyei e István Mike Mayer, che stavano facendo molto bene alla Pro Patria e al Bologna. Nel pianificare la nuova stagione, Monzeglio pose dei paletti tassativi: «Presidente, Bacchetti resta. E sarà ancora titolare».

'O Comandante concordò. Qualcuno gli aveva riferito che il calciatore era stato addirittura citato in quel dialogo ascoltato sul palcoscenico di *Napoli milionaria!*, la popolare commedia di Eduardo De Filippo.

Tra le speranze della gente – prostitute, ladri, borsaneristi, reduci che continuavano a vestire il lacero grigioverde perché non possedevano altro – c'erano quelle affidate, narrava il Maestro, a una schedina del Totocalcio. Gennaro, il protagonista domanda a un amico: «C'è Napoli-Inter, che mettiamo?». Risposta: «Bacchetti gioca? Se sì, allora metti 1 fisso».

«Monzeglio, state tranquillo, il vostro Bacchetti è incedibile» fu la rassicurazione data dal Comandante all'allenatore.

Subito dopo congedò il mister riprendendo gli incontri e le telefonate per scegliere i nomi da inserire nella lista Stella e Corona, quella del Partito nazionale monarchico con cui, apparentandosi al Movimento sociale italiano, di lì a poco avrebbe raggiunto la maggioranza assoluta dei voti in consiglio comunale.

Ma d'improvviso Bacchetti si trasformò in quel giocatore abulico, svogliato, senza fantasia e senza i suoi tocchi geniali, con la testa apparentemente da un'altra parte, con il quale Monzeglio venne quasi alle mani nello spogliatoio durante la partita del 3 febbraio 1952.

Tra ottobre e novembre il suo umore peggiorò. Saltò diversi allenamenti senza fornire spiegazioni. Monzeglio non gli disse niente, non lo rimproverò, non cercò un chiarimento: da Pozzo aveva imparato che certi giocatori andavano trattati a modo loro, un po' con il bastone e un po' con la carota.

Ma proprio quando stava valutando se reinserirlo tra gli undici titolari, O' Cammello si rese protagonista di un'ennesima stramberia, stavolta così offensiva verso la squadra da risultare intollerabile. C'era l'Inter da affrontare al Vomero e i suoi dribbling sarebbero serviti per sgretolare il muro nerazzurro. Bacchetti, però, non si fece vedere. Eraldo sulle prime pensò che fosse semplicemente in ritardo. Così lo fece chiamare tramite l'altoparlante dello stadio. Ma non arrivò alcuna risposta e a quel punto l'allenatore, soffocando sul nascere l'esplosione di un'inutile arrabbiatura, preferì togliersi di testa il mistero di quella sparizione per concentrarsi unicamente sulla partita. Gli azzurri vinsero 1-0.

Più tardi qualcuno raccontò a Eraldo di aver visto 'O Cammello sugli spalti. Fumava sigarette, confuso tra gli spettatori, ma ci fu chi lo riconobbe nonostante la coppola calcata sulla testa, il bavero del cappotto rialzato e sul volto degli occhialoni scuri da aviatore.

Nei giorni successivi, concluso un allenamento

infrasettimanale nel pomeriggio e mentre il cielo su Napoli stava imbrunendo, la mezzala si avvicinò a Monzeglio, che dopo la partita aveva deciso di non rivolgergli più la parola, nemmeno per un saluto.

«Mister, le devo parlare.»

«Vediamo cosa devi dirmi» fece Eraldo, gelido.

Grazie a Peruchetti e a Meazza – anche Peppin lo conosceva per averlo visto giocare nell'Inter e anche lui glielo aveva raccomandato – alcune cose importanti del passato di quel ragazzo era venuto a saperle. Anche in questo Pozzo era stato il suo maestro. Era stato lui a insegnargli che dei giocatori era bene che un allenatore conoscesse tutto, anche il particolare più insignificante: la voglia di sacrificarsi, i nomi dei genitori, il peso, se tendessero a ingrassare o a dimagrire, il battito cardiaco, se fossero fidanzati o sposati, se fossero fedeli o tradissero. Poi le amicizie, le abitudini, il fumo, il gioco, se tirassero tardi o se si svegliassero presto. Se fossero senzadio o credenti. E pure che idee politiche frullassero in testa.

Di Bacchetti gli avevano riferito che era stato nella Resistenza, dunque era stato un «pistolero comunista», per usare la spregiativa definizione coniata da Mussolini.

Ma ciò che quel pomeriggio Bacchetti gli rivelò, quasi confessandosi, fu del tutto inaspettato. Un racconto che proveniva dritto dai giorni più feroci della primavera del 1945.

Bacchetti esordì: «Mister, tanto lei lo sa. Prima

e durante la guerra ho giocato un po' dappertutto, Udine, Potenza, Torre Annunziata. Poi ancora a Udine dove mi chiamavano "il levriero", perché correvo come una saetta. Credo pure che lei sappia che sono stato un partigiano, un garibaldino nella Natisone, la divisione che operava dalle mie parti, tra Veneto, Carnia e Alpi Giulie. Sono diventato anche sergente maggiore, il mio nome di battaglia era Gianni. Avevo diversi compiti, tra cui quello di trovare il vettovagliamento per i nostri, per i reparti che stavano in montagna, chiedendolo tra le cascine in campagna». Mentre uscivano dal Vomero, la mezzala proseguì: «Quello che sicuramente lei non sa, mister, è che sono stato accusato di omicidio, quello di un uomo di trentun anni, un certo Antonio Comuzzi. Era delle mie parti, io sono di Codroipo e lui di Pradamano, posti distanti una trentina di chilometri, sotto Udine».

E cominciò a raccontare. La mattina del 25 marzo 1945 Antonio, con il fratello Germano, «due anni più giovane di me», e un certo Paolo Maiero, tutti partigiani, stavano percorrendo a piedi un sentiero tra i frutteti, verso Pradamano. Comuzzi, un funzionario repubblichino dell'Ufficio provinciale statistico ed economico dell'Agricoltura, era prigioniero del terzetto. Camminava con la canna di un Mab puntata sulla schiena. Avevano preso l'uomo «perché taglieggiava gli agricoltori con continue minacce e per questo era stato deciso di processarlo».

Qui 'O Cammello si fermò per qualche istante, pensieroso, forse indeciso su come proseguire. Nel riprendere il racconto, parve misurare le parole, stavolta più caute: «Circa un anno dopo quel 25 marzo, il cadavere di Comuzzi venne trovato sotterrato in campagna. I familiari hanno accusato mio fratello, Maiero e me dell'omicidio. Sapevo da tempo che era in corso un'indagine e qualche settimana fa i carabinieri mi hanno notificato il mandato di comparizione inviato dal Tribunale di Udine. Il processo si terrà nei prossimi giorni, il 17 dicembre».[2]

Bacchetti a questo punto guardò negli occhi Monzeglio: «So bene che sto giocando male, mister, ma ora lei ne conosce il motivo. È molto semplice: mi scoppia la testa, ci sono troppi pensieri dentro».

Eraldo non volle insistere. «Dovrai andare a Udine a difenderti» si limitò a osservare.

«Sì, il mio avvocato mi vuole vedere al più presto, dobbiamo concordare la difesa. Sono sicuro che finirà per il meglio. La sentenza dovrebbe arrivare subito. Poi tornerò qui a Napoli, tornerò quello di prima, gliel'assicuro. Lei deve solo darmi il permesso di partire. Però sa bene che, se non lo facesse, a Udine andrei lo stesso.»

«Parlerò io con Lauro, non credo ci saranno problemi.»

Dopo quelle parole sorprendenti, l'indomani mattina, molto sul presto, Monzeglio andò direttamente dal presidente, nel suo sfarzoso palazzo in via Crispi.

Come al solito, incurante di niente e nessuno, 'O Comandante lo accolse nudo, offrendogli un caffè sull'elegante terrazza con la vista su un convento. Più volte le suore lo avevano denunciato, dopo averlo visto affacciarsi sul balcone con il gigantesco batacchio eretto. «'O piscione» lo chiamava lui stesso orgoglioso. Stravaganze per cui impazzivano i napoletani e le napoletane. Popolane dei quartieri bassi e ricche signore lo adoravano allo stesso modo: «*Cumannà, vuie tenite 'o piscione, nun avite a muri' mai!*».

Lauro stava per diventare sindaco, ma di quella città da tempo era già il Viceré riconosciuto. Occhi azzurri magnetici, muscoli torniti come quelli di un dio greco. Figlio di un piccolo armatore, si era imbarcato giovanissimo e a vent'anni, dopo aver solcato più volte l'Atlantico, poteva già raccontare un'infinità di storie salgariane di ammutinamenti e abbordaggi.

Scaltro, intelligente e spregiudicato, a metà degli anni Trenta possedeva una flotta di decine di mercantili per oltre duecentomila tonnellate. Gli affari li faceva indifferentemente con tutti, ma fu la guerra d'Etiopia a renderlo molto più ricco consentendogli, dopo aver intrecciato solidi rapporti con il potente Costanzo Ciano, armatore come lui e consuocero di Mussolini, di trasportare soldati, cannoni, carri armati, carburante. Era però stimatissimo anche a Londra e, quando ebbe bisogno di centomila sterline per acquistare dei pezzi necessari per il varo di due motocisterne da tredicimila tonnellate ciascuna – stazza notevole, soprattutto per l'epoca –, gli bastò inviare un telegramma alla C. Hoare & Co., la più antica banca privata della City, che inviò la somma senza fare una piega.

Gli inglesi gli piacevano, li aveva ben conosciuti in mare, sapeva che indomabile tempra da bucanieri avessero e, quando il Duce s'accodò a Hitler per sfidarli in guerra, Lauro scosse la testa: «Non finirà bene».

E infatti. Le perdite subite dalla sua flotta si fecero subito insopportabili. Mercantili e petroliere – specialmente lungo la rotta verso il Nord Africa dove i bastimenti facevano sosta per rifornire l'Afrika Korps e i ragazzi delle divisioni italiane spedite nel deserto – venivano falcidiati dai sommergibili della Royal Navy e dai bombardieri della Raf. Lauro, nel 1942, se ne lamentò a Palazzo Venezia, durante un franco e brutale colloquio con Mussolini il quale, come risarcimento, gli consegnò le chiavi di Napoli permettendogli di acquistare il 50% del «Mattino», del «Roma» e del «Corriere di Napoli», i maggiori quotidiani locali.

Anche per questo – e non solo perché nella sua lussuosa villa a Sorrento organizzava feste e ricevimenti per i gerarchi – agli occhi di tutti 'O Comandante restava indiscutibilmente compromesso con il Ventennio.

La mattina in cui, poco dopo la liberazione di Napoli, una squadra della Royal Military Police si presentò a casa arrestandolo per collaborazionismo, 'O Comandante non ne rimase sorpreso, qualcuno lo aveva avvertito per tempo. La scena si svolse con garbo: Lauro accolse i soldati parlando in inglese, divise con loro un'abbondante colazione e poi si fece accompagnare a Poggioreale. Trascorse lunghi mesi nei campi d'internamento alleati a Padula, Aversa e Terni organizzando partite a pallone tra carcerati e secondini. Nel frattempo continuava a curare gli affari, senza che gli alleati badassero troppo a lui o forse – per un napoletano nulla è impossibile – proprio con il loro aiuto.

Nel 1947, dopo il ritorno in libertà, già possedeva tre navi liberty con cui trasportava emigranti in Australia e da qui rimpatriava i soldati italiani ex prigionieri.

Quando Monzeglio gli accennò di Bacchetti, 'O Comandante liquidò l'intera vicenda ancora più sbrigativo del solito: «*Chist'è 'na capa e cazz', nun ne voje sape' cchiù niente*».

'O Cammello ebbe il permesso di assentarsi già prima dell'incontro del 16 dicembre 1951 al Vomero contro la Triestina. Il 20 telefonò in società limitandosi a dire che i suoi impegni processuali «si erano esauriti» e che sarebbe tornato subito dopo Natale, in tempo per la partita casalinga con la Juve, che con Boniperti e Hansen voleva vincere il campionato.

Monzeglio, però, forse non convinto da quel che vedeva in allenamento, continuò a non farlo giocare.

Nei giorni successivi 'O Cammello si presentò nella sede della società, una palazzina a due passi dallo stadio, facendo una sfuriata e chiedendo il pagamento anticipato di tutte le spettanze stagionali. Quando 'O Comandante venne a saperlo, s'imbufalì e lo deferì alla Federazione. In attesa della sentenza, il mister preferì non allontanarlo dalla squadra, sperando che Bacchetti gli desse segnali positivi.

Anche se il presidente aveva già bocciato quel ragazzo, i ruoli erano chiari: l'allenatore era inequivocabilmente lui. E solo lui poteva decidere se quel friulano meritasse un'altra possibilità. Peccato che, nel tornare a Napoli, Bacchetti pareva aver lasciato la testa altrove.

Sino a esplodere nello spogliatoio in quel modo intollerabile.

Dopo la batosta con l'Udinese, la sera a casa il mister, agitato dai pensieri, non riuscì a prendere sonno e all'indomani, senza la routine degli allenamenti non previsti al lunedì, si ritrovò a riflettere lungamente sull'accaduto. Gli spogliatoi sono una via di mezzo tra il confessionale e il ring. Quello che uno ha dentro, lo deve dire. Poi si discute, si litiga, si grida. Si finisce a botte, magari uno mette al muro l'altro: quello, Eraldo lo sapeva bene, è il miglior modo per chiarirsi.

Ciò che però era successo durante quella lite al Vomero, con quella bottiglia brandita come un'arma, era tutt'altro, niente a che vedere con le incomprensioni inevitabili tra un mister e un calciatore. No, quella era carne viva fatta a pezzi con un coltello arroventato.

Non era Monzeglio contro 'O Cammello. Erano due mondi agli antipodi che in qualche modo erano entrati, anzi tornati, in collisione. Come prima del 25 aprile. Come prima che crollasse tutto.

Noi e loro.

Noi e i banditi, noi e i ribelli, noi e i *pistoleros*.

Al pomeriggio uscì di casa per fare due passi verso l'imbrunire, un'abitudine regolare, una camminata senza una meta esatta. Per respirare l'aria di Napoli. Un buon modo per organizzare, metodico com'era, la settimana, gli allenamenti, la formazione, la partita. Ma inevitabilmente Eraldo ripensò ad altro, e anche alla folle accelerazione della sua vita dopo i giorni della resa dei conti al Nord. A confronto con quel periodo rovente e insanguinato, adesso Napoli, con la meraviglia del Golfo e la maestosità del Vesuvio, gli sembrava un altro mondo, un'Italia lontana dall'odio lasciato dalla guerra civile, dai morti ammazzati, dalle feroci esecuzioni.

Certo, qui nei bassifondi, la povertà restava sconvolgente: le famiglie vivevano ancora recuperando uova in polvere e scatolette americane di *meat and vegetables* e gli sciuscià sciamavano attorno a ogni cristiano, elemosinando monete. Un pomeriggio, quasi per caso, mentre passeggiava accompagnato da Marcella Jeandeau, l'affascinante centometrista azzurra che ogni tanto, tenendolo per mano, lo portava in giro per la città mostrandogliene i segreti, capitò in una specie di ospizio e ne restò scioccato. I vecchi erano in condizioni pietose, scheletri resi trasparenti dalla fame, sporchi. La donna che li accudiva, una vedova, gli raccontò che erano tutti «*senza nisciuno*, abbandonati, scaricati qui chi *'o ssape aropp'* quali storie. I familiari sono spariti, morti in guerra, uccisi dai tedeschi e dai liberatori, tanto è lo stesso. Mangiano solo si *truov'* qualcosa per loro, *p'a carità* degli sconosciuti».

Da quel giorno, sino a che restò a Napoli, una volta a settimana e dopo essere uscito dalla chiesa dei Girolamini in cui ogni mattina andava a pregare all'alba, Eraldo prese l'abitudine di passare per l'ospizio lasciando delle somme dentro una busta.

Poi c'erano le macerie. I quartieri davanti al porto erano stati sventrati dalle bombe alleate che avevano ammazzato migliaia di civili e i rioni Mercato e Borgo Loreto praticamente non esistevano più.

Ma la città voleva risollevarsi, tornare a vivere e sognare: dimenticare e sconfiggere la miseria era possibile grazie anche a quell'amore folle e sviscerato per il pallone.

Una passione, quella dei napoletani, che lo aveva travolto e contagiato facendogli vivere la giornata più bella della sua vita. Persino più felice della vittoria al Mondiale del 1934.

Domenica 18 giugno 1950: il Napoli batté il Vicenza 1-0 e raggiunse la matematica certezza della promozione in Serie A.

Lo stadio al Vomero, riempito ben oltre i suoi quindicimila posti, impazzì di gioia. I tifosi invasero il campo, alcuni di loro issarono sulle spalle Monzeglio e il presidente Egidio Musollino. Scortati dai giocatori, fecero più volte il giro d'onore sugli spalti dove la gente cantava «In Serie A! in Serie A!». Poi i capotifosi, 'O Chiattone e 'O Re di Forcella, fecero sfilare in campo il ciuccio, l'asinello tutto drappeggiato d'azzurro, seguito da una banda musicale diretta da un maestro con l'abito sgargiante di un pazzariello, l'imbonitore in uniforme borbonica.

A chiamare Eraldo a Napoli era stato Musollino in persona, che per avere sue referenze si era rivolto a Pozzo inviandogli una lettera a Torino, alla sede della «Stampa», dove il Commendatore, ancora per poco cittì azzurro, lavorava scrivendo di calcio sulle pagine sportive. Quel piemontese tutto d'un pezzo era fatto così: non voleva un centesimo dalla Federcalcio perché «allenare l'Italia è un dovere per cui non bisogna essere pagati».

Pozzo, sempre per lettera, aveva rassicurato Musollino: «Il calcio non è una scienza esatta, non posso prevedere i risultati, ma posso garantirvi che Monzeglio è il tecnico che serve adesso al Napoli, una squadra da ricostruire».

Nell'incontrare Eraldo la prima volta, Musollino aveva cominciato subito con una specie di interrogatorio e sembrava che più che del pallone volesse sapere di Salò, del Duce, di donna Rachele e della Petacci, tutte domande alle quali il mister aveva risposto evasivamente, a monosillabi, sempre più infastidito.

Poi il presidente del Napoli gli aveva chiesto a bruciapelo: «Ma è vero che lei ha insegnato a giocare a tennis a Mussolini e ai suoi figli?».

«Sì.»

«Ed è vero che lei prendeva a schiaffi i ragazzi, Bruno e Vittorio, se sbagliavano i colpi?»

Monzeglio lo aveva guardato, stavolta sul punto di esplodere e pronto ad andarsene da quella stanza: «Non ce n'era bisogno. Erano svegli, perbene, tutti e due sportivi. Imparavano in fretta. Ma con loro potevo essere molto severo, questo sì. Un maestro deve farsi rispettare».

Musollino, che morì poco dopo, il 22 febbraio 1951, a quarantatré anni nel suo letto per un infarto, consentendo al Comandante l'ingresso ufficiale alla guida della società, aveva sorriso facendosi poi subito serio. «Al Napoli serve un allenatore come lei» sentenziò «uno che non guardi in faccia a nessuno e che si faccia rispettare dai giocatori.»

Si accordarono facilmente per la firma del contratto ed Eraldo non poté non pensare a quella curiosa successione: sulla panchina partenopea sino a qualche mese prima era stato seduto un altro campione del mondo del 1934, lo juventino Felice Borel, detto «Farfallino» per la sua eleganza, in campo e fuori.

Il bianconero aveva fallito l'obiettivo della risalita in Serie A. Aveva molto prestigio ma poco polso, per questo lo spogliatoio si era trasformato in una bolgia ingovernabile. Felice non era stato capace nemmeno di mandare a letto presto i nottambuli, tipo l'uruguaiano Roberto La Paz, un talentuosissimo centravanti preso dal Sud América di Montevideo, per il quale però il pallone veniva dopo le donne e l'alcol. Monzeglio lo fece allontanare immediatamente, spedendolo all'Olympique di Marsiglia, dove peraltro non ebbe alcun successo.

Riguardo a Borel, Eraldo non fece nulla per contattarlo per il passaggio di consegne; non serviva. Tra loro non c'era mai stata alcuna simpatia. Ricordava bene quella cattiveria che il centravanti bianconero aveva messo in giro a Milano in occasione della semifinale ai Mondiali contro l'Austria. Prima della partita, al Principe & Savoia, dove alloggiavano gli azzurri, comparve il presidente della Federcalcio Vaccaro con Vittorio e Bruno. Confabularono con Pozzo. Qualcuno della Nazionale, come spifferò poi Farfallino, insinuò: «Ecco, questi qui sono venuti a spingere per Monzeglio in squadra contro l'Austria». No, non c'era alcun motivo per mandare dei saluti a quel maldicente, velenoso e pettegolo juventino.

Adesso era ormai sera e mentre era assorto in questi pensieri il mister arrivò quasi senza accorgersene in via Santa Brigida, dietro alla Galleria. Si ritrovò davanti al bar Pippone, affollato, come sempre, dai tifosi. Era stato aperto prima della guerra da un ex terzino azzurro, Paulo Innocenti, bolognese nato in Brasile, dove i genitori erano emigrati. Una volta appesi gli scarpini al chiodo, Paulo, continuando peraltro a stare al Napoli come accompagnatore, aveva avviato l'attività chiamata con il soprannome guadagnato sugli spalti per via del suo naso, piuttosto ingombrante.

Pippone era il ritrovo del calcio, ma non solo: da lui passavano proprio tutti, guardie e guappi, militari americani e inglesi, tifosi e giocatori, *signurine* e giornalisti, anzi i «dottorini», come preferiva chiamarli Monzeglio che talvolta, nel vederli, sbottava: «Sento puzza... ecco, sono le carogne che arrivano».

La conoscenza tra Eraldo e Paulo risaliva ai tempi del Bologna, quando si erano sfiorati in rossoblù, e proprio a Bologna Pippone aveva conosciuto la moglie. Qualche volta al suo bar andava anche Monzeglio, sebbene in occasioni rare. Tra queste, le improvvisate, nelle quali lo accompagnava con riluttanza, del presidente Lauro, che quando era in buona i caffè della città se li girava tutti, stringendo quante più mani possibile. Soprattutto in campagna elettorale.

All'allenatore il vociare continuo e la ressa proprio non garbavano, in particolare se c'era da rispondere a mille domande inutili e snervanti. Al bar, ogni tifoso diceva la sua, ciascuno dettava la sua formazione. Chi suggeriva, chi criticava, chi pontificava, chi gridava. Senza contare che quelle chiacchiere d'improvviso potevano arroventarsi trasformando persino i più tranquilli in ossessi incontrollabili. Ed ecco perché da quei ritrovi affollati il riservato casalasco preferiva stare alla larga.

Stavolta però Monzeglio entrò senza esitazioni. Pensò che forse proprio qui avrebbe trovato Bacchetti, e forse proprio quell'incontro – confessò a sé stesso – era lo scopo di quella camminata cominciata in apparenza, come sempre, senza meta.

Dopo gli allenamenti, e anche la sera, il friulano e altri giocatori spesso capitavano da Pippone, tappa obbligata prima di finire tutti assieme in qualche bordello da quelle parti, da «Monferrante» o dalla «Suprema», frequentati dai più facoltosi, i più eleganti, quelli con le ragazze più invitanti.

Quando Paulo vide l'allenatore gli sorrise, salutandolo con calore: «Mister, che bella sorpresa! Vieni... un calice? Mannò, dai, scherzavo: so bene che sei fatto a modo tuo e che dall'alcol stai lontano».

Eraldo sorrise, strinse molte mani, rassegnandosi a sopportare l'insistenza invadente della clientela e rifiutando l'infinità di bicchieri e cicchetti.

Poi scorse in un angolo Bacchetti, appartato a un tavolo assieme a uno dei pochi «dottorini» con i quali si fermava a parlare volentieri, anche a lungo. Era Gino Palumbo, lavorava al «Mattino», trent'anni circa, tanto scafato quanto simpatico. Lo aveva preso a benvolere da quella volta in cui Gino gli raccontò come avesse conosciuto Coppi e quel che aveva fatto per lui nel dicembre 1944. Fausto era a Napoli, appena rimpatriato con altri soldati dalla prigionia in Nord Africa, e un giorno si era presentato alla redazione della «Voce», quotidiano di orientamento socialcomunista dove Palumbo lavorava.

«Dottò, c'è un militare che vuole parlare con lei: si chiama Coppo, o Coppola» aveva detto il fattorino a Gino. Coppi aveva vinto il Giro nel 1940 e due anni dopo, nel 1942, aveva stabilito il record dell'ora. Non era ancora però il Campionissimo celeberrimo che durante la cavalcata trionfale dell'indimenticabile luglio 1949 si sarebbe aggiudicato il Tour facendo innamorare, o incazzare, i francesi.

In quella Napoli sconvolta dalla guerra pochi lo conoscevano, se non nessuno. Palumbo, oltre che essere appassionato di ciclismo, aveva però una poderosa memoria fotografica e riconobbe, sia pure con una certa difficoltà nella messa a fuoco, il corridore che aveva la bustina in testa e indossava una divisa di foggia coloniale, color kaki.

«Sono tornato un mese fa dalla Tunisia» esordì il ciclista, magro, pallido, timido «e faccio l'attendente di un capitano inglese. Vorrei prepararmi per tornare a correre. Ma ho una bici a gomme piene, faccio una fatica incredibile. Se lei e il suo giornale poteste aiutarmi...»

Il racconto di Palumbo proseguì come uno scoppiettante monologo teatrale, allegro, trascinante: «La "Voce" ci pagava poco e a rate, a volte gruppetti di persone si radunavano sotto le nostre finestre in Galleria gridando: "Venduti! Pagati da Mosca!". Noi rispondevamo: "Be', pagati proprio no...". Figurarsi se poteva sfiorarci l'idea di regalare una bici a quel ciclista... Però il giorno dopo pubblicammo un appello: "Chi vuole dare una bici al corridore Fausto Coppi?". Risposero in tre. La bici si trovò, la regalò un falegname di Frattamaggiore. Ecco Mister, questo è il cuore di Napoli...».

Nel frattempo anche Bacchetti si era accorto con stupore dell'ingresso di Monzeglio nel locale e lo squadrò interrogativo nel vederlo avvicinarsi al tavolo. L'allenatore fu sbrigativo, reprimendo a stento la rabbia per aver scoperto assieme il calciatore e quel cronista, che pure gli stava simpatico: «Palumbo, scusami, devo parlare da solo con Toni». Più complice che assertivo, la mezzala diede un cenno d'intesa al giornalista ed Eraldo pensò che di certo il «dottorino» già sapeva tutto della lite.

Gino, che si era appena seduto, non obiettò, salutò e se ne andò, sicuro che se non altro presto avrebbe avuto qualcosa di buono da scrivere, magari rifilando un «buco» ad Aldo Biscardi, il suo rivale di «Paese Sera» che negli spogliatoi aveva ottime fonti. A quello straripante giornalista dall'inconfondibile chioma rossiccia non sfuggiva alcuno spiffero e per questo era in grado di raccontare tutto, ma proprio tutto, di quel che succedeva al Napoli. Ma stavolta Palumbo era in vantaggio: più tardi, o al massimo all'indomani, avrebbe cercato Bacchetti, si sarebbe fatto spiegare cosa stava capitando tra lui e l'allenatore. Ne avrebbe sicuramente scritto, pregustando come infilzare quel tarantolato di Biscardi.

Dentro al bar molti dei clienti-tifosi, incuriositi, si erano messi nel frattempo a fissare l'allenatore e la mezzala. Vederli assieme in quel posto e a quell'ora era quanto meno insolito.

«Bacchetti, meglio se usciamo, qui c'è troppa gente» fu l'ordine di Monzeglio. Fuori dal locale s'incamminarono verso via Toledo, stavolta soli tra una fiumana di passanti.

A rompere il silenzio fu a sorpresa proprio Toni. «Non avrei dovuto, non mi sono controllato, mi spiace, mister.»

Monzeglio restò in silenzio, trenta o quaranta secondi, forse un minuto. Poi domandò, brutale: «Quel Comuzzi, l'hai ucciso tu?».

Dopo un altro silenzio breve e intenso, la risposta arrivò di getto: «Certo che l'ho ucciso io! Era mio dovere e non ho avuto alcuna esitazione. Non lo conoscevo, non lo odiavo e non cercavo vendetta. Ma quello che da tempo ci riferivano i contadini era inaccettabile: dicevano di non poterci aiutare per via delle sue minacce continue. Non potevano darci nulla, pane, formaggio, prosciutti e salame perché lui, spalleggiato da altri sgherri, gridava robe così: “Se sostenete i partigiani, vi faccio arrestare. Quello che avete è solo per noi fascisti”».

Una storia di guerra, insomma.

Anzi, della guerra civile, la più feroce, quella che divideva famiglie, fratelli, amici, compagni di lavoro. O di qua o di là. Bianco o nero, le tinte grigie sembravano, all’apparenza, non concesse e non avere spazio.

Bacchetti proseguì. Disse che il Cln di Pradamano si era riunito in una stalla: «Arrivò l’ordine di uccidere il Comuzzi. Non dico balle, son cose che ho ripetuto al processo e che scrissi pure in una relazione mandata al Cln di Udine. Se non l’ho mai raccontato prima, è perché non volevo seguire la sorte di altri partigiani incriminati per fatti simili e per non coinvolgere altri compagni».

Ancora silenzio.

Il friulano riprese, sempre più accalorato, sul punto di piangere: «Mister, lei sa bene che le cose stanno come gliele dico io. Io ho combattuto per un’idea, ho combattuto mettendo il cuore in ogni scelta che ho preso. Ma mi hanno trattato come un malvivente, accusandomi di omicidio. Però io sono un partigiano, un garibaldino, nome di battaglia Gianni. E non sono un assassino».

Monzeglio lasciò passare altri istanti e poi, di nuovo a bruciapelo, domandò: «Com’è finito il processo?».

«Son cose che in questi giorni ho mandato a memoria, mister, leggendo e rileggendo gli atti giudiziari: il pubblico ministero nella requisitoria ha parlato di legittimità della soppressione, riconoscendo il collaborazionismo del Comuzzi. Tutto quello che è successo è rientrato in una "necessità di lotta".»

«E quindi? La sentenza?»

«Non luogo a procedere, reato estinto dall'amnistia con l'azione coperta da movente politico, come aveva sostenuto l'accusa.»

L'allenatore fu sul punto di replicare ma trattenne per sé la riflessione, anche perché Bacchetti era agitatissimo, quasi in trance, un fiume di parole inarrestabile. La storia si era conclusa lì, con la convinzione di Eraldo che, perlomeno in quel caso, l'amnistia voluta dal guardasigilli comunista Palmiro Togliatti per azzerare i crimini commessi dai fascisti avesse finito per mettere sullo stesso piano gli ammazzamenti degli altri, dei rossi. Ma chissà, forse era la scelta più saggia.

Restarono entrambi silenziosi, a lungo.

Poi però fu Antonio a chiedere: «Mister, a Brescia raccontavano che lei fosse stato sino all'ultimo a Salò con Mussolini. Ma il Peruchetti, partigiano come me, mi ha detto che lei è un uomo perbene e che, anzi, lui le deve la vita perché lei lo ha salvato dalla condanna a morte dei fascisti. È vero?».

«Se ne dicono tante, Bacchetti. Ma ora non ha più importanza. Son fatti passati. Ora conta solo che devi tornare ad allenarti seriamente. Se ti impegni, puoi sperare di tornare titolare».

Poi si salutarono, senza aggiungere altro.

Da sinistra Eraldo Monzeglio con l'argentino Juan Carlos Tacchi (1932-2007), ala sinistra del Napoli. Data imprecisata (archivio Corriere della Sera)

Il bilancio di una vita, dal dopoguerra in poi

Della sorte di molte delle persone, a lui vicine, coinvolte nella guerra civile, Monzeglio venne a sapere solo dopo il 25 aprile.

Bruno Neri, una vita da mediano con la Fiorentina, divenne partigiano e cadde il 10 luglio 1944 in uno scontro contro i tedeschi lungo la Linea Gotica.

Dino Fiorini, ufficiale nella Guardia nazionale repubblicana, venne ucciso nel settembre 1944. Forse cercava agganci con la Resistenza, ma non è detto. Il suo cadavere non è mai stato ritrovato.

Gina Ruberti, la moglie di Bruno Mussolini, fu inghiottita dalle acque del lago di Como nella notte del 3 maggio 1946 assieme ad alcuni militari britannici con cui trascorse quella serata. I familiari dissero che fu assassinata, però l'inchiesta non approdò a nulla.

Leandro Arpinati fu ammazzato da un commando gappista a Malacappa la mattina del 22 aprile 1945, quando Bologna era stata liberata da poche ore. La sua morte inaugurò la mattanza dei fascisti nel «triangolo rosso» dell'Emilia. I suoi assassini restano sconosciuti.

Quanto ad Antonio Bacchetti, nel 1952 venne ceduto dal Napoli e iniziò una fase inquieta della carriera, che di anno in anno lo portò all'Udinese, al Torino, al Crotone e ai biancorossi della Cividalese. Tornato a Udine per occuparsi di calcio giovanile, nel 1975 venne arrestato per omicidio. Era entrato nel negozio di articoli sportivi di un certo Armando Lorenzutti, uno spregiudicato procuratore che lucrava sul business legato al calcio giovanile. Dopo una lite – l'ultima di una lunga serie – lo aveva freddato con due colpi di pistola. Poi aveva chiesto a qualcuno di avvertire il 113. Condannato per l'omicidio, morì il 9 maggio 1979, a cinquantasei anni, per un male incurabile. Al capezzale di 'O Cammello giunsero certi *furlan* che gli erano amici, Enzo Bearzot, Dino Zoff e Gianfranco Casarsa, quello dei rigori tirati da fermo.

La carriera di Eraldo, così com'è il calcio e com'è la vita, ebbe alti e bassi. Dopo una fugace parentesi alla Simmenthal Monza, allenò per anni la Sampdoria, prima di tornare per una stagione al Napoli come direttore tecnico. Nell'estate del 1963, chiamato da Gianni Agnelli, si accasò con la Juventus, quella del rissoso spogliatoio diviso tra Boniperti e Sivori. Non andò bene e restò per un solo campionato. Il quarto posto che ottenne non valse la riconferma e venne sostituito da Heriberto Herrera, il profeta del «movimiento», l'«Accacchino» di Gianni Brera che così lo distinse dal più noto soprannome dato a Helenio Herrera, l'«Accaccone».

La panchina a cui teneva di più, quella della Nazionale, non la ottenne mai. Per un paio di volte sembrò sul punto di farcela, ma venne sempre stoppato sul più bello. Qualcuno, in Federazione, gli spifferò che a bloccarlo era stata la passata vicinanza al Duce e ai suoi figli. Tra insinuazioni e obiezioni velenose, qualche dirigente insorse dicendo che, con quella nomina, i due sport più amati dagli italiani sarebbero stati guidati da ex repubblichini.

Era un riferimento a un suo caro amico, Fiorenzo Magni, che nel 1963 era diventato commissario tecnico degli azzurri di ciclismo. Al Leone delle Fiandre era stato contestato il controverso passato nella Gnr. Al processo fu assolto dall'accusa di omicidio e amnistiato per quella, dimostrata, di collaborazionismo.

Il mister terminò la carriera girovagando, senza risultati di rilievo, sulle panchine del Chiasso, del Lecco, e poi ancora del Chiasso, nel 1973. Pure a Lecco vennero rivangati i suoi trascorsi di fascista. Quando arrivò l'esonero, dopo una serie di risultati deludenti, fu accompagnato da un irridente coro dei tifosi: «Torna dal Duce».

Monzeglio si spense a Torino il 3 novembre 1981, a settantacinque anni. Il 3 dicembre 2013 la Federcalcio lo inserì nella Hall of Fame del *folber*, una squadra che ricorda nomi eterni tra cui Pozzo, Meazza, Bernardini, Piola, Valentino Mazzola, Scirea, Facchetti, Riva, Rossi... Eraldo è lì tra loro, hanno tutti la maglia azzurra.

Note

* La famiglia Mussolini a Gargnano, sul Garda, a Villa Feltrinelli, la residenza in cui il dittatore si stabilì nel periodo della Repubblica Sociale. La foto risale al marzo 1944. Da sinistra Orsola Buvoli (prima moglie di Vittorio Mussolini), poi Rachele, Romano (con i pantaloni corti, quarto figlio del Duce), Guido (figlio di Orsola e Vittorio), Vittorio (il secondogenito del Duce), una persona non identificata, il Duce, Eraldo Monzeglio, Marina (con il vestitino bianco, figlia di Bruno Mussolini e Gina Ruberti), Gina Ruberti, Anna Maria (quinta figlia del Duce). Per questa foto, stando al suo racconto, Monzeglio sarebbe finito sotto processo per collaborazionismo, venendo poi assolto (Archivio Famiglia Mussolini, per gentile concessione di Edda Negri Mussolini, dal suo libro, in collaborazione con Mario Russomanno, *I Mussolini dopo Mussolini*, Minerva Edizioni).

I misteri del lago

[1] Le parole di Ghirelli compaiono in *Intervista sul Calcio Napoli*, a cura di Maurizio Barendson, Saggi tascabili Laterza,

Roma-Bari 1978. Il capitolo sul terzino è intitolato *Monzeglio: anima nera* (pp. 77-82).

[2] Per quale altro motivo un uomo cristallino come lui, che da sottufficiale durante la campagna di Etiopia inorridì per l'uso dell'iprite (il letale gas mostarda), avrebbe dovuto rischiare la vita salendo sui monti? Fatto sta che Canali non fu mai ritrovato, sparito dopo aver salutato la madre Maddalena uscendo di casa la mattina del 7 maggio 1945, in via Zezio, nei pressi dei tornanti che s'inerpicano verso Civiglio.

[3] La testimonianza viene da Nino Oppio nell'introduzione al libro di Eros Busato *Pro Sesto. Origini e glorie del club biancoceleste*, MCG Editore, Milano 1990. Un altro dettagliato ricordo di quell'incontro tra la delegazione sestese e Monzeglio mi è stato regalato da Giorgio Oldrini, il figlio di Abramo, giornalista a «L'Unità» e a «Panorama» e anche lui sindaco di Sesto dal 2002 al 2012.

Lo squadrone che tremare il mondo fa

[1] Lo scrive Brunella Dalla Casa in *Leandro Arpinati. Un fascista anomalo*, il Mulino, Bologna 2013.

[2] La frase si trova nella biografia *Il mio nome è Giuseppe Meazza*, ExCogita, Milano 2010. Gli autori sono Marco Pedrazzini, giornalista, storico del calcio e, per venticinque anni, tra i curatori dell'archivio del «Corriere della Sera» e della «Gazzetta dello Sport», e Federico Jaselli Meazza, nipote del fuoriclasse nerazzurro.

I Mondiali del Duce

[1] Di saluti romani e altro scrive, con dovizia di particolari, Alfio Caruso, giornalista, scrittore e storico, nel suo *Un secolo*

azzurro. Cent'anni di Italia raccontati dalla Nazionale di calcio, Longanesi, Milano 2013. Dal saggio di Alfio sono tratti molti fatti citati in questa biografia su Monzeglio.
[2] Lo dice il giornalista e storico dello sport Marco Impiglia, nel riferirsi anche all'incontro tra Mussolini e la terna arbitrale prima della finale, in una delle sue accurate ricerche su sport e fascismo reperibili online.

A Roma, a Campo Testaccio

[1] Alfio Caruso, *op. cit.*, p. 101.

I figli del Duce e le estati a Riccione

[1] I virgolettati provengono dall'autobiografia di Vittorio Mussolini, *Vita con mio padre*, Mondadori, Milano 1957.

Le leggi razziali

[1] La circostanza è raccontata dal giornalista e scrittore Adam Smulevich nel suo *Presidenti. Le storie scomode dei fondatori delle squadre di calcio di Casale, Napoli e Roma*, Giuntina, Firenze 2017, prezioso per ricostruire il ritratto di Renato Sacerdoti in queste pagine.

In grigioverde

[1] Enrico Currò, *Mario Fossati e la storia del giornalismo sportivo in Italia (1945-2010)*, Bolis, Azzano San Paolo 2018, p. 35.

Quell'ultimo incontro tra Arpinati e il Duce

[1] Sono le testuali parole di Claudio Cimnaghi in risposta alla mia domanda «Perché Monzeglio seguì Mussolini a Gargnano?». Anche se, è ovvio, non è detto che il terzino le abbia pronunciate in quell'occasione, ho deciso, piuttosto arbitrariamente, di inserirle nel contesto dell'incontro tra Mussolini e Arpinati. Che fosse presente anche Eraldo lo chiarisce Giancarla Cantamessa Arpinati, figlia di Leandro, nel suo libro *Arpinati mio padre*, il Sagittario, Roma 1968.

Terra rossa a Villa Feltrinelli

[1] Mimmo Franzinelli, *Il prigioniero di Salò. Mussolini e la tragedia italiana del 1943-1945*, Mondadori, Milano 2016.
[2] Franzinelli, uno dei maggiori storici e studiosi del fascismo, mi ha raccontato con grande generosità parte delle osservazioni di Clara Petacci su quell'incontro.

Tra donna Rachele e Clara

[1] Sono alcuni dei virgolettati tratti da *A Clara. Tutte le lettere a Clara Petacci. 1943-1945*, pubblicazione, a firma Benito Mussolini, dell'Archivio centrale di Stato, a cura di Agostino Attanasio, Luisa Montevecchi, Elena Aga-Rossi e Giuseppe Parlato, Mondadori, Milano 2011.
[2] Mimmo Franzinelli, *op. cit.*

Bepi Peruchetti, il portiere partigiano

[1] Furono circa seimila gli ebrei che dall'Italia trovarono sal-

vezza in Svizzera. Quelli che li aiutarono rischiarono la vita. Anche quello del terzino fu un coraggioso sostegno ai fuggiaschi perseguitati. Volendo, una scelta di Resistenza. A raccontare di come Monzeglio si adoperasse per gli ebrei fu, sul bisettimanale «Il Monferrato» del 23 maggio 2000, lo storico Idro Grignolio. Raccolse la confidenza direttamente da Eraldo nel corso di una cena tra vecchie glorie azzurre e nerostellate.

In automobile attraverso l'insurrezione

[1] Giuseppe Parlato, *Fascisti senza Mussolini. Le origini del neofascismo in Italia, 1943-1948*, il Mulino, Bologna 2012, p. 80.
[2] I documenti sono tratti da *La fine. Gli ultimi giorni di Benito Mussolini nei documenti dei servizi segreti americani (1945-1946)*, a cura di Giorgio Cavalleri, Franco Giannantoni e Mario José Cereghino, Garzanti, Milano 2009.

Il terzino che uccise il Duce

[1] Cfr. Idro Grignolio.

La Stalingrado d'Italia

[1] Cfr. Ghirelli e anche Palumbo.

Innamorarsi davanti al Golfo

[1] L'episodio è raccontato dal giornalista Aldo Biscardi in «90 anni di storia del Napoli», serie a fascicoli, edita nel 1983, allegata al settimanale «lo Sport del Mezzogiorno».

[2] A raccontare il processo riguardante Antonio Bacchetti è lo storico Sergio Giuntini, vicepresidente della Società italiana di Storia dello Sport, nella biografia dedicata alla mezzala: *'O Cammello. Vita, morti e miracolosi gol di Antonio Bacchetti, partigiano-calciatore*, Mimesis, Milano 2020. Da questo libro ho preso ispirazione, ma restando nel solco degli atti giudiziari, per alcuni virgolettati attribuiti a 'O Cammello.

Bibliografia

La bibliografia che mi ha consentito di ricostruire la vita di Eraldo Monzeglio è riassunta in questi libri dai quali ho tratto fatti, dati, scenari, accenni, rimandi, frasi, virgole. L'elenco non comprende alcuni volumi citati nelle note. Per qualunque dimenticanza, osservazione o chiarimento, sono volentieri disponibile a questa mail: afulloni@rcs.it

Araf Jo, *Generazione wunderteam, ascesa e caduta della squadra delle meraviglie*, Urbone Publishing, S. Andrea di Conza (Av) 2019

Avagliano Mario e Palmieri Marco, *Di pura razza italiana. L'Italia «ariana» di fronte alle leggi razziali*, Baldini & Castoldi, Milano 2013

Ballestracci Marco, *I guardiani*, 66tha2nd, Roma 2016

Bertagna Federica, *La Patria di riserva. L'emigrazio-*

ne fascista in Argentina, Donzelli editore, Roma 2006

Brizzi Enrico, *Nulla al mondo di più bello. L'epopea del calcio italiano fra guerra e pace 1938-1950*, Laterza, Roma-Bari 2018

Cavalleri Giorgio, *Ombre sul lago. I drammatici eventi del Lario nella primavera-estate 1945*, edizioni Arterigere-EsseZeta, Varese 1995

Cavalleri Giorgio, Mario J. Cereghino, Franco Giannantoni, *La fine. Gli ultimi giorni di Benito Mussolini nei documenti dei servizi segreti americani (1945-1946)*, Garzanti, Milano 2009

Cazzullo Aldo, *Mussolini il capobanda. Perché dovremmo vergognarci del fascismo*, Mondadori, Milano 2023

Chessa Pasquale, *Dux. Benito Mussolini: una biografia per immagini*, Arnoldo Mondadori Editore, Milano 2008

Chessa Pasquale e Raggi Barbara, *L'ultima lettera di Benito Mussolini e Petacci: amore e politica a Salò 1943-45*, Arnoldo Mondadori Editore, Milano 2010

Ciano Edda (con Domenico Olivieri), *La mia vita*, Arnoldo Mondadori Editore, Milano 2001

Clerici Gianni, *Quello del tennis. Storia della mia vita e di uomini più noti di me*, Arnoldo Mondadori Editore, Milano 2015

Coltro Gabriele, *Il tesoro del Duce, la vera storia dei valori sequestrati a Dongo alla colonna Mussoli-*

ni e finiti al Partito Comunista, goWare, Firenze 2018

Coppeno Giuseppe, *Como dalla dittatura alla libertà*, Istituto comasco per la storia del Movimento di Liberazione, Como 1989

Cornwall William J., *Dear Mussolini*, Neri Pozza, Milano 2022

Cossutta Armando (con Giovanni Montesano), *Una storia comunista*, Rizzoli, Milano 2004

Crepaldi Danilo, *Una storia da raccontare. I primi cento anni dell'Albese Calcio*, StreetLib Write, Milano 2017

Cuzzi Marco, *Seicento giorni di terrore a Milano. Vita quotidiana ai tempi di Salò*, Neri Pozza, Milano 2022

Di Fiore Gigi, *Storia del Napoli. Una squadra, una città, una fede*, Utet, Torino 2023

Di Rienzo Eugenio, *Sotto altra bandiera. Antifascisti italiani al servizio di Churchill*, Neri Pozza, Milano 2023

Festa Bruno, *Saccheggio sul lago. I documenti perduti della Rsi*, Stampa Grafica 5, Arco (Tn) 2018

Festorazzi Roberto, *Il coraggio di osare. Nini Binda: lo sportivo, l'imprenditore, il politico*, il Silicio, 2015

Festorazzi Roberto, *I veleni di Dongo*, il Minotauro, Roma 2004

Festorazzi Roberto, *San Donnino, cella 31*, Simonelli Electronic Book, Milano 2016

Foot John, *Gli anni neri. Ascesa e caduta del fascismo*, Laterza, Roma-Bari 2022

Franzinelli Mimmo, *Storia della Repubblica sociale italiana 1943-1945*, Laterza, Roma-Bari 2020

Fubini Federico, *L'oro e la patria. Storia di Niccolò Introna, eroe dimenticato*, Arnoldo Mondadori Editore, Milano 2024

Ghirelli Antonio, *Storia del calcio in Italia. Con tutti i risultati, le squadre e i record*, Einaudi, Torino 1990

Governato Nello, *La partita dell'addio. Matthias Sindelar, il campione che non si piegò a Hitler*, Arnoldo Mondadori Editore, Milano 2007

Grimaldi Mauro, *La Roma di Testaccio. E il romanzo del primo scudetto giallorosso*, Libreria sportiva Eraclea, Roma 2010

Guerri Giordano Bruno, *Un amore fascista. Benito, Edda e Galeazzo*, Arnoldo Mondadori Editore, Milano 2005

Impiglia Marco, *Fulvio Bernardini il Dottore del calcio italiano*, Kollesis Editrice, Roma 2013

Levrini Enrico, *Como 1907-2007. Cent'anni in azzurro*, Editoriale S.r.l., Como 2007

Mannucci Enrico, *Morire è poco. L'esilio di Edda Ciano*, Neri Pozza, Milano 2023

Marani Matteo, *Dallo scudetto ad Auschwitz. La storia di Arpad Weisz, allenatore ebreo*, Diarkos, Santarcangelo di Romagna (Rn) 2021

Mari Mario e Abati Mauro, *L'età d'oro del calcio*

gardonese. Dagli anni Venti al 1967, Città di Gardone V.T e Comunità Montana di Valle Trompia, 2008

Martin Simon, *Calcio e fascismo. Lo sport nazionale sotto Mussolini*, Arnoldo Mondadori Editore, Milano 2006

Matthews Herbert Lionel, *I frutti del fascismo*, Laterza, Bari 1945

Mauro Ezio, *La caduta. Cronache della fine del fascismo*, Feltrinelli, Milano 2023

Molinelli Edoardo, *Cuori partigiani. La storia dei calciatori professionisti nella Resistenza italiana*, Red Star Press, Roma 2019

Mussolini Benito, *Parlo con Bruno*, stabilimento tipografico de «il Popolo d'Italia», 1941

Navarra Quinto (con Indro Montanelli e Leo Longanesi), *Memorie del cameriere di Mussolini*, AdAler Edizioni, Milano 2020

Novelli Massimo, *Bruno Neri il calciatore partigiano*, Graphot Editrice, Torino 2002

Osti Guerrazzi Amedeo, *Storia della Repubblica sociale italiana*, Carocci editore, Roma 2012

Osti Guerrazzi Amedeo, *Le udienze di Mussolini durante la Repubblica Sociale Italiana (1943-1945)*, Heidelberg University Publishing, Heidelberg 2020

Palumbo Gino (con Enrico Parodi), *Nove colonne in prima. Gino Palumbo: l'ultima intervista*, Editrice Portoria, Milano 1989

Pensotti Anita, *Rachele, settant'anni con Mussolini nel bene e nel male*, Gruppo editoriale Fabbri-Bompiani, Sonzogno, Etas S.p.A., Milano 1983

Perretta Giusto, *La Verità, Dongo 28 aprile 1945. Il racconto di Michele Moretti*, Editrice Lariologo, Como 2022

Petacci Claretta, *Verso il disastro. Mussolini in guerra. Diari 1939-1940*, Rizzoli, Milano 2011

Petacco Arrigo, *La storia ci ha mentito. Dai misteri della borsa scomparsa di Mussolini alle «armi segrete» di Hitler, le grandi menzogne del Novecento*, Arnoldo Mondadori Editore, Milano 2014

Pippione Marco, *Como dal fascismo alla democrazia*, Franco Angeli, Milano 1991

Pozzo Vittorio, *Campioni del mondo, quarant'anni di storia del calcio italiano*, Centro Editoriale Nazionale, Roma 1970

Ramezzana Giancarlo e Cassani Roberto, *1909-2009 un secolo nerostellato*, Comune di Casale Monferrato e Casale Calcio, Casale Monferrato (Al) 2009

Ricciardi Andrea, *Ferruccio Parri. Dalla genesi dell'antifascismo alla guida del governo*, Biblion edizioni, Milano 2022

Rocca Gianni, *I disperati. La tragedia dell'Aeronautica italiana nella seconda guerra mondiale*, Arnoldo Mondadori Editore, Milano 1991

Romualdi Pino, *Fascismo repubblicano*, SugarCo Edizioni, Milano 1992

Ronzulli Dario, *Vittorio Pozzo. Il padre del calcio italiano*, edizioni Minerva, Bologna 2022

Schuster Ildefonso, *Gli ultimi tempi di un regime*, La via, Milano 1946

Scipione Rossi Gianni, *Storia di Alice. La Giovanna d'Arco di Mussolini*, Rubbettino, Soveria Mannelli 2010

Serri Mirella, *Claretta l'hitleriana. Storia della donna che non morì per amore di Mussolini*, Longanesi, Milano 2021

Tavella Renato, *Sfida per la vittoria. La straordinaria storia del calcio italiano durante la guerra e il fascismo*, Newton Compton Editori, Milano 2020

Teodorani Vanni, *Quaderno 1945-1946*, Editrice Stilgraf, Cesena 2014

Vespa Bruno, *La grande tempesta. Mussolini. La guerra civile. Putin. Il ricatto nucleare. La Nazione di Giorgia Meloni*, Rai Libri-Mondadori, Milano 2022

Tra i siti consultati, www.armietiro.it (qui, da un articolo di Ruggero Pettinelli, ho raccolto dati importanti sull'arresto di Pier Carlo Beretta) e poi www.doppiozero.com dove, da un racconto di Gino Cervi, ho tratto alcune pennellate su Antonio Bacchetti. Per quanto riguarda gli archivi: www.centrorsi.it, punto di riferimento sugli studi della Repubblica Sociale Italiana, www.cdec.it (Fondazione Centro di Documentazione Ebraica Contemporanea) e www.archivioterracini.it, custodi della memoria ebraica. Per la Resistenza, fondamentali www.reteparri.it (Istituto nazionale Ferruccio Parri) e fondazioneisec.it (Istituto per la storia dell'età contemporanea, a Sesto San Giovanni).

Ringraziamenti

Scrivere la biografia di Eraldo Monzeglio sarebbe stato impossibile senza Claudio Cimnaghi e suo figlio Alberto. A entrambi va il primo ringraziamento per il tempo che mi hanno concesso nelle mie frequenti visite nella loro accogliente casa a Como, registrando quella che è diventata una lunghissima intervista. A partire dagli anni Sessanta, Claudio è stato un fraterno amico del campione del mondo. Quasi ogni giorno Monzeglio passava al suo mobilificio per un caffè, due chiacchiere e qualche telefonata a vecchie glorie del pallone. Grazie al novantasettenne brianzolo, oltre ai fatti ho ricostruito gran parte dei virgolettati attribuiti a Eraldo, quelli non provenienti da fonti archivistiche, saggistiche o giornalistiche.

Quanto alle coordinate de *Il terzino e il Duce*, le ha individuate Carlo Alberto Brioschi, editor di Solferino. Decisivi i consigli dei collaboratori Elisabetta Gioanola, Antonio Gurrado e Leonardo Milesi. Se il racconto della vita del campione azzurro scorre agevolmente, il merito è loro. Gli errori sono i miei.

Per i ricordi diretti su Monzeglio mi sono affidato a Gianni de Felice e ad Alfio Caruso, maestri del giornalismo. Di entrambi, in queste pagine c'è assai più di quello che mi hanno detto.

Brunella Dalla Casa, che ha diretto l'«Istituto per la storia della Resistenza e della società contemporanea nella provincia di Bologna», mi ha fatto conoscere la figura di Leandro Arpinati. Maura Cossutta e Giorgio Oldrini mi hanno descritto i loro padri, Armando e Abramo, e la Sesto San Giovanni dell'immediato dopoguerra. Decisivo l'aiuto giunto da Lauretta Minoretti, presidente dell'Istituto di Storia contemporanea Pier Amato Perretta, a Como, e da Anna Citro, archivista dello stesso Istituto. Lo stesso vale per Renza Martini, scrittrice e curatrice su Facebook di alcune ottime pagine dedicate alle memorie dell'Armir e alla ritirata di Russia. Fondamentale l'assistenza dagli Archivi di Stato di Alessandria, Como e Torino, dalla Direzione della biblioteca dell'Università Cattolica di Milano, dalla Biblioteca e Centro Studi Coni di Bologna e dal Museo Nerostellato di Casale Monferrato. Per la Resistenza nel Bresciano, sono grato al professor Marino Ruzzenenti.

A Federico Fubini, vicedirettore del «Corriere della Sera», debbo i chiarimenti sul valore della lira a Salò. Un po' come con certi passi del Tour de France, un ringraziamento che definisco Hors Catégorie è per lo storico Mimmo Franzinelli, sconfinato conoscitore di ogni risvolto del fascismo, che mi ha concesso preziosi inediti, soprattutto sulla vita di Clara Petacci.

Un pensiero va ai miei colleghi della redazione Cronaca del «Corriere della Sera» che mi hanno incoraggiato. Cito il partenopeo Fabio Postiglione, che ha rivisto il capitolo sul periodo napoletano di Monzeglio, e Leonard Berberi e Ferruccio Pinotti, forieri di suggerimenti. Poi ancora, certi corrieristi e maestri come Gianfranco Josti, Claudio Colombo e Giancarlo Perego. Un altro grazie poderoso va a Cristina Bariani, a lungo responsabile dell'archivio Rcs, e a tutti i colleghi dello stesso archivio. Ricordo anche Gianluca Marchese, de «Il Monferrato», che mi ha consigliato di ricercare nel favoloso archivio, tutto digitalizzato, della centenaria pubblicazione casalasca.

Altri giornalisti: Mario Improta è stato risolutivo per alcuni dettagli sul Napoli calcio mentre Giampiero Cazzato e Davide Desario, amici e sodali di una vita più che cari colleghi, si sono riletti il testo, fornendomi preziosi indirizzi. Un grazie anche a mio padre Flavio, ex pilota militare e civile, che ha rivisto tutti i riferimenti all'Aeronautica, e a mia sorella Ester per il continuo sostegno. Sono debitore anche dei consigli di mia madre Liliana, che però il libro non ha fatto in tempo a leggerlo. Mi scuso, infine, con chi ho sicuramente dimenticato.

Indice

Finito di stampare nel mese di luglio 2024
per conto di RCS MediaGroup S.p.A.,
da Rotolito S.p.A., Via Sondrio, 3, Pioltello (Milano)
Printed in Italy